先秦诸子
教育经济思想
研究

李祖民…………著

江西人民出版社
Jiangxi People's Publishing House
全国百佳出版社

图书在版编目（CIP）数据

先秦诸子教育经济思想研究 / 李祖民著 .—南昌：江西
人民出版社，2020.10
ISBN 978-7-210-12511-2

Ⅰ.①先…　Ⅱ.①李…　Ⅲ.①教育经济—经济思想—
研究—中国—先秦时代　Ⅳ.①G40-054

中国版本图书馆 CIP 数据核字（2020）第 205794 号

先秦诸子教育经济思想研究
XIANQIN ZHUZI JIAOAYU JINGJI SIXIANG YANJIU

李祖民　著

责任编辑：饶　芬
出　　版：江西人民出版社
发　　行：各地新华书店
地　　址：江西省南昌市三经路 47 号附 1 号
编辑部电话：0791-88629871
发行部电话：0791-86898801
邮　　编：330006
网　　址：www.jxpph.com
E-mail：gjzx999@126.com
版　　次：2020 年 10 月第 1 版
印　　次：2020 年 10 月第 1 次印刷
开　　本：787 毫米 ×1092 毫米　1/16
印　　张：16.75
字　　数：265 千字
ISBN 978-7-210-12511-2
赣版权登字—01—2020—615
版权所有 侵权必究
定　　价：68.00 元
承 印 厂：北京虎彩文化传播有限公司
赣人版图书凡属印刷、装订错误，请随时向江西人民出版社调换，服务电话：0791-86898820

序

　　李祖民博士撰写的《先秦诸子教育经济思想研究》一书即将出版，我感到十分欣慰，并表示由衷地祝贺。在我国，教育经济学作为一门学科的研究，始于20世纪70年代末、80年代初，是在党的十一届三中全会之后，随着教育和经济迅猛发展的产物。回顾我国教育经济学形成和发展的历程，总结这门学科所取得的主要成就和经验，分析学科现状及存在的主要问题，揭示学科未来的发展趋势，是我国教育经济学进一步发展和完善所必需的。这其中，也包括对学科形成之前我国古代早已有之的教育经济思想作仔细梳理。作者凭借其学术的敏感性和研究视角的独特性，对先秦诸子的教育经济思想作了全方位探讨，有不少亮点和特色，具体来讲：

　　一是研究视角的独特性。我国的教育经济学学科理论基础相对薄弱，原创性的研究特别是理论上的创新相对缺乏。学科理论的创新不单单是学科知识线性累进的结果，往往还伴随着研究范式的转换，体现一定的价值取向。从这个意义上说，"本土化"不仅是可行的，而且是必要的。作者立足教育经济学对诸子思想展开研究，恰似提供了一副"显微镜"，可帮助我们以全新的视角重新解读先秦诸子的思想，促其升华、转生；作者立足诸子学对其中的教育经济思想进行探讨，正像提供了一副"放大镜"，可帮助我们探流溯源，聚焦教育经济思想产生的源头；作者深入剖析先秦诸子教育经济思想的内涵特征并揭示其影响，又如提供了一副"望远镜"，可帮助我们审思当前的研究，对教育经济学的发展具有启发意义。

　　二是研究方法的适切性。学科思想史的梳理往往采用回溯的办法对历史文献进行整理，在此基础上再做出恰当的解读。在研究过程中，能否保证经典作家的"原意"不被研究者曲解而得以客观呈现，是衡量该研究是否科学的主要标尺。也就是说，基于原始文献的阐释，既不能"过度"，也不能"不足"。作者将客观的文献法与主观的阐释法结合起来，在"以经典文献为据"和"适度阐释理解"之间保持了一定的平衡和张力，既使原典中蕴含的教育经济思想客观地开显出来，又避免了用学科理论去套解学科思想，做出了使"理解"与"原意"相呼应的最大努力，研究的尺度是合适的，得出的结论是科学的。

三是文献材料的可靠性。先秦诸子并没有教育经济专论，其教育经济思想多隐现在如《论语》《管子》等综论性文献中，研究时需首先对原始文献从头至尾仔细梳理筛选，勾剔条陈，以形成真正有价值的手头可用文献，这需做大量的文献甄别、分类等工作。作者拥有训诂学学科背景，加之用力颇深，所以能较全面地把握占有文献资料，几无或较少遗漏掉重要的文献资料，能够做到用可靠的第一手材料说话，根据文献和史实进行分析，作出判断，得出结论，体现了严谨的研究态度和较扎实的学术基本功。

当然，尽管该书多有创获，但无论在理论观点还是研究方法方面，仍有许多有待作者进一步努力的地方。先秦只是开头，我国古代教育经济思想史还有待作进一步系统梳理，量化史学等方法也有待引入进来对相关思想与实践的相互关系展开分析，希望作者能以本书为起点，脚踏实地，继续深入研究，再创新的业绩。

范先佐

武昌桂子山

2020 年 7 月 17 日

目录 / Contents

第一章
导论

　　我国先秦时期诸子取得的学术思想成就丝毫不逊于古希腊。如果说古希腊哲学家们开启了西方文化的源头，那么中国先秦的思想家们则播撒了东方文明的火种，不仅影响了整个中国封建时期的学术思想，而且扩展到东方各国乃至全世界。时至今日，在国人的学术文化甚至是思想行动中，仍随处可见先秦思想的深刻烙印。诸子的思想具有一定的早熟性，广涉博究，淹贯宏通，丰硕富赡，举凡哲学、史学、文化学、社会学、政治学、军事学、伦理学、经济学、教育学等等，无不建树卓然。可以说，中国的学术大凡可以导源到先秦诸子那里。而且，"在中国学术史上，先秦的诸子学是最具有原创性的。"[①] 本书重点关注的是作为先秦诸子学术思想之一的教育经济思想。

一、研究缘起：从"舶来品"到"本土化"

　　笔者之所以对先秦时期的教育经济思想产生研究的兴趣，并将其作为自己博士学位论文的选题，主要是缘于自己对先秦教育经济思想于当今教育经济学研究之意义与作用的体认。

　　如众周知，虽然 20 世纪 20 年代苏联就有人研究过教育对经济增长的贡献，"但直到 60 年代美国学者舒尔茨提出人力资本以后，教育经济学才进入了学术界的领域"[②]。在我国，"教育经济学作为一门学科的研究，始于 70 年代末 80 年代初，是党的十一届三中全会以后我国教育和经济迅猛发展的产

---

① 秦彦士．诸子学与先秦社会［M］．石家庄：河北人民出版社，2003：1．
② 顾明远．教育·经济·教育经济学［J］．教育经济评论，2016（1）：4．

物。"[①] 学者们的研究表明，教育经济学作为一门学科出现的时间比较晚，至今不到一百年，还是一门新兴学科。成熟的学科一般具有特殊的研究对象和明确的研究边界，具有界定清晰的概念和独立自主的研究范畴，具有相对严密的逻辑框架，与之相应，还要形成一定的理论体系和研究方法。以此审视，自产生以来，教育经济学虽在研究广度和深度上均获得长足发展，以著作、教材、论文、政策文本为代表的教育经济学成果斐然，"但独立的相对完整的学科体系还未形成"[②]。我国的教育经济学研究更为任重而道远。这是因为，一方面，作为世界学术研究的一分子，中国教育经济学研究要承担起推动教育经济学科走向成熟的重任，为国际教育经济学的发展做贡献；另一方面，作为学科的中国教育经济学本身是"舶来品"，不仅独创的理论、方法严重缺失，甚至在研究中出现简单的复制照搬现象。借鉴西方理论回答中国问题，这在学科草创之初尚无可厚非，可视作学术在传播扩散过程中必然经历的阶段。但是，在研究队伍日益壮大、研究领域日益深化、研究成果层出不穷的今天，如果还是一味引进拿来，鲜有创新突破，则我国教育经济学科的前途命运不免堪忧。为此，学者们呼吁在借鉴国外研究成果的同时，必须进行自主创新，"建设中国原创的理论与方法，使国外具有普适价值的理论与方法中国化，在此基础上建立中国的教育经济学学科体系。"[③]

笔者深为服膺以上学者们的远见卓识，也极为赞同教育经济学的"本土化"。在笔者看来，要建立中国特色的教育经济学，除了积极借鉴国外有影响的成果外，更重要的是研究中国的实际，在本国教育经济实践的基础上进行理论创新，建立与本国实践相适应的有特色的教育经济理论体系。这有很多工作要做，不仅是研究对象、研究边界、研究范畴、研究方法、研究框架需要重新反思、厘清、明确、创新，从教育经济思想到教育经济理论，再到教育经济学的本土发展脉络也需要进一步理顺、明晰。正如有的学者指出的，我国的教育经济学缺乏理论灵魂和民族特色，解决的办法可以是"挖掘中国教育经济学的历史遗产并系统总结改革开放以来教育经济学的研究成果，如

---

① 范先佐.20世纪中国教育经济学发展的回顾与前瞻［J］.华中师范大学学报（人文社会科学版），1999（1）：19-25.
② 王善迈.创建中国特色的教育经济学科体系［J］.教育与经济，2012（1）：1-3.
③ 王善迈.创建中国特色的教育经济学科体系［J］.教育与经济，2012（1）：1-3.

孔子、管仲、孟子、墨子、荀子关于教育与经济关系、教育生产功能的思想，清代思想家和教育家颜元的'教以济养，养以行教'思想，郜爽秋的《教育经费问题》，陈友松的《中国教育财政改造》，古楳的《中国教育之经济观》等。"① 这为教育经济学的"中国化""本土化"指明了道路。

　　近年来，笔者对我国教育经济学的研究现状和出路有所关注，并且比较认同从系统梳理民族传统入手来探寻教育经济学发展的特色之路，还曾撰《实践理性：荀子的教育经济思想及特征》②一文以为响应。笔者认为，当前我国教育经济学要实现从"舶来品"到"本土化"的转变，第一步就是要做好寻根溯源的工作。教育经济学"中国化"并不是在本国土壤播撒"洋种子"，"在我国，有关教育经济的思想早已有之"③。也就是说，教育经济学在西方最早出现并不意味着我国古代的教育经济思想不发达，而是因为中国没有经历西方近代以来较发达的资本主义阶段。相反，中国在先秦时期不仅出现教育经济思想萌芽，而且于春秋战国就达到第一座高峰，在世界教育经济思想史上独领风骚。教育经济学的"火种"在中国一经点燃便迅成燎原之势，这与我国古代深厚的教育经济思想积淀密切相关。换言之，思想的根基早已奠定，"西学东渐"不过是打开了一个缺口，提供了一个契机，教育经济学的出现，与其说是空降舶来的，不如说是本土内生的，是思想以至理论终至学科这一逻辑演进的必然产物。

　　正是基于上面的认识，笔者以为，当前应对我国的教育经济思想遗产做一个比较全面的清理，首要的工作就是要建立我国分期、完整的教育经济思想史。这既是学科走向成熟题中的应有之义，又是学科本土化的必由之路。正如杜威说的："关于过去的知识是了解现在的钥匙，历史叙述过去，但是这个过去乃是现在的历史。"④任何一门学科的建立必然植根于传统，从传统中吸取营养，在继承中寻求创新。

① 田汉族.从科学到人文：教育经济学研究范式转换［J］.教育与经济，2009（2）：1-6.
② 李祖民，战湛，张忠梅.实践理性：荀子的教育经济思想及特征［J］.教育与经济，2016（2）：90-96.
③ 范先佐.20世纪中国教育经济学发展的回顾与前瞻［J］.华中师范大学学报（人文社会科学版），1999（1）：19-25.
④ 杜威.民主主义与教育［M］.王承绪译.北京：人民教育出版社，1990：231.

诚然，建立中国的教育经济思想史这样一项颇为浩大的工程是一篇博士论文的容量所无法承载的。本书只能选取"先秦"这一横断面，不揣寡陋，做一点"解剖麻雀"的工作，以作抛砖引玉之用。所以，主要出于上述考虑，笔者才选取了先秦诸子的教育经济思想作为近期研究的主题和博士论文的论题。

二、研究目的与价值

1. 研究目的

本书旨在全面稽考反映先秦诸子教育经济思想的原始材料，使零散的原始材料得以汇集和呈现，使之条理化；比较深入地剖析诸子的教育经济思想内涵，使之学理化；比较系统地揭示诸子教育经济思想的内容，比较其异同、考察其特征、分析其成因，使之体系化。通过这些探赜索隐的工作，以期让今人能全面、深入地了解、认识、评价诸子教育经济思想的丰富内容和独特价值。

首先，诸子的教育经济思想非常丰富，许多看法即使在今天看来仍极富价值，闪耀着超越时代的智慧之光。但长期以来，对其教育经济思想鲜有人研究。这一方面是由于人们认识上的偏颇，另一方面也因古今暌隔、文字艰涩导致对其教育经济思想的理解滞碍、隐而不彰。诸子并无教育经济思想的专章论述，而是碎珠零玑般散见于各处。本书试图对他们散若繁星的论析作抉隐索藏的发掘。在原始材料的搜集上，力求不遗漏重要材料。在对材料的分析上，力求突出以往人们忽略的材料。

其次，诸子教育经济思想的论说一般比较笼统，往往可作多学科阐释。许多精彩的教育经济思想观点也常常是点到即止，缺少严密论证和充分展开，稍不注意就可能一闪而过。诸子言简意赅的话语表达承载着丰富的思想意蕴，需要我们对深居语言符码中的微词奥义进行发掘和推阐，用现代的学术话语进行转述，从而将古代陈述变为现代陈述，将古代意识变为现代意识，将零散、模糊的只言片语变为系统、清晰的学术思想。

再次，儒、墨、道、法各家的教育经济思想内在地具有一定的逻辑，但在表达形式上却有如名言集萃，需要作整体观照和兼总缕说，缀集条处，显出伦次，以对诸子的教育经济思想作一整体勾勒，把握开示其内涵、精髓，并略作辨析与澄清，以望裨助于当下。

最后，本文还想对先秦诸子教育经济思想之长处与不足进行反思，以为教育经济学科健康发展提供一点借鉴与启示。

2. 研究价值

将先秦诸子的教育经济思想作为研究对象，其现实意义及理论价值，至少体现在以下几个方面：

（1）对于诸子研究将产生一定的推动作用

毛泽东同志曾说："我们这个民族有数千年的历史，有它的特点，有它的许多珍贵品。对于这些，我们还是小学生。"[①] 以孔子为代表的先秦诸子的思想博大精深。他们在许多领域都有不凡的见解，对后世也产生了深远的影响。秦汉以来，不同时期的思想家们都致力于研究、传播先秦诸子的学术思想，诸子的思想经过不断改造后得到升华和转生，在走向融合的同时保持着适度的张力。近代以来，中国逐渐沦为半封建半殖民地社会，在寻找救国救民真理的征途中，一些比较温和的改革家们倡导"中学为体，西学为用"，而一些比较激进的改革家们则主张"打破一个旧世界，建立一个新世界"。在大变革的历史洪流中，诸子难免遭到时而被热捧，时而被冷遇的命运。新中国建立以来，尤其是改革开放以来，诸子学迎来一个全面繁荣的大好时期，各种研究如雨后春笋，层出不穷。诸子研究在不同学科领域展开，单以诸子的教育思想、经济思想而言，对其展开专题研究的成果就颇为丰硕，著述也堪称宏富。不过，作为诸子思想中不可或缺的一部分，诸子教育经济思想的研究还未深入展开，有必要加以系统研究，以为诸子学的研究"添砖加瓦"。

（2）可助今人全面了解、客观公正地评价诸子的教育经济思想

一直以来，对于中国的教育经济思想，学界多以"萌芽"相称。如果把"教育经济思想"拿来与"教育经济理论"和"教育经济学科体系"相比较，这样的评价是中肯的。由"思想"到"理论"再到"学科"有一个发展演进的过程，对成熟的教育经济学科理论体系来说，"教育经济思想"只是理论的"萌芽"或"前身"，这是确定无疑的。但是，就"思想"本身来说，也必然经历一个萌芽、产生、发展、成熟的过程。与西方相比较，中国的教育经济

---

① 毛泽东. 毛泽东选集（第2卷）[M].北京：人民出版社，2009.

思想成熟较早，于先秦时期就达到了第一座高峰，其成就在世界范围看也是卓然超群的。在中国，教育经济理论和教育经济学科诞生之前，教育经济思想早已走完了它的历史过程。以此观之，"萌芽"的评价是模糊的、较低的，就古代教育经济思想的影响程度而言，其作用也被大大低估了。有必要对先秦诸子的教育经济思想进行深入研究和清晰呈现，这有助于我们全面了解诸子的教育经济思想，也是展开评价的基础。

（3）有助于正确地把握中国教育经济思想的发展脉络

"理解社会和现代教育的最高明的渠道之一，就是从人类发展的历史长河来对教育进行展望。"[①]同样，教育经济学也是如此，要理解其当代发展的状况最好是将其放到教育经济思想史的长河中来观察、把握。中国教育经济思想的发展并不是直线前进的，而是跳跃发展的，在有些阶段异常活跃，在有些阶段却略显沉寂。教育经济思想的产生及其发展既受外部条件的促发、制约，也有思想自身演进的逻辑。虽然教育经济思想萌芽于更为久远的原始时期，但是春秋战国时期诸子的教育经济思想在思想史上地位独特，不仅奠定了其后教育经济思想发展的基础，而且形成了一定的风格特征，甚至对当今教育经济学的话语表达、研究内容范围、思维方式都产生着潜移默化的影响。挖掘诸子的教育经济思想有助于正确地把握中国教育经济思想的发展脉络。

（4）对建立中国特色的教育经济学具有启发作用和借鉴意义

教育经济学"中国化"有两个主要途径：一是教育经济实践本土化。"在社会科学领域，很难找到完全客观的普适性的知识，对于作为应用学科的教育经济学更是如此。"[②]各国的教育经济实践各不相同，在经济基础、文化传统、制度环境、价值观等方面差异显著，教育经济学的研究不但不应该回避"差异"，反而更应该运用教育经济学的基本理论着重对差异的表现、差异形成的原因做出合理的解释和回答，并在此过程中获得新发现、提出新假设、创造新理论，使"特殊"变成"特色"。二是教育经济理论本土化。教育经济理论一方面产生于教育经济实践，根本上是实践的产物，另一方面，学科理论接受实践制约的同时具有相对的独立性，横向的吸收借鉴与纵向的批判继

① 滕大春.美国教育史［M］.北京：人民教育出版社，1994：631.
② 陈柳钦.我国教育经济学科发展动态分析［J］.社会科学管理与评论，2010，21（1）：67-76.

承都会对理论的产生与发展产生深远的影响。古代的教育经济思想已经作为一种民族的"遗传基因"溶解进研究者的血液中，通过研究价值取向表现出来。比如，有学者指出，当前我国的教育经济学在研究内容上具有很大的实用性和时代性，并且以宏观研究为主[1]，其实是一种传统精神的延续，这个所谓的"传统精神"早在先秦时期就已形成，即具有实用理性倾向的整体性特征。正如克尔凯郭尔（Soren Aabye Kierkegaard，1813—1855）所说的，"我们向前生活，但我们向后理解"，批判地继承先秦诸子的教育经济思想不仅有助于我们明确当前研究中的优势与不足，而且对教育经济学形成中国特色和向前发展具有一定的启发作用和借鉴意义。

三、文献综述

我国的教育经济学学科理论基础相对薄弱，原创性的研究特别是理论上的创新相对缺乏[2]，因此，教育经济学学科历来被外界认为是西学东渐的舶来品，较少关乎中国学术，我国的教育经济学看似只是西方教育经济理论的本土化演绎。诚然，西方的人力资本理论奠定了教育经济学的学科基础，但中国的教育经济学并非只是一味拿来的"舶来品"，其源远流长的教育经济思想正是学科得以成立并蔚然发展的根基。当前中国教育经济研究领域对西方亦步亦趋和机械演绎的现状警示我们：中国特色的教育经济研究要想在世界教育经济学科阵营中形成独特视域，凸显独特价值，确立独特地位，必须处理好"古"与"今"、"体"与"用"两个关系，在继承并发展我国古代教育经济思想精华的同时，明优知劣，广泛吸纳西方有价值的理论，取长补短，建立自己的思想理论体系，拓展实践领域，确立教育经济研究的中国气派和中国风格，这对于增强学科发展的民族自信，形成学科发展的民族特色和为世界教育经济学发展做出独特贡献都是大有裨益的。

然而，令人遗憾的是，从文献梳理的情况看，对教育经济思想进行研究

---

[1]　贾云鹏，范先佐．教育经济学研究：回顾、反思及建议——文献分析的视角［J］．教育研究，2014（2）：66–75.
[2]　范先佐．教育经济学新编［M］．北京：人民教育出版社，2010：72–74.

的文献非常少。这既有客观上理解障碍的影响，也有主观上重视不够的原因。单就本论题来说，以先秦诸子为研究对象的文献更是少之又少，且没有相关专门论著，只有一些零星而不系统的论述散落在教育经济学专著的某个章节或段落中。需要说明的是，因为文献较单薄，所以有必要将教育经济思想研究的所有文献纳入到评述的视野中。此外，有一些文献以某一时期或某个人的教育思想或经济思想为研究对象，深入勘阅后发现，这部分文献中不乏对教育家们教育经济思想的精彩论析。虽然并未冠以"教育经济思想"之名，隐藏在浩瀚的教育思想史或经济思想史的大海中，秘而不宣，极易被人忽略，但是，要系统研究中国的教育经济思想，这类文献不可或缺。另有一类文献虽不以教育经济思想为主要研究内容，但所讨论的教育政策要么是教育经济思想在实践中的反映，要么是教育经济思想赖以产生的现实土壤。而且，时代赋予教育思想家个人的丰富教育实践经历和整个国家宏观教育政策的影响，为每一时代、每个教育思想家们教育经济思想的产生提供了现实依据。教育经济实践决定教育经济思想并受教育经济思想影响，离此来把握教育经济思想无异于缘木求鱼。所以，此类文献也理应受到关注。以下即从这三个方面分类试述之，并略作评析。

1.凤毛麟角：直接冠以"教育经济思想"的研究文献

（1）教育经济思想史梳理

就目前查检到的文献来看，最早对我国教育经济思想，尤其是古代教育经济思想予以关注的论著是全国教育经济学研究会编写组编撰的《教育经济学概论》[①]一书。该书辟"教育经济学的建立和发展"专章对墨翟、管仲的教育经济思想作了简要介绍。李少元最早对中国的教育经济思想作分期研究。他将中国教育经济思想的发展分为原始社会、夏商周时期、春秋战国时期、秦汉以来、近代五个历史时段展开论述，较之前人的研究有所突破。

惠圣、黄育云[②]沿用李少元分期研究的思路，将中国的教育经济思想分为奴隶制时期、封建制时期、近代和现代四个时期分别予以陈说，认为早在

① 全国教育经济学研究会《教育经济学概论》编写组.教育经济学概论［M］.西宁：青海人民出版社，1983.
② 惠圣，黄育云.教育经济学专题：教育经济思想与教育经济协调问题研究［M］.长春：吉林人民出版社，2006.

原始社会，人们在传递生产生活经验的过程中，就产生了原始教育和反映原始社会把教育、生产、生活融为一体的极为朴素的教育经济思想，借助惠圣、黄育云的研究，我们可大致窥见我国教育经济思想的概貌，但研究不够深入，分析不够精准。比如，黄炎培的教育经济思想非常丰富，作者只是稍有提及，而对王守仁唯心主义心学派的观点则多作阐发，有穿凿之嫌。

一些陆续出版的教育经济学专著[①]对我国的教育经济思想史进行了研究，这些研究均以章节形式在著述中予以呈现。这些论著对我国的教育经济思想尤其是古代的教育经济思想作了提纲挈领式的简要评介，但研究者们对古代教育经济思想多以"萌芽""朴素""早期"相称，对其论述也是笼而统之，深入展开不够。

（2）分时期教育经济思想研究

以某个时期教育经济思想为对象的研究成果目前仅见到李星云的《中国古代教育经济思想探源》一文[②]。李星云从春秋、战国时期的中国古代思想家入手，借助现代教育经济学的基本概念，梳理了有关论述，对管仲、孔子、墨子、孟子、荀子的教育经济思想进行了初步探讨，很有见地，但也存在一些问题：

一是源头舛误。李星云把春秋、战国时期思想家们的教育经济思想当作我国教育经济思想的源头值得商榷。如《尚书》"正德、利用、厚生、惟和"句中，"正德""惟和"强调的是教育作用，"利用""厚生"关注的是经济利益，短短八字揭示出教育与经济的辩证关系。再如《诗经·绵蛮》"饮之食之，教之诲之"也反映出鲜明的教育经济思想。人类的教育活动在传递生产生活经验中就产生了，原始社会人类生产劳动教育的思想实为中国教育经济

---

① 这些著作按出版的先后顺序包括：王善迈.教育经济学概论［M］.北京：北京师范大学出版社，1989；路文生.教育经济学教程［M］.哈尔滨：黑龙江教育出版社，1989；李承武等.教育经济学［M］.重庆：西南师范大学出版社，1990；曲绍卫等.教育经济学新论［M］.济南：山东人民出版社，1991；郝庆堂，王华春.基础教育经济学［M］.沈阳：辽宁大学出版社，1998；王玉昆.教育经济学［M］.北京：华文出版社，1998；范先佐.教育经济学［M］.北京：人民教育出版社，1999；张学敏.教育经济学［M］.重庆：西南师范大学出版社，2001；张继华等.教育经济新视野［M］.成都：电子科技大学出版社，2004；惠圣，黄育云.教育经济学专题：教育经济思想与教育经济协调问题研究［M］.长春：吉林人民出版社，2006；刘志民.教育经济学教程［M］.北京：北京大学出版社，2007；杨克瑞，谢作诗.教育经济学新论［M］.北京：人民出版社，2007.
② 李星云.中国古代教育经济思想探源［J］.教育与经济，2001（4）：51-54.

思想之滥觞。二是开掘不深。李星云在对管仲等人的教育经济思想进行梳理时往往挂一漏万，将一些反映诸子教育经济思想精髓的相关论述遗漏了。三是概括不全。李星云只列举了管仲、孔子、墨子、孟子、荀子，其实韩非、商鞅也有关于教育经济的论说，先秦货殖家们教育经济思想也很丰富，不可被忽视。

（3）人物教育经济思想个案

一些个案研究以"初探""探微""述评"的方式对某个教育家、思想家或政治家的教育经济思想进行了介绍。笔者汇整出此类研究论文共计31篇，如邓云洲、张吉雄对管仲的教育经济思想进行深入剖析，[①] 王玉珣对孔子的教育经济思想进行了专题研究。[②]

2. 隐而不彰：揭示教育经济思想的非专论性文献

一些教育思想史文献在用历时的方法系统梳理教育或经济发展演变过程时，对教育经济思想不仅偶有涉及，还时有精辟论述。这部分文献并不以教育经济思想专论的面貌呈现，藏而不露，常常被人们忽略。研究中国教育经济思想，这类文献是不可或缺的。这些夹杂渗透在思想史中的论述大都是些零星片段，只是在论及某个人或某个教育流派的教育思想全貌时，就其具有的教育经济思想稍作阐发，点到即止，并不加以深入讨论。

（1）先秦诸子百家

王炳照、阎国华主编的《中国教育思想通史》[③] 对中国教育思想进行了系统梳理，丛书中也多有对思想家教育经济思想的阐发。如八卦的创立是我国原始先民"观象制器"的产物，"六艺"之学的创立，是出于传授这种知识技能的需要。该书对先秦诸子的教育经济思想几乎或多或少均有涉及。此外，一些学者在研究先秦诸子的经济思想或教育思想时或多或少都涉及他们的教育经济思想，如孔子富国教民的生产观[④]、孟子"善政不如善教之得民"的思

---

① 邓云洲，张吉雄.《管子》教育经济思想初探 [J].教育与经济，1987（2）：40–43.

② 王玉珣.孔子教育经济思想探微 [J].教育与经济，1991（2）：61–66.

③ 王炳照，阎国华.中国教育思想通史 [M].长沙：湖南教育出版社，1994.

④ 唐凯麟，陈科华.孔子的经济伦理思想研究 [J].孔子研究，2004（6）：21–32.

想①、荀子择一而壹的专业教育思想②、墨子的科技教育和职业教育思想③④、管子的人才管理思想⑤等。

（2）南宋事功学派

章柳泉对南宋事功学派的教育思想进行了研究，其中不乏对陈亮、叶适教育经济思想作揭明申说⑥；董平、刘宏章认为"临事不致乏才，随才皆足有用"体现了陈亮在知识价值取向上的实用主义倾向，充分肯定他"国以农为本，民以农为重，教以农为先"的思想⑦；张义德也对叶适"君既养民，又教民，然后治民，而其力常有余"的思想给予很高的评价⑧。

（3）明清实学

丘椿在对明清之际哲学家的教育思想进行评介时注意到黄宗羲提出的庙产兴学的办法——"学宫以外，凡在城在野，寺观庵堂，大者改为书院，经师领之，小者改为小学，蒙师领之，以分处诸生受业，其寺产即隶于学，以瞻诸生之贫者。二氏之徒，分别其有学行者，归之学宫，其余则各还其业"，⑨揭示顾炎武教育经济思想的理论逻辑是"推行教化的条件是生财，生财的目标在藏富于民而并非要将天下财富集于京师"；丘椿还对王夫之"王者教民之道必先之以养民，养民非可以强教"⑩的教育经济思想做出评价，对李塨"学求所用"⑪的教育经济思想进行研究。

李国钧如此总结王船山的思想："教育决定于经济，政治支配着教育；思想的善恶是随环境而转化，改变思想，首先要变革社会环境；发展教育，首先要发展经济，改革政治；人们的物质生活和精神生活，是随社会的发展而

① 王杰.孟子仁政思想中的经济利益原则与道德教化原则［J］.中共中央党校学报，2005（2）：59-63.
② 谭凤雷.荀子适应商品经济发展的思想［J］.管子学刊，1993（1）：33-36.
③ 秦真勇.墨子职业教育思想管窥［J］.职业教育研究，2009（4）：159-160.
④ 刘海鹏.墨子科学技术教育思想及启示［J］.管子学刊，2008（4）：74-76.
⑤ 韩延明，李如密.孔子教育管理思想探微［J］.孔子研究，1988（4）：10-16.
⑥ 章柳泉.南宋事功学派及其教育思想［M］.北京：教育科学出版社，1984.
⑦ 董平，刘宏章.陈亮评传［M］.南京：南京大学出版社，1996.
⑧ 张义德.叶适传［M］.南京：南京大学出版社，1994：12.
⑨ 黄宗羲.明夷待访录［M］.上海：古籍出版社，1955.
⑩ 王夫之.四书训义［M］.长沙：岳麓书社，2011.
⑪ 李塨.拟太平策［M］.北京：中华书局，1985.

不断提高的。反朴抱素，是倒退落后的主张。"① 在《颜元教育思想简论》中，李国钧也对颜元的教育经济思想加以极大关注。

有些资料的"发现"需要我们有较为宽广的视野，切不可泥滞拘牵于表面文字，若将凡是没有冠以"教育经济"之名的文献一概摒除，很可能会遗漏一些比较重要的文献，其后果是置前人已有的研究探索于不顾，而在他人已作深耕细耘的田地里做劳而无获的无用功。同时，我们也要防止漫无边际，肆意扩大范围，牵强附会，穿凿臆说，陷入"六经注我"的泥淖。这是我们在搜集整理文献时必须把握的两个原则。上述研究虽然都没有冠以"教育经济思想"之名，但讨论的内容实则是教育经济思想，是我们系统研究的基础，对其不得不加以重视。这恰是我们当前研究不足的地方。当前对教育经济思想的讨论要么人云亦云，鲜有突破，要么置他人已有的研究于不顾，偏于一隅，各说各话，寻摘教育家们的只言片语，肤浅罗列，缺乏横向关联和纵向开掘。

3. 缺乏勾连：教育经济实践研究文献

一些研究看似与教育经济思想无关，但经仔细辨察后发现，这些研究与教育经济思想都有着千丝万缕的联系。以教育经济政策为例，教育经济政策与教育经济思想是互为表里、辩证统一的关系。一方面，教育经济思想是教育经济政策的先导，是教育经济政策制定的思想基础，先于教育经济政策存在；另一方面，教育经济政策对经济社会的现实影响制约着教育经济思想，并为其产生创造条件，是教育经济思想的外化。有学者甚至提出"教育经济政策思想"的概念。例如，汉平帝元始三年（公元 3 年）颁布了地方官学学制，要求各地普遍设学，这是较早的分级办学思想在教育政策上的体现；隋唐对学校规模、师生比、教师工资、学费、留学生经费都有详细的制度规定，这些政策是一些政治家、教育家教育经济思想的反映；宋代首创的学田制实际是"教养相资"教育经济思想的具体体现。要想深入研究教育经济思想，对教育经济实践方面的文献必须加以重视。

（1）教育起源的经济因素

在教育起源问题上，人们有不同的观点，陈景盘认为"教育起源于劳动，

① 李国钧.王船山教育思想初探［M］.北京：人民教育出版社，1984.

教育的发展随着劳动生产力的发展而发展"①。毛礼锐认为，"教育起源于原始社会人的社会实践或社会实践生活的需要"，将教育起源的范围由"生产劳动"扩展到"社会实践"，他同时承认，"教育为生产服务，教育是围绕着并且主要在生产劳动的实践中进行的，把每个成员培养成为劳动者"。②人们在教育起源问题上至今还存有很大分歧，教育是否脱胎于生产这一母体尚存在诸多争议，但教育从诞生之日起就与生产活动发生着千丝万缕的联系是毋庸置疑的。

（2）教育的阶级性

有研究者认为，春秋时代，脑力劳动与体力劳动有了进一步分工，士的含义由武士转化为文士，出现了最初的知识分子阶层，孔子就是在这种背景下，开创了私学。③有学者认为，教育的阶级性、阶层性是经济关系的反映。从"亲师合一"到"君师合一"，古代教育的阶级性不仅体现为设"傅"、"保"之官直接教育"国子"、"胄子"，而且体现为广大农民和小生产者子女的家庭教育依附于大大小小的地主阶级。④教育阶级性的本质是受教育者经济关系的不平等。在西周，有些庶民即使通过接受教育走上仕进之路，在享禄方面仍有差等。虽诸侯之下士，其禄"足以代耕"，享有正禄。而"庶人在官者"，其禄与农夫等差同制。可见，庶民出身的"士"与贵族等级称谓的"士"是不同概念。庶民虽在国学，虽在官位，也不得僭入贵族阶层。这种阶层差异还反映在教学内容的不同上。《文王世子》规定国学大学中贵胄与庶士教学内容不同：《王制》主于教庶士，教学内容粗疏；《文王世子》主于教胄子，教学内容博精。

（3）经济发展与学校发展的关联

战国时代齐国都城临淄的稷下学宫，是闻名列国的东方文教中心，也是中国封建社会第一个由封建政府设立的官学。为什么学术自由的稷下学宫在齐国产生，是一个值得探讨的问题。孙培青认为，齐国封建经济发展较早，

① 陈景盘.中国原始社会和奴隶制社会的教育［J］.北京师范大学学报（社会科学版），1961（1）：101-111.
② 毛礼锐.中国原始社会的教育起源与教育性质问题［N］.文汇报，1961-12-09.
③ 朱春荣.先秦无官学说［J］.齐齐哈尔大学学报（哲学社会科学版），1986（3）：130-133.
④ 郑其龙.中国古代家庭教育的师资探源［J］.湖南师范大学社会科学学报，1987（2）：32-37.

新兴地主阶级在经济上、政治上占据统治地位，客观上既对人才提出需求，也为学校教育大发展提供了经济条件[①]。程方平注意到，中晚唐以后，国家出现财政困难，为节省开支，将东西两监（国子监）合而为一，并令群臣量力抽助修学钱。到五代时，财政日益困难，因经费缺乏，国子祭酒奏请减少生员，政府从官吏俸钱中每贯抽取 15 文充作办学经费，学生入学除了一次性交齐束脩两千钱的学费外，及第后再交光学钱一千。可见，没有雄厚的经济实力作保障，没有安定的政治环境，教育发展就会受到不利影响[②]。

（4）士的产生与私学勃兴

有学者研究王宫里的文化官吏由于失去了世袭特权，流入社会后可能成了历史上第一批靠出卖知识糊口的士，有的可能就做了私学的教师。在封建所有制确立和阶级关系不断分化集结的过程中，士阶层得到发展。一部分士来自民间，有"学而优则仕"的机会。未仕时，要求得到知识。生产力提高之后，食田的士可以利用隶农开辟私田，还可通过立功或仕进扩大私产，有的"私家"之富超过"公室"，掌握了物质生产手段的士，自然要求在精神生产方面取得话语权，这为诸子私学兴起提供了物质基础[③]。有学者认为，作为官僚候补者，士有贵族庶孽和求学仕进两个来源，士以自身的智能才干为经济社会发展所需要，而教育起到关键作用。士人的经济生活上下悬殊，多数人没有保障，主要产品是知识，以精神产品与社会上的其他人发生劳动交换或产品交换。士一般不以产业立足，而是以学为业，以仕为目标，反过来再图产业。他们的生活途径大致为：求学——入仕——利禄——产业[④]。

（5）受教育权

有学者对汉代平民教育的实质进行了多角度的阐说[⑤]。西汉太学自武帝时创立之后，规模逐渐扩大，由五十个增加到几千个，东汉太学自质帝以后更是发展到三万多学生。随着经济的恢复发展，地主和农民的阶级矛盾日益显著，董仲舒要求实施儒家的仁政，有效利用教育工具，在一定程度上促进

① 孙培青. 学术自由的稷下学宫 [J]. 华东师范大学学报（哲学社会科学版），1981：2.
② 程方平. 唐末五代的经学教育和儒学经典的流传 [J]. 教育评论，1990（2）：64-66.
③ 王越. 论先秦私人讲学之风不始自孔子 [J]. 中山大学学报（社会科学版），1957（1）：183-194.
④ 刘泽华. 战国时期的"士" [J]. 历史研究，1987（4）：43-56.
⑤ 郭海燕. 汉代平民教育研究 [D]. 山东大学，2011.

人才流动，缓和社会矛盾。兴太学的任务在于培养新兴地主阶级的知识分子，中小地主增加，太学也可吸收他们扩大封建统治的阶级基础。这样客观上促成平民接受教育由可能变为现实。封建国家从保持封建统治的活力与张力出发，必然会适当扩大受教育权利，允许士、农、工、商通过儒生、儒士、儒官的仕进之路参与社会流动，唐代乡村教育的普及也是出于这样的考虑。[①] 有学者在考察了中国古代受教育权利演进过程后认为，科举考试制度的创设及其在"去特权化"道路上取得的进步，至少让广大社会底层的受教育者享有了形式意义上的教育平等与公平考试的机会与权利。

（6）教育的成本与收益

教育能给个人带来巨大收益，但读书人求取功名的成本很高。"秋初就路，春末方归，休息未定聚粮未办，即又及秋"，"羁旅往来，糜费实甚，非唯妨关正业，盖亦隳其旧产，未及数举，索然以空"，还有人付出生命代价。学生为功名赴京师应考造成人口的流动与迁徙，对流出地经济不利，对流入地也造成影响，时人认为这是"驱地著而安为浮沉者也"，其性质无异于无业游民。对流入地来说，人口的大量流入超过了京城的负载能力，势必带来国家和地方管理成本上升——"官司运江淮之储，计五费四，乃达京邑，刍薪之贵又十倍，而四方举选之人，每年攒会计，其人畜盖将数万，无成而归，十乃七八，徒令关中烦耗"。一方面人才培养选拔成本极高，另一方面人才浪费也很严重，"应科目者，才有小瑕，莫不见弃"，而"无能之士，禄以例臻，才俊之流，坐成白首"。有学者论述科举考试中进士科考试最难，但士人们却趋之若鹜，根本原因是能给个人带来巨大收益。唐开元天宝时期每年应进士科的达千余人，但录取比率仅为1%—2%。因为考试时间是在初春二月份，所以距离京师远的要提前冬季进京，有的落第了不肯罢休，冬去春来，春去冬来，形成定期流动。有些考生为减轻来往食宿费用的负担，干脆常年寄居京师，成了"考试专业户"。对穷人来说，附监修业能省不少钱，因此产生了广文馆。科举虽然求学考试投入的物质成本、机会成本极高，但相比成本，一旦得中给个人带来的经济收益和社会地位提升综合效益更高。[②]

---

① 刘海峰.唐代乡村学校与教育的普及 [J].教育评论，1990（2）：61-63.
② 孙培青.试论贞观时期官学发展的原因 [J].华东师范大学学报（教育科学版），1986：1.

（7）办学形式

王炳照认为汉初由武力征伐转向休养生息，政治清平，经济渐苏，急需大量人才，中小地主阶层子弟谋求进一步发展，入学愿望强烈，但国家尚无力包办教育，于是靠私学补充，以满足大量增加的需求。私学由私人主办，不占用国家教育经费，政府不需要花费大量人力、物力、财力，破解了教育经费不足的难题。有学者认为汉代太学的实质还是地主阶级的专利，从太学生来源看，平民上太学的尽管有一些，但为数极少，在入学限制上还是体现了等级性。比较而言，私学就灵活开放得多。① 到了汉代，各种办学形式都相继出现：官办学校分出中央官办的太学和地方出资兴办的地方官学，即使是太学，也分出公费生与自费生。而民间私学的办学经费除了主要由私人募集外，中央和地方政府也给以各种补贴，当地官绅也以捐资助学的方式给予经费支持。这样，既有官办学校、民办学校，也有官办民助、民办官助学校，办学形式可谓灵活多样。

（8）办学经费来源

中国古代教育政策史是一部以"官学"为主体，以"私学"为补充的历史，这决定了官府是古代教育投入的主体。汉代以前，仅限于中央政府办学，自汉景帝蜀郡太守文翁兴办地方官学始，中国由此形成封建时期官学教育经费由中央和地方共同分担的投入和保障机制。由于地方经济发展水平的差异，导致地方教育资源投入不平衡，因此事实上，从汉代开始，中国教育发展不均衡的状况就一直存在。学者们对古代办学经费开展了多方面研究。一是私学办学经费的筹措。有学者研究宋代私学教育经费来源渠道，认为宋代私学由于门类纷呈，形式多样，招生不受限制，办学经费来源不一，但大体上分两类，一类是自筹经费，延师聘教；另一类是学者自开学馆，自任教师，收取学费；二是官学教育经费来源。梁仁志考证捐纳与明代官学的衰败息息相关。② 张力奎认为宋代官学经费来源包括学田租息、国家或地方政府的财政拨款、房廊屋产收入、官员及民间捐赠、学校其他产业经营收入。③ 喻本伐通过

---

① 毛礼锐，沈灌群.中国教育通史（第五卷）[M].济南：山东教育出版社，1986.

② 梁仁志.明代捐纳与官学教育的衰败 [J].华东师范大学学报（教育科学版），2005，23（4）：75-79.

③ 张力奎.宋代学校教育经费来源之考证 [J].平顶山学院学报，2010，25（4）：118-120.

对古代办学经费作分类厘清后认为，学田制是中国古代小学经费的恒定渠道，是中国重教兴学传统的经济支柱之一。[①]刘钰晓尝试运用会计知识对白鹿洞书院的经费报表作分析，以此管窥书院教育经费的来源渠道。[②]

（9）科技教育与职业教育

《墨子》一书堪称我国古代科技教育的瑰宝，学者多有论析。此外有学者梳理了《诗经》《尚书》《管子》《考工记》《吕氏春秋》《汉书》《齐民要术》《四时纂要》《农政全书》《梦溪笔谈》《天工开物》中的科技教育思想。[③]有学者对唐代的科技教育展开专论，认为唐代科技教育已有完整的制度、成套的教材和行之有效的方法。[④]有人认为"中国古代职业技术教育长期兴盛"[⑤]，有人对此观点进行批驳，认为中国古代技术的成就不能同职业教育兴盛画等号，古代职业技术教育的灿烂和兴盛"几乎贯穿整个古代社会"的结论是站不住脚的。[⑥]有学者从产业经济发展的角度对我国职业教育的起源进行考证，认为管仲"四民分业定居"制度的建立标志着我国职业教育的最早产生。[⑦]有学者考察指出"技术职官"构成了我国古代职业教育的师资制度。概言之，学者们主要从形式[⑧]、范式[⑨]、特点[⑩]、起源[⑪]、影响、形成[⑫]、方法[⑬]等方面对中国古代的职业教育进行了多角度探讨。

---

① 喻本伐，周芬芬.学田制：中国古代办学经费的恒定渠道［J］.教育与经济，2006（4）：96-96.
② 刘钰晓.白鹿洞书院经费报表分析［J］.知识经济，2010（5）：157-158.
③ 李瑶."鞭子"驱使下的生产技术传授——中国古代科技教育初探之三［J］.广西民族大学学报（哲学社会科学版），1979（3）：44-53.
④ 程方平.谈谈唐代的科技教育制度与教材教法［J］.广西民族大学学报（哲学社会科学版），1983（4）：132-136.
⑤ 谢广山.中国古代职业技术教育的兴盛及其特征［J］.职教论坛，2004（28）：63-64.
⑥ 葛力力.关于"中国古代职业技术教育的兴盛"——兼与谢广山先生商榷［J］.职教论坛，2009（21）：62-64.
⑦ 刘学良，路荣平.从产业经济发展的角度考证我国古代职业教育的发源［J］.管子学刊，2006（3）：61-64.
⑧ 孙立家.中国古代职业教育的主要教育形式——艺徒制［J］.职业技术教育，2007，28（7）：72-75.
⑨ 谢广山.中国古代职业与技术教育范式［J］.教育与职业，2007（23）：36-38.
⑩ 徐东.我国古代职业技术教育的发展历程及其特点分析［J］.辽东学院学报（社会科学版），2007，9（2）：19-23.
⑪ 郭守佳，赵冬梅.试论中国古代职业教育的起源［J］.兰台世界月刊，2011（11）：71-72.
⑫ 宣兆琦.论中国古代职业技术教育思想的形成［J］.管子学刊，2006（3）：50-54.
⑬ 谢广山，宋五好.中国古代职业技术教育之方法［J］.职业技术教育，2006，27（31）：74-77.

4. 寥若晨星：研究文献述评

（1）既有研究取得的成就

1）教育经济思想研究的意义、价值得到重视

从学科发展角度看，对中国教育经济思想进行梳理是极为必要和极有意义的。一方面，教育经济思想是教育经济理论的先导。另一方面，教育经济理论是对教育经济思想的进一步拓展和深化，是教育经济思想理论化、系统化的成果。循此脉络，对我国的教育经济思想加以汇整考析，从极具原创性的中国教育经济思想出发，在实践中进一步拓展深化，继承开新，这无疑是找到了一条让我国教育经济学科健康发展的正确道路，必然有助于形成既具国际视野，又有中国品格的原创性教育经济理论。值得庆幸的是，前人对此已作了初步尝试。

2）教育经济思想研究本土化的优良传统得以发扬

全国教育经济学研究会编写组编撰的《教育经济学概论》一书对教育经济思想的论述尽管较为疏浅，但它将中国教育经济思想置于"教育经济学的建立和发展"一章中予以论说，体现了编撰者对中国教育经济思想重要地位的重视，即认为我国教育经济学学科的建立与发展根植于中国悠久的教育经济思想文化传统，而非异域教育经济理论的简单移植与复制。这实际上开启了我国教育经济思想研究本土化的优良传统。其后出版的教育经济学专著，尽管立论的重点并不在此，但都对本土教育经济思想予以关注，并大多辟专章专节作了评介。

3）教育经济思想研究的多向度初步确立

一是从李少元的《教育经济学纵横谈》开始，教育经济思想史的线条基本清晰；二是以李星云的《古代教育经济思想探源》为标志，分时期的专门研究已经开始；三是出现了数量相对较多的个人教育经济思想研究。虽然思想史线条的梳理比较粗略，几个重要时期的专门研究还是待开垦的"荒地"，对某个时段的专门讨论尚不够深入，个人教育经济思想的呈现也略显疏浅，但研究毕竟已经起步，其开创之功断不可被轻视。通过既有的研究，我们可以明确：中国的教育经济思想不但有，而且极为丰富。对教育经济思想的研究甚少，不是客观上思想资源存量不足，质量不高，而是囿于主观认识的局限。

（2）研究之不足

对前人的研究，我们既不能掩抑其长，又不可回护其短。如上所述，已有的研究多有创获，对教育经济学学科发展所作出的开创性贡献令后学者难望其项背，但是，白璧微瑕，研究仍存在一些遗漏、偏失：

1）从研究内容看，多"是什么""有什么"的呈示，少"为什么""怎么样"的开掘

研究文献对历史上各个时期教育家、思想家们的教育经济思想都着力于内容阐释，即某人的教育经济思想"是什么"，满足于"有什么"教育经济思想的简单现象罗列，较少对教育经济思想形成的原因作深入剖析。比如，中国的教育经济思想究竟于何时萌芽、何时产生、何时发展、何时形成，中国的教育经济思想是直线渐进发展还是突变跳跃发展，教育经济思想在发展流程中有无特别活跃的时期或是比较沉寂的时期，换言之，教育经济思想史上是否出现高峰或低谷，状况怎样，等等。准确回答这些问题，既需要对人物的思想面貌作平面描画，又需要对思想形成的原因、体现出的特征作整体勾勒。中国的教育经济思想家们大都同时是哲学家、政治家，其对教育经济现象的关注总是从哲学思想出发，或受其他思想影响，在有裨实用中产生，都是理性思索和付诸实践的产物，具有鲜明的"实用理性"特征。这既是中国教育经济思想的优长，即切近实用，强调从宏观上把握教育与经济的辩证关系，系统地解决现实问题，又是我国教育经济思想的不足之处，缺乏条分缕析和逻辑思辨。这都是应该呈现而已有研究又做得不够的地方，需引起我们高度重视。

2）从研究方法看，多名言集萃式的观点罗列，少比类互证、交通勾连的深度探查

一是教育经济思想内容解说的方式类似于古文今译或名言集萃，零敲碎打，缺乏宏观提领和逻辑统整。这种语录体的表达框架很容易误导人们的看法，认为研究呈现的内容，就是人物教育经济思想的全貌，影响人们对中国的教育经济思想，尤其是古代的教育经济思想做出客观公允的评价。思想家们没有专著讨论教育经济问题，但这并不意味着他们缺乏教育经济思想或教育经济思想杂乱无章。比如，孔子的思想是以语录体形式承载的，但这并不妨碍我们对其教育经济思想从大处着眼，对其分门别类作系统的梳理、解读。

二是缺少同时期比较研究。如研究先秦诸子的教育经济思想，可与大体同时期的古希腊教育经济思想进行横向比较，通过比较即可确立中国古代教育经济思想的成熟程度。三是只注意人物言论所体现的教育经济思想，忽视教育经济实践、制度对教育经济思想的影响。教育经济实践总是反映一定的教育经济思想，是在一定思想指导下的实践；教育经济思想总是在教育经济实践中产生、体现、规约、丰富、启迪教育经济思想，是思想产生、发展的源泉和动力；教育经济思想还通过教育制度影响教育实践，使教育经济思想最终变成现实。人物的教育经济思想不能完全摆脱实践的制约，每个时期的教育经济制度是各种力量、各种思想博弈的结果，是教育经济思想的反映和实际应用，对经济社会发展发挥巨大的作用。教育经济学家们的思想除了与自身的实践密切相关外，也必然影响着教育经济制度并受其制约。因此，研究教育经济思想必须紧密联系个体的教育经济实践经历和现实的教育经济制度。受邢福义教授语言研究两个"三角"理论①的启发，在运用文献法对中国古代教育经济思想进行研究时，在具体策略的选用上，我们认为也可从两个维度进行考察。思想、政策、实践构成第一个维度，古代、当代、国外构成第二个维度。比如，运用第一个维度对孔子的教育经济思想进行研究：孔子私学规模极为庞大，学生动辄几千人，不少学生与他常年生活在一起，衣食住行问题是孔子办学首先要解决的问题。"束脩"（学费）入学条件的设定显然不是简单的师道尊严问题，而是维持办学的迫切现实需求。进一步追索，私学显然是在"学在四夷"的制度环境中兴盛起来的，是新兴地主阶级文化教育诉求的直接反映。很难说孔子"庶、富、教"的思想没有受到他个人办学实践和社会转型期出现的新因素的影响，也很难说"束脩"规定的背后没有预先"量经济之力办教育"的考量。可见，这样交通勾连的探查对研究广度的拓展和研究深度的开掘是很有必要的。

3）从研究对象看，多个体考察，少群体展示

从研究的对象看，个体教育经济思想的考察无论在数量上还是在质量上都占据绝对优势。这种"我注六经"式的探赜索隐由于一味寻章摘句，研究

---

① 邢福义教授在1990年第1期《云梦学刊》上发表《现代汉语语法研究的两个"三角"》一文，提出语法研究"语表形式、语里意义、语用价值"和"普通话、现代汉语方言、古汉语"两个"三角"相互验证的理论。

起来势必如盲人摸象，只见个体教育经济思想之"树木"，不见群体学派教育
经济思想之"森林"。经过考察我们发现，教育经济思想具有群体性或学派特
征。以儒家为例，孔子、孟子、荀子的教育经济思想在继承发展中又相互区
别。概而观之，儒家的教育经济思想与法家、墨家、道家的教育经济思想有
很大的不同，儒家更注重伦理精神的参与，义利关系的考察是儒家教育经济
思想的逻辑起点，教育经济思想中的伦理化特征非常明显。如果不作整体性
考察，鼻子眉毛一把抓，结果往往是"捡了芝麻，丢了西瓜"，把重要的精核
遗失了。如果从大处着眼，南宋事功学派、明清实学群体的教育经济思想特
征还是比较鲜明的，需要作更深入的研究。即使是个体教育经济思想的研究，
由于缺乏宏观视野，也容易造成遗漏。比如，对荀子、墨子的研究浅尝辄止、
不够深入，对道家、货殖家以及法家之韩非的教育经济思想则根本没有展开，
而荀子、墨子、货殖家的教育经济思想是极为丰富和极具特色的，断不能被
忽视。

　　总之，学界对中国本土的教育经济思想研究寥若晨星。已有的研究既少
又不系统，还有不少待开垦的"荒地"，但这并不意味着中国的教育经济思想
贫乏，关键是对其重视不够。考察发现，我国的教育经济思想确是一座待人
发掘的富矿。因此，对我国的教育经济思想探其源，浚其流，构建中国的教
育经济思想体系，对学科的发展定能产生补白之功。

四、核心概念的界定

1. "先秦"与"先秦诸子"

　　先秦时期是指秦以前的历史时期。广义的先秦时期起自远古人类产生之
时，迄至公元前 221 年，即秦始皇统一六国，建立秦朝时止。狭义的先秦时
期是指公元前 21 世纪，即夏朝建立，直到公元前 221 年这一段历史时期。先
秦时期处于人类文明的"轴心时代"，是梁启超"中国之中国""亚洲之中
国""世界之中国"[①] 国史划分中的第一个时期，也是被黄摩崖喻为高贵头颅[②]

①　梁启超.中国历史研究法［M］.北京：中华书局，2009：162.
②　黄摩崖.头颅中国［M］.石家庄：花山文艺出版社，2013：1.

的中华文明的起源时期。本书诸子处于先秦春秋战国，即周朝首都从镐京东迁至雒邑（今河南省洛阳市）之后的东周时期（前 770—前 256 年），此一时期既是奴隶社会的瓦解时期，也是封建社会的形成时期。

汉武帝时的司马谈在《论六家要旨》中首先尝试将先秦诸子分为阴阳、儒、墨、名、法、道德六家。其后的刘歆系统追溯诸子各家的起源，认为诸子兴起于吏师分化，并在司马谈六家分类的基础上增加纵横家、杂家、农家和小说家四类，合为十家，[①] 即所谓的"九流十家"。[②] 本书主要论述儒、墨、道、法四家的教育经济思想，兼及纵横家、兵家等其他各家的教育经济思想。法家分为以《管子》为代表的齐法家和以《商君书》《韩非子》为代表的秦晋法家，本书对此未做严格区分，法家以秦晋法家代之，《管子》则未列入法家范围，单列出来作专节论述。

2. "教育经济思想""教育经济理论"与"教育经济学"

李少元从发生学的维度对"教育经济思想"予以描述性界定，即教育经济思想是"在教育经济学的学科产生之前，人们对教育与经济相互作用的认识，尚未形成理论体系，仅可称之为教育经济思想"[③]。路文生主编的《教育经济学教程》把"教育经济思想"定义为："教育经济思想，即人们对于教育与经济发展的理论见解和观点，是一种经济思想，也是一种教育思想。从历史发展看，教育经济思想主要是随着经济思想的形成而发展起来的。教育经济思想就其经济思想的组成部分看它的发展是和经济思想的发展联系在一起的。"[④]

路文生循学科归属的路径来思考概念的内涵，使得教育经济思想的概念界定从经验描述上升到理论思辨的高度。路文生从教育经济思想涵盖的内容出发，认为经济思想对于教育经济思想起到导源作用，这无疑为我们研究教育经济思想开辟了新的路径，即除了从教育思想文献入手研究教育经济思想，还可以从经济思想文献着手来考察教育经济思想。

---

① 《汉书·艺文志》。
② 据《隋书·经籍志》《四库全书总目》所载，"诸子百家"实有上千家，较有影响的有数十家，而成为学派的不过儒家、墨家、道家、法家、阴阳家、名家、杂家、农家、小说家、纵横家十家。"小说家"被视作不入流，故有"九流十家"之说。（见班固《汉书·艺文志·诸子略序》）
③ 李少元.教育经济学纵横谈［M］.南京：江苏教育出版社，1987.
④ 路文生.教育经济学教程［M］.哈尔滨：黑龙江教育出版社，1989.

　　教育百科辞典委员会主编的《教育百科辞典》对"教育经济思想"也作了定义:"教育经济思想即关于教育与经济相关,教育能促进经济发展,带来经济效益的思想。教育经济思想的产生是同生产力发展的阶段和水准紧密相连的。在大工业以前教育经济的思想只是一种直观的、经验的、朴素的思想认识。"[①]这个定义更多地烙上了历史唯物主义的印记。

　　上述学者对教育经济思想的界定各有侧重。李少元从思想与理论关系的角度来下定义,路文生从思想来源的角度作描述,《教育百科辞典》则从内容上作界定。综上所述,我们认为:教育经济思想产生于教育经济实践,是随着经济、社会、科学技术和生产的发展而发展的。教育经济思想受生产实践制约的同时保持相对的独立性,是人们对教育与经济相互促进、相互作用关系的认识,是教育经济理论的前身。

　　之所以如此定义是出于三个方面的考虑:首先,从起源看,教育经济思想虽然受教育思想和经济思想的影响,甚至可能以其作为直接思想来源,但是,从根本上看,教育经济思想源自教育经济实践。其次,教育经济思想根源于人类的生产实践活动,但并不是由其机械决定,而保持一定程度的相对性、独立性。换言之,在一定的条件下,教育经济思想在接受实践制约的同时,完全可能超越实践,体现出一定的前瞻性、预见性。本书讨论的先秦诸子的教育经济思想即是此例。再次,"教育经济思想""教育经济理论""教育经济学"是既相联系,又有区别的概念。"教育经济思想"是人们对教育、经济关系的看法、观点。广义的"教育经济思想"包括"教育经济理论",狭义的"教育经济思想"可以形成体系,但是体系化、理论化程度不及"教育经济理论"。可见,"教育经济理论"介于"教育经济思想"与"教育经济学"之间,是"教育经济思想"的发展,是"教育经济思想"的理论化、系统化。"教育经济学"则是"教育经济理论"进一步走向成熟乃至学科化的结果,即形成特殊的研究视域,具有明确的学科边界,拥有成熟的基本理论,采用独特的研究方法,并形成独特的话语表达。

　　据此审度我国教育经济思想的发展可以发现,1934年古楳写成《中国教育之经济观》标志着教育经济思想向教育经济理论过渡,此前是教育经济思

① 教育百科辞典委员会主编.教育百科辞典[M].五南图书出版有限公司,1994.

想的形成与发展期，此后教育经济思想开始理论化、系统化，但教育经济理论的真正形成则是在改革开放之后。在中国，教育经济理论的形成与教育经济学科产生几乎是同一过程。

五、研究方法

在展开研究时，我们当然反对厚古薄今，肆意穿凿，对诸子的教育经济思想无限推衍，削足适履以牵合、趋骛当前的理论；我们也反对以今律古，以处于"学科"阶段的当代西方主流教育经济理论来量度诸子的教育经济思想，得出过低的结论，黯淡了它应有的光彩。对其本有之貌作客观呈现和公正评判是我们在研究中遵循的基本原则。在此原则指导下，我们将采用如下主要的研究方法：

1. 文献法

文献研究适用于原始材料的发掘、整理，力争占有充分的原始材料，用可靠的第一手材料说话，根据文献资料和历史事实进行分析、作出判断、得出结论。文献研究注重微观与宏观相结合。具体来说，微观研究主要适用于对各个个体教育经济思想的考辨、缕说，宏观研究主要适用于学派整体的研究和学派间的异同比较、特征分析、原因分析等。由微观渐及宏观，由分析以至综合，既从大处着眼，又从小处着手，既整体把握，又具体而微，在分析的基础上进行综合，使宏观研究成为微观研究的拓展。

2. 阐释法

在做文献实证研究时，尽量在广阔的学术背景下，加以适度的理论阐释，使文献研究成为理论阐释的基础，理论阐释成为文献研究的延伸。理论阐释重在运用当代教育经济理论反顾教育经济思想，以初步构建诸子教育经济思想的体系、框架。理论阐释还注重参稽历史学、教育学、经济学、哲学等学科的理论成果，对诸子的教育经济思想加以现代解释，力求保持原典与阐释之间的张力，既避免泥古不化、故步自封，又避免生搬硬套、削足适履。

3. 比较法

本书将诸子的教育经济思想放在历史的长河中，通过纵向比较的方法，以廓清其源流和影响。同时，将诸子的教育经济思想与古希腊的教育经济思想略作跨文化横向比较，以明确其成就和特征。通过纵、横两方面的比较，客观公正地对诸子教育经济思想的发展程度作出判断。在诸子之间以及学派之间也做适当比较研究，以明辨异同。

在采用上述方法进行研究时，本书注重将微观研究与宏观研究相结合、文献研究与理论阐释相结合、纵向比较与横向比较相结合，既考察在教育经济实践中产生的教育经济思想，又考察在教育经济思想指导下的教育经济实践，使之互为参印，彼此证发。

六、研究思路与结构安排

1. 研究思路

笔者认为，研究先秦诸子的教育经济思想主要应回答五个问题：

第一个问题是"是什么"，即诸子的教育经济思想包括哪些方面的内容，这是研究的重点，也是展开其他研究的基础。

第二个问题是"有何异同"，即首先确定诸子的教育经济思想有无学派差异，学派内部有无观点的差异，诸子以及学派之间有无思想共性；在此基础上，进一步明确差异与相同的具体、细微之处。

第三个问题是"怎么样"，即诸子的教育经济思想呈现出哪些方面的共同特征。

第四个问题是"为什么"，即诸子的教育经济思想是怎样形成的，受哪些因素的制约。

第五个问题是"有何影响"，即诸子教育经济思想的地位如何，有哪些价值。

2. 结构安排

根据以上逻辑思路，本书分六部分展开：

第一部分为引论，明确研究论题，阐述研究意义、价值，确定研究的目标和拟采用的研究方法，对核心概念加以界定，明晰研究的基本逻辑思路。

第二部分分学派介绍诸子的教育经济思想，主要介绍儒家（孔子、孟子、荀子）、墨家（墨子）、道家（老子）、法家（邓析、商鞅、韩非）、管子（管仲及稷下管子学派）、其他各家（兵家、货殖家、纵横家）等教育经济思想。

第三部分比较诸子教育经济思想的异同，分学派间的争鸣交锋、学派内的歧见异说、思想上的吸纳融通三个方面展开。

第四部分概括诸子教育经济思想的特征，包括实用理性的总特征和整体性、辩证性、人本性特征。

第五部分分析诸子教育经济思想成因，诸子教育经济思想成果丰富、特征鲜明，主要是经济引发、政治促发、文化激发和个体创发的结果。

第六部分以诸子教育经济思想的流变与影响作结，考辨勾勒我国古代教育经济思想内外发展的两条路径，分阶段厘清我国教育经济思想发展的"三座高峰"，盘点总结我国教育经济思想的成就与不足。

第二章
先秦诸子的教育经济思想

生产的发展在促进人类发展的同时也促进教育的发展，反之，教育虽不能直接解决生存资料的获取问题，但可以间接地为后代或将来解决生存资料的获取而培养技能。[①] 教育经济思想的萌芽与教育的萌芽几乎是同一过程。在诸多关于教育起源的理论中，其中之一就是教育起源于人类的生产劳动，这便是人类最早的教育经济思想了。早在原始时期，教育活动与人类的生产实践活动融为一体，原始经济的发展和人类实践活动的丰富，为原始教育提供了必要的内容。

原始人类与其他动物相区别的显著特征是逐渐懂得制造和使用生产工具。原始生产工具以石器为主，大致经历了打制石器工具、磨制石器工具和金石工具并用三个时期。生产工具的进步为原始教育奠定了物质基础，丰富其内容，生产工具的进步离不开原始教育对生产经验的累积、传递，两者互相促进。教育经济思想在早期的生产劳动教育中萌芽，除了工具使用及教育外，还包括火的使用及教育、采集狩猎技术及教育、农业、畜牧业及教育等。比如，《尸子·君治》载："燧人上观星辰，下察五木以为火。燧人之世，天下多水，故教民以渔。"随着原始农业的产生，记载神农氏教民生产的文献颇多，比如，"至于神农，人民众多，禽兽不足，于是神农因天之时，分地之利，制耒耜，教民农作。"[②]

夏、商时期，教育经济思想开始形成。奴隶制经济相比原始经济有了更

---

① 李国钧，王炳照.中国教育制度通史（第1卷）[M].济南：山东教育出版社，2000：11.
② 班固.白虎通德论[M].上海：上海古籍出版社，1990：10-11.

大的发展，文化也有较大突进，文字与最早的学校出现，人类真正步入文明时代。此时的教育虽然还没有完全从社会生活中脱离出来，但教育所承载的内容更为丰富，教育在传递生产生活经验方面发挥的作用越来越明显。《礼记·王制》记载："夏后氏养国老于东序，养庶老于西序。"学校教育同时兼有"教""养"两种功能，这大概是颜元"教养相济"教育经济思想最为古老的源头。"知者创之，巧者述之守之"①的"百工"开始出现，如最早记载"百工"的《尚书·尧典》所言："允厘百工，咸绩咸熙。"此时的"百工"是"工商食官"之"工"，亦"工"亦"官"亦"师"，中国最早的职业教育在"官师一体"的手工业匠作制度中，以父子相授的形式产生。这也标志着教育经济思想的形成。

西周的教育经济思想继续发展。清末的黄绍箕据《学记》对古代学校"塾""庠""序""学"的分类推测，西周仅王畿之"乡学"即有"庠"12所，"序"360所，"塾"更是达到1.2万所之多。②《礼记·学记》的说法是否可靠值得怀疑，黄氏的计算是否准确也有待考证，但可以确定的是，与夏、商相比，西周的教育体系更加完备，不仅有了中央官学"国学"，在"国学"中分出小学和大学，规定8岁入小学，15岁入大学，还在王都郊外设置"乡学"即"庠"，向百姓宣明教化，其中就包括生产教育。西周"学在官府"，出现了较有影响的政治家、教育家姜尚。《史记·货殖列传》载："故太公望封于营丘，地舄卤，人民寡，于是太公劝其女功，极技巧，通鱼盐，则人物归之，襁至而辐凑。"司马迁将有关姜尚的这段记述放在《货殖列传》中，意在肯定姜尚因地制宜的社会教育。姜尚重地利之教，对百姓教之以能，以此促进国富兵强，使齐国农、工、商各业并举，较早呈现多种经济协调发展的良好局面。周公制礼作乐，"六艺"教育中"书""数"之教的产生是出于生产的需要，是圣人"观象制器"③的结果。"书""数"教育传授与生产活动相关的天文、地理、数学等自然科学知识。"六艺"教育是较早的分科教育，在教育史上具有里程碑的意义，也推动着教育经济思想向前发展。

到春秋战国时期诸子出现，教育经济思想终于迎来了第一座高峰。

---

① 《周礼·冬官考工记·总叙》。
② 李国钧，王炳照.中国教育制度通史（第1卷）[M].济南：山东教育出版社，2000：65.
③ 《易·系辞下》。

一、儒家的教育经济思想

1. 孔子"执用两中"的教育经济思想

（1）孔子的大教育经济观："因民之所利而利之"①

在教育与经济的关系上，教育对经济究竟起何作用呢？如果仅从孔子言论中作断章取义的肢解的话，我们是毫无头绪的，只好得出孔子并无此方面的言论或思想的结论。但是，如果仔细勾剔甄别，将孔子的只言片语连成一个整体，使之互通一气，我们是不难窥见其思想端倪的。孔子的教育论纲是以仁学体系培养治术人才，而治术之要是治经济，于是，孔子的教育思想便最终指向了经济。

孔子培养政治人才要求其"因民之所利而利之"即体现了这一点。

子张问孔子"何如斯可以从政"②，即从政的依凭或者说条件是什么，孔子做出"尊五美，屏四恶"③的回答。"五美"即惠而不费、劳而不怨、欲而不贪、泰而不骄、威而不猛。④孔子论证的高妙之处在于建立了五组看似矛盾的概念：惠与费、劳与怨、欲与贪、泰与骄、威与猛。在"五美"的政治人才培养标准中，后四项是对政治人才行事方式和态度方面的要求，"惠而不费"是指从政者具备的能力。如此，政治人才的标准就主要包括了德才两个方面。子张仍觉得模糊笼统，不解其意，孔子又作进一步阐发。对"惠而不费"，孔子的解释是君子如果做到"因民之所利而利之"就算得上是"惠而不费"了。前一个"利"是"民利"，反映了百姓的趋利本性，后一个"利"是"利导"或"使民得利"，反映的是统治者的统治技巧和方法手段。

第一，从"利"出发来考虑民性是实践理性指向的，但这并不与孔子一贯的仁学思想产生矛盾，把"因民之所利而利之"作为其教育经济思想的总的指导原则正是从他的仁学思想出发的。孔子的仁学思想表面看是感性的伦理结构，但实质是理性的现实指向，即调节人与人之间的关系，尤其是调节

---

① 《论语·尧曰》。
② 《论语·尧曰》。
③ 《论语·尧曰》。
④ 《论语·尧曰》。

统治者与被统治者的关系。这种关系调节的实质并不是要取消等级，以实现人与人之间的平等。而是在承认等级的情况下更多地给以人性的关怀。这种关怀不仅是人道主义的，而且是现实利益考量的。孔子对周礼的推崇说明了这一点。

第二，"惠而不费"体现民为邦本的思想。老百姓具有逐利的本性。物质方面的经济利益是百姓赖以生存的基本条件。帮助百姓得利就是"仁者爱人"的现实表现。《周易·系辞》说，天地的大德是"生生之德"，也就是生民。君主的权位是圣人的"大宝"，如何得守呢？靠"仁"、靠"财"将百姓聚集在一起，使民得利，国家政权就得以巩固。

第三，正如朱熹引杨氏所言："论语之书，皆圣人微言。"[①]孔子的"微言大义"值得琢磨。这里实际还隐藏着一个"利"，统治者之利，也就是"因民之所利而利之"的目的。统治者因顺百姓的逐利本性而使他们得利是统治者美德的彰显，然而更重要的是，统治者自身的利益乃至统治基础正是建立在民利基础之上的。短期来看，统治者的利益与被统治者的利益存在消长的矛盾。但是，从长远来看，让利于民而非一味地与民争利则有利于统治阶级。因为百姓不仅是社会财富的创造者，而且是统治阶级赖以生存的基础。换言之，对统治阶级而言，利民即利己，给百姓以利是为了自身获得大利。这样，以"民"为中介，统治阶级之"利"既体现在经济利益方面，又体现在缓和社会矛盾、维持社会长治久安方面。

教育就是要把政治人才培养成符合"五美"标准的君子。教育所培养的政治人才是要为统治者的阶级利益服务的，而这构成了当时整个社会的经济基础。因此我们可以说，从根本目的讲，教育是为经济服务的。教育培养的儒者君子不是"出世"的，而是积极"入世"的。"因民之所利而利之"既是美德的、教育的，又是行为的、经济的。

也就是说，"因民之所利而利之"中孔子对政治的考察是从经济的角度入手的。所谓"政治"，就是如何平衡好经济利益取舍，使之变成维护国家稳定和社会秩序的杠杆。由此，孔子的仁学教育体系很明显是为政治服务的，或者说本身就是政治的一部分，抑或仁学教育体系与政治一起共同构成上层建

① 〔宋〕朱熹.四书章句集注［M］.北京：中华书局，1983.

筑，受经济基础决定并为其服务。从这个角度讲，孔子的教育经济观是"大教育经济观"①。

（2）求富：教育对个人的经济价值

第一，孔子是求富的。

在《论语·季氏将伐颛臾》中有"不患寡而患不均，不患贫而患不安"这句话，俞樾的《群经评论》将"寡""贫"互换了位置。此说一出，歧见纷纭。有跟从者如杨伯峻，也有大量反对的声音。且不论孔子的原话究竟是什么，但争议的结果是，不少人认为，孔子思想中有平均主义的倾向：国家贫穷一点不可怕，怕的是不平均。并且有后文中"盖均无贫，和无寡"为证。

这是对孔子思想的误解，与孔子所极力宣扬"礼"以维护等级制度是相矛盾的。在孔子所处的时代，贫富悬殊是已然存在的事实。根据《左传·襄公十年》所载，不仅贵族与平民贫富悬殊，就是在统治阶层内部，分化也是比较明显的：有的"不胜其富"，而有的则"筚门闺窦"。孔子并无均贫富的思想，并不是"不患贫"，而是担心"贫而不安"，他的理想是"贫而乐""富而好礼"。②孔子是周礼的卫道者。《周礼·地官·大司徒》记载当时的政策是"阜人民""建王国"，使百姓"安富"。与安于贫穷相比，孔子更倾向求富贵。比如他说："富与贵是人之所欲也，贫与贱是人之所恶也"③"富而可求也，虽执鞭之士，吾亦为之"④。

第二，接受教育是求富的手段之一。

在《泰伯》篇，孔子曾有一个感叹："三年学，不至于谷，不易得也。"朱熹训"谷"为"禄"，释"至"为"志"。不管是"达到"之"至"，还是"立志"之"至"，孔子感叹的是当时人们求学干禄的现实。孔子虽感叹至于道者难得，但也并不反对求学干禄。子贡说自己有一块美玉，问孔子是将之收藏还是将其卖掉。孔子说："卖吧卖吧！我也正等识货的人呢！"孔子肯定知识的经济价值，把自己比作待价而沽的美玉，希望遇到识货的明君将自己

①　商国君.论孔子的经济思想［J］.陕西师范大学学报（哲学社会科学版），2001，30（4）：91-96.
②　《论语·学而》。
③　《论语·里仁》。
④　《论语·述而》。

"卖掉"。孔子反对空有才能而作"系而不食"①的匏瓜，主张发挥才智，食己而食人。他认为，接受教育不只是为了谋求一个职业，养活自己，而应该有更为远大的"治平"追求，学问好了，本领强了，自然会得到职位，而且自然会禄在其中。

对个体来说，要想求得富裕在当时的社会环境下并非易事。孔子虽然也肯定靠个人的经商天才致富，比如子贡凭借货殖才能，"结驷连骑，束帛之币，以聘享诸侯。所至，国君无不分庭与之抗礼"②，孔子称赞他"回也其庶乎，屡空，赐不受命，而货殖焉，亿则屡中"③，但是，像子贡这样经商致富的毕竟是极少数，大多数只能靠自己辛勤劳作。在春秋时期，像恩格斯说的，"农业是整个古代世界的决定性的生产部门。"④辛苦的劳作往往是与土地紧密结合在一起的，农业是大多数人安身立命的根本。农业生产受自然环境的影响较大，丰歉不时，加之春秋时期土地兼并严重，诸侯国之间或领主之间战乱频仍，赋税繁苛，这导致农业生产者即使夜以继日、手不释锄也不能保证富有。因此，当学生樊迟请教学稼穑即耕种技能时，孔子顾左右而言他，说自己比不上老农。并且在樊迟走出去后，当着其他学生的面发表了一段言辞颇为激烈的话，这在循循善诱的孔子那里是极为罕见的。孔子首先责怪樊迟请学稼、请为圃是小人的言行。为何斥其为小人？孔子作了进一步解释："上好礼，则民莫敢不敬，上好义，则民莫敢不服；上好信，则民莫敢不用情。夫如是，则四方之民襁负其子而至矣，焉用稼？"⑤意思是说，把"礼""义""信"学好了，把仁学的思想精髓领悟透了，以此来治理百姓，驾驭人民，上行下效，百姓就会从心底里敬服、归附。百姓以稼穑为本，作为治理百姓的人又何必亲自去劳作呢？所谓"百姓足，君孰与不足"⑥。孔子的这个观点被孟子直接继承，发展为"劳心""劳力"之说。

有人以此质疑孔子轻视体力劳动者，这是极大的误解。这里涉及教育对个人经济价值高低的比较问题：以治术为教学内容和以农业生产技能为教学

---

① 《论语·阳货》。
② 《史记·货殖列传》。
③ 《论语·先进》。
④ 马克思，恩格斯. 马克思恩格斯全集（第 21 卷）[M]. 北京：人民出版社，1956：169.
⑤ 《论语·子路》。
⑥ 《论语·颜渊》。

内容相比，哪种教育对经济和民生的贡献更大？孔子给出的答案是前者。他对教育经济价值的判断在《论语·卫灵公》篇中也有所体现。原文是"君子谋道不谋食，耕也馁在其中矣。君子忧道不忧贫。"孔子认为君子虽然自己不耕种，但是凭借自己掌握的知识、本领来"谋食"是无可厚非的，并且正因为君子忧虑的是"治术之道"这样的国家大事，对经济发展的贡献更大，所以衣食无忧乃至富贵是理所当然的。换言之，如果君子去从事劳动生产，他也难免会忍饥挨饿。"只有专心学习，就可取得政治地位，不怕现在贫，将来可能得到几十倍甚至几百倍于农夫的收入。"[1] 两相比较，当然"谋道"者比"谋食"者强得多了。

（3）中庸之德：孔子教育经济思想的总纲

在《论语·雍也》中，孔子对中庸之道推崇备至："中庸之为德乎，其至矣乎。""德"在古代不只是指个人品德修养，还是日常切用之行。可见，中正庸常、不偏不倚、注重节度是一切思想和行为的纲领，也是孔子思考教育经济问题的总纲。

按照马克思的观点，经济基础决定上层建筑。孔子身处的春秋晚期是中国的奴隶制向封建制过渡的大变革时代。生产工具的革新带动劳动生产率的提高，生产力水平得到迅猛发展，这是经济基础变动的表现。除此之外，诸侯连年征战，土地争夺兼并严重，社会矛盾加剧，原有相对稳定的秩序被打破，新的社会秩序又还没有建立起来。用中庸思想重建社会秩序，使新的上层建筑与变革了的经济基础相适应便成了孔子的首要任务。

所谓"中庸"即"执用两中，用中为常道"。中庸之道既是行动纲领、理想蓝图，同时又是有现实参照的，这就是春秋以前的唐虞和夏、商、周的盛世。由于周以前的时代相距久远，难以追溯，因此，西周及其礼制便是可拿来当作现实参照的。"殷因于夏礼，所损益可知也。周因于殷礼，所损益可知也。其或继周者，虽百世可知也。"[2] 一方面，孔子认为重建社会秩序要从礼制建设开始，提出"克己复礼"[3] 的主张。礼制建设不是强行推行标准，应该从

---

① 李衡眉."不患贫而患不均"说商兑——兼论孔子的经济思想［J］.中国经济史研究，1991（4）：146-149.

② 《论语·为政》。

③ 《论语·颜渊》。

"爱有差等"的伦常关系入手，从亲缘关系和血统远近开始，由"亲亲"到"亲疏"、由"贵贵"到"贵人"，推己及人，仁者爱人，以"仁义"作为基础；另一方面，虽然可以像礼制较完备的西周学习，但也同时应该学习西周继承前代礼制的批判精神，有所损益，才能"百世可知"①。

这里，孔子的教育经济思想逻辑是较为清晰的：仁学教育的核心内容就是执用两中的"中庸之道"，教育目的是培养懂得"中庸之道"的君子，"道（导）之以政，齐之以刑，民免而无耻；道（导）之以德，齐之以礼，有耻且格"②。为政即教民，教民即为政。中庸之道实际上既是平衡社会各利益群体的制度安排，又是解决各社会矛盾的方法论。这就赋予了仁学教育以巨大的经济功能：协调经济领域各个方面的矛盾冲突，使之达到相对均衡。

1）生产领域

当时，在生产领域的冲突主要体现在三个方面：一是农业生产因为战乱遭到破坏，不少农民与土地分离，游商滋生，经济的根基不稳固；二是统治者征役不时，百姓随时要服劳役，影响农作物按时播种、收割；三是赋敛繁重，百姓再生产投入匮乏。据此，孔子从中庸之道的教育思想出发，提出了三个方面的经济主张。一是重农。子贡问政，子曰："足食，足兵，民信之矣。"③政事无外乎三个方面：生产之事（"足食"）、战备之事（"足兵"）和教化之事（"民信"），首要的是解决百姓衣食住行的生产之事。孔子称赞禹的功德，"所重：民，食，丧，祭"④，"民""食"一体，"民"心稳固的基础在粮食生产。这应该说是看到了政治统治的根本。二是役时。对农业生产而言，"使民以时"⑤"择可劳而劳"⑥尤其重要。适度的徭役是必要的，宫室建筑、兴修水利、平整道路、对外战争都需要征发徭役。孔子反对的是徭役过多、徭役伤农。马克思认为，农业生产中社会的再生产过程与自然的再生产过程是相互交错的，这决定了农业中"较长的劳动时间以及劳动时间与生产时间

① 《论语·为政》。
② 《论语·为政》。
③ 《论语·颜渊》。
④ 《论语·尧曰》。
⑤ 《论语·学而》。
⑥ 《论语·尧曰》。

的大差别"。① 农业生产讲究春种秋收、夏耘冬藏，如果不是以时征发，避开农忙时节，过多的徭役对农业生产是极为有害的。三是薄赋。从"执用两中"的思想出发，孔子反对征敛无度，主张薄赋敛。鲁国的季孙氏实行田赋新制，赋税比以往多了一倍。冉求给季孙氏作宰，孔子严厉批评他未履行好谏阻之职，放任季孙氏以苛政加重百姓负担，称冉求"非吾徒也，小子鸣鼓而攻之可也"②。征敛无度，仁义不施，实际上已走向了百姓的对立面，如此统治基础是极为脆弱的。《说苑》中有一段哀公问政于孔子的对话。孔子认为为政就是使民富，途径之一是薄赋敛，"薄赋敛则民富"③。哀公说这样做"则寡人贫矣"④。如果赋敛变轻，统治者的用度则不足。哀公立论背后隐藏着他对统治者与被统治者、国家与个人经济关系的基本判断，即国富（含统治阶级的富有）与民富是根本对立、无法兼容的。孔子引用《诗经》"恺悌君子，民之父母"作类比，指出君民之间的经济关系同父母与子女间的经济关系是一样的，"未见其子富，而父母贫者也"⑤。薄赋敛可使民富，百姓是国君的子民，民富了国君也自然富有了。所以，"君子之行也，度于礼，施取其中，敛从其薄。"⑥这既是从教育角度考虑的仁义之举，强调不偏不倚，更是发展经济的现实需要。过度盘剥无异于竭泽而渔，其结果必然是百姓连基本的温饱问题都不能解决，何谈以人力、物力进行再生产。

还有就是爱惜民力。"民力"即百姓的生产能力。孔子的马厩着火，急着问："伤人乎？不问马。"⑦此处的"人"特指养马的人。人力（养马者）与物力（马匹）相比，孔子更爱惜人力。尽管在西周建立了比较完备的礼制，但温情的制度面纱下掩盖的仍然是赤裸裸的剥削和把人不当人看的社会现实。奴隶或平民作为人的尊严、人的重要性远未得到凸显，人与人之间紧张对立的关系反而通过周礼得到进一步加剧。孔子反对"不教而杀"⑧的暴政虐民，

---

① 马克思.资本论（第2卷）[M].北京：人民出版社，1964：283.
② 《论语·先进》。
③ 《孔子家语·贤君》。
④ 《孔子家语·贤君》。
⑤ 《论语·颜渊》。
⑥ 《左传·哀公十一年》。
⑦ 《论语·乡党篇》。
⑧ 《论语·尧曰》。

希望统治者对待民力"如承大祭"①，不可不慎。"爱人"在经济领域的表现就是爱惜民力。把劳动者摆在生产要素的首位予以重视，充分肯定劳动者作为人而不是工具的价值，这对于缓解生产领域的矛盾和促进生产力的发展是具有积极意义的。

孔子的教育经济思想并不是凭空出现的。我们当然可以说是孔子天才的卓见和非凡的睿智使然。但是，一个人物思想的产生既有他个体异质禀赋的因素，也与他个体的实践及思想、实践所植根的社会土壤密切相关，有时这种影响因素甚至是决定性的。孔子所处的时代正是大变革时期，物质生产领域和意识形态都面临着大的调整，新事物、新现象层出不穷。在物质生产领域，新兴的地主阶级呈上升态势，原有的奴隶主经济走向没落。在土地所有制形式上，原有的井田土地私有被新兴的土地买卖私有所取代，传统劳役地租的直接剥削方式被更能促进生产力发展的、较为隐蔽的实物地租的形式所取代。经济结构的调整势必要求经济关系的调整、变化与之相适应。而重整这种关系，孔子认为最便捷、最有效的切入点莫过于教育。教育一方面培养新兴阶级的主力军，即具有"仁义礼智信"的君子。另一方面，教育还担负着生产出新的社会利益关系、重建新的经济环境的重任。前一个方面，孔子的要求是："政者，正也。"②什么是"正"呢，并非血统的纯正和世袭罔替，而是"有道而正"③。能作为当政者的不是"斗筲"之人，只要是"先进于礼乐"者，无论贫贱富贵，皆可从政。教育的作用就是适应生产力的发展，为社会培养新的物质力量，"而这种新的物质力量——新兴地主阶级也必然是伴随着它肩负着组织新的社会生产的使命而诞生"④。后一个方面，孔子赞赏周礼，但是他对周礼不是一味因承，而是主张变而用之。这种改革并不是外向性地强调进一步完善礼制的细则，而是内向性地指向礼制的合理性及心理基础。也就是"归礼于仁"。如此礼便是出于本心的自觉选择，礼的要求也便成了自我的要求。"仁者人也"⑤。每个人都可推己及人，人人皆有仁心，礼也便

① 《论语·述而》。
② 《论语·颜渊》。
③ 《论语·学而》。
④ 杨树增，侯宪林.从《论语》看孔子的经济思想［J］.河北学刊，1986（1）：58—62.
⑤ 《中庸·第二十章》。

有了更广泛的社会基础。仁的首要性就是人性的确认与复归。仁者爱人，以"亲亲为大"①为血缘心理基础，以"己所不欲，勿施于人"②为基本的行为准则，以"己欲立而立人，己欲达而达人"③作为思考人己关系的出发点，这样，协调与他人的关系便简化为主要是规范自己的言行。承认所有人的利益而不是仅执统治阶级一端，尊重所有人的人格尊严和个体价值而不是拘于为政者一隅，如此经过仁学教育改造和重新调整了的社会关系必然有利于将平民从对剥削阶级的绝对人身依附关系中解放出来，尽管并不彻底，但已经代表了先进生产力的前进方向，对经济发展的影响是不言而喻的。

2）分配领域

分配领域的最大矛盾是社会贫富差距过大。《左传》记载，当时社会的贫富差距到了"民参其力，二入于公而衣食其一，公聚朽蠹，而三老冻馁"的程度。就是说，百姓的收入中三分之二要归公，而自己只余下三分之一来养活一家老小。一边是公室府库充盈，财物朽烂以致滋生蠹虫，一边是百姓之家饥寒交迫，连老人都无法赡养。孔子对此观点明确，认为教育应该对分配领域进行有力干预，充分参与分配的过程，影响分配的结果。

首先，教育要参与分配过程。在《论语·季氏》中，孔子要求理想的分配结果是"均无贫，和无寡，安无倾"。"均"绝非平均分配，让统治阶层都去过百姓一样的生活。恰恰相反，孔子认为这是对"礼"的僭越。究竟应该如何分配？教育导向"礼"的调节就是必不可少的了，就是按照"礼"的要求分出差等，各得其分，但是又不妨碍各自正常的生活交往。基于当时的社会现实，孔子主要是对统治阶层提出要求：不能利用权力过度索取，极力搜刮民脂民膏，享用与自己等级不相称的财富。要守"礼"，否则民怨沸腾，阶级矛盾激化，统治基础就会动摇。可见，教育参与分配的过程主要是按照礼制的要求制定分配的标准。

其次，教育要影响分配结果。要使分配实现有差等的相对合理，教育仍然要发挥重要作用。按礼制确定分配制度无疑是最好的办法。在中国古代，分配制度的核心是税制，税率直接影响分配结果。孔子对税制方面的观点可

---

① 《中庸·第二十章》。
② 《论语·颜渊》。
③ 《论语·雍也》。

从他的学生有若那里得到体现。在与鲁哀公的一段对话中，哀公问有若国家遇到饥年，用度不足应该怎么办。有若以西周礼制中的"彻"法应对。"彻"是周公制礼所定的税制，即"十税一"，其税率是很低的。哀公继而反问："吾犹不足，如之何其彻也？"[1]哀公的意思是，本来用度就不足，还施用如此低的税率，那不是雪上加霜吗？然而，有若有一段著名的对答，可谓深造孔门堂室："百姓足，君孰与不足？百姓不足，君孰与足"[2]。这是对低税制所起作用的最好注脚，指出了统治者与被统治者在利益上唇齿相依、休戚与共的紧密关系。短期看，高税制能藏富于公室，缓解用度不足的窘迫，但长远来看，采用较低的税制，藏富于民，表面看府库亏虚，国贫民富，但实际上因为百姓财货充实，经济得到了发展，经济体量得以增大，最大的受益者仍是统治阶层。因此，所谓"彻"法，看似是礼制问题，是关乎教育之事，实际却是经济之事，也是关乎国家长治久安的政治大事。可以说，礼教远远地超出了伦理的范畴，起着调节人们之间的社会关系，乃至最根本的经济关系的巨大作用。

3）交换领域

交换领域主要涉及工商经营者。工商经营者历来被当作是"奇技淫巧"[3]的"末作"，为人所不齿，是政府加以贬抑和严格控制的对象。孔子并不反对经商，还曾称赞过在卫国经商致富、富比陶朱的子贡。孔子主张用执用两中的礼制思想干预交换领域。

教育确定交换原则。在农业社会，工商之所以被称为"末业"自然有主观偏见成分，但是，相比农业生产者的体力艰辛、劳神费时、看天吃饭，工商业者则优容闲适得多，收获也更大。在农业生产者看来，工商业者并不生产粮食，却大量交换供统治者或富人享用的奢侈品，是穷奢极欲的万恶之源。因此，历代重农主义者都主张极力打压、控制工商业者，使其所得不能超过农业生产者。其实，工商业者加快流通、互通有无，是市场发展的必然结果，对经济发展是极为有利的。孔子并不主张过分打压工商业者，而是提出交换的原则：以义为先。以合于道义作为市场交换必须遵循的准则。这就是说，

---

① 《论语·颜渊》。
② 《论语·颜渊》。
③ 《尚书·泰誓下》。

他不反对工商致富，宣称若是"富而可求"[1]的话，即使是"执鞭之士，吾亦为之"[2]。可求的依据显然要合于道义，如果是"不义而富且贵"，那就触碰不得。

教育影响交换环境。市场是买卖商品的场所，是把卖方和买方联系起来的时空纽带。可以说，没有市场就没有交换。根据《周礼·天官》记载，商朝中央征收九种税，"关市"之税是其中一种。"关税"和"市税"均是对商品在流通环节征税。关市税由来已久，是伴随交换行为产生的。就关税而言，中国在西周时就已在边境设卡收税。因为是依凭抵御敌人的关卡对进出的商人征税，所以名之曰"关税"。进入春秋以后，国家分裂，诸侯割据，纷纷在各地边境设卡征税，有愈演愈烈之势。对此，孔子从礼制思想出发，为防止关市之税对商人和商品流通造成伤害，主张"弛关市之税"，"关讯市廛皆不收赋"[3]。孔子批评鲁国大夫臧文仲"不仁"，表现之一就是他"置六关"对来往商人征税。可见，孔子是从仁学教育的立场出发来思考商品交换的环境即市场问题的。

教育规约交换行为。商人的欺诈行为是有损仁义的。杜绝商业交换中的欺诈行为、整顿市场、营造良好的商业环境，孔子在这方面是有实绩的。据《孔子家语》记载，在鲁国，有个沈尤氏商人，为了牟利，竟在大清早往羊的口中灌水，等羊肚子里装满了水再赶到集市上称重卖钱。"及孔子之为政也，则沈犹氏不敢朝饮其羊"，商人也不敢有任何以次充好、以伪乱真的行为，如此"器不雕伪"，商品也能"布正以待之也"[4]。（注："布"是古代货币名。）

4）消费领域

教育将人导向礼，消费的标准就是合礼而不能违礼。国君的大门前立有照壁，而管仲也在家门前立了一方照壁；只有国君能在堂上安置放酒器的台，管仲也做了同样的台。孔子批评管仲此举有违礼制，"管仲而知礼，孰不知礼。"[5]怎样才叫合于礼呢？消费与消费者自身所处的社会等级、身份、俸禄相

① 《论语·述而》。
② 《论语·学而》。
③ 《孔子家语·王言解第三》。
④ 《新序·杂事一》。
⑤ 《论语·八佾》。

匹配就是合礼的。贫时应"贫而乐"，如果身份地位改变了，则应适应这种变化，在物质生活上有所改变。这种变化倒不是人生理上趋向丰衣美食的天性使然，而是维护等级尊严的需要，所谓"使吾从大夫之后，不可徒行也"①。孔子做了鲁国的大夫之后，改原来的步行为车马，并不是认为自己当了官可以享受了，而是礼制的需要使然。为什么要用这样的礼制来规范人们，尤其是进入统治阶层的人呢？礼制考量背后仍是对根本经济秩序的维护。个体越级消费浪费资源，需要耗费庞大的花销，肆意盘剥就在所难免。

　　教育将人导向仁，消费的行为就是合仁而不是害仁。如果说礼更多的是调节人们之间关系的外在规范的话，那么仁就主要指向内心世界和品德修养。在处理奢侈和俭省这对矛盾的问题上，孔子有自己独到的见解。孔子当然反对不合礼的过多奢侈，但他也同时反对不合礼的过度俭省，而是主张扣其两端，把握好消费尺度，在实际的消费行为中不过奢也不过俭，执用两中。月初一的"告朔"礼要宰羊祭祀，如果单从节约的角度看，连富比诸侯的子贡也觉得有点浪费，主张省去这一环节，孔子态度鲜明地说："尔爱其羊，我爱其礼"②。浪费羊守住了礼，吝惜羊却乖违了礼，两相权夺，孔子倾向选择守礼之大妨。在评价管仲、晏子时，孔子告诉子贡，管子过奢，这样的人很难对国君有礼；晏子过俭，这样的人很难对身份比他低的人宽厚。"上不僭下，下不逼上"③才是可取的。这是从品德修养及待人接物两个方面所做的更深层的考虑。在《论语·述而》中，孔子有一段名言："奢则不逊，俭则固。与其不逊，宁固。"前一句是认为奢、俭均不可取，理由是"不逊"与"固"。从内心修养来说，两者皆谈不上美德，是有害仁的。关键在后一句。其深意是：能做到不过奢过俭，平和而冲淡，依等而用，随遇而安当然是最好的，但这往往达不到，退而求其次，选择俭省要更好些。这是因为，与奢侈相比，俭省更对养德有益，俭省更加接近孔子倡导的"饭疏食，饮水，曲肱而枕之，乐亦在其中"④的知足安贫和不"耻恶衣恶食"⑤的孔颜乐处⑥精神。

---

① 《论语·先进》。
② 《论语·八佾》。
③ 《礼记·杂记下》。
④ 《论语·述而》。
⑤ 《论语·里仁》。
⑥ 见《论语·雍也》："贤哉回也，一箪食，一瓢饮，在陋巷，人不堪其忧，回也不改其乐，贤哉回也。"

总的来看，孔子用教育指引下的礼的标准来干预经济生活的各个方面，协调处理人与人之间的经济关系，提出规范人们经济行为的道德原则和政策主张是符合统治者的长远利益和根本利益的。[①]

（4）孔子言论中包含的其他教育经济思想

1）君子谋道不谋食。耕也，馁在其中矣，学也，禄在其中矣。君子忧道不忧贫。[②]

此句包含孔子丰富的教育经济思想。

一是"谋道""谋食"体现分工思想。

社会分工是生产力发展到一定阶段的必然产物，分工的形成又会促进生产力进一步向前发展。"谋道"是劳心，是智力生产活动；"谋食"是劳力，是体力生产劳动。社会经济的健康运行既离不开"谋道"者的宏观设计和组织管理，又离不开"谋食"者的身体力行和付诸实施。两者各有分工，都是作为生产力中人的因素发挥经济作用，缺一不可。在孔子的分工思想中并不存在格外重视脑力劳动者、轻视体力劳动者的成分，而是"执用两中"，同等对待。他称许"禹稷躬稼而有天下"[③]，批评樊迟请学稼圃并非有意贬低"谋食"者，而是"樊须游圣人之门而问稼圃，志则陋矣。"[④]

二是"谋道""不谋食"体现才尽其用。

"谋道"者从事的是脑力劳动，需要学习受教育。相比"谋食"者"谋道"，"谋道"者"谋食"相对容易实现得多。脑力劳动者是否可以从事体力劳动？孔子持反对意见。原因在于这样做的结果是大材小用。对于个体来说，学习受教育是需要成本的，包括所支付的货币成本（如"束脩"）和时间成本（因为接受教育而放弃的收入），如果去从事不需要经过系统学习就能胜任的体力劳动，不但成本无法收回，而且造成治术人才匮乏，伤害国家经济。孔子指出了一个现实问题：并不是每个人都有接受教育的机会。能否接受教育及成效如何除了受个人经济条件的制约，还有个人智识水平的限制。智识水

① 石世奇.孔子的经济管理思想［J］.烟台大学学报（哲学社会科学版），1991（1）：49–56.
② 《论语·卫灵公》.
③ 《论语·宪问》.
④ 〔宋〕朱熹.四书章句集注［M］.北京：中华书局，1983.

平高者应修习内圣外王之道,"学而优则仕"①。这样的分工对社会经济的良性运转极有必要。国家需要对各项社会事务及宏观经济进行管理的人才,不单是管理农业生产,而是使士、农、工、商各业有条不紊,健康运行。如此,社会的生产力水平才能提高,财富才会累积,而能胜任这项工作的人必须接受教育,具备知识技能。知识分子去从事农业生产以及农业生产者都去从事精神生产是既无必要,也无可能的。让最有才德的知识分子从事并不擅长的农事无疑对本就稀缺的人力资源造成浪费。所有人从事农耕,国家缺少让上层建筑发挥促进生产力发展的人才支持,经济必将萎靡不振,百业萧条,就会陷入"耕也馁在其中"②的困境。"谋道""谋食"的安排保证专业的人做专业的事,体现人尽其才,才尽其用。如此各得其职,个体的生产能力得到最大程度发挥。

三是"禄在其中"③肯定精神劳动的价值。

孔子一方面对农业生产者勤苦劳作却时常不能自给给予同情,另一方面"耕""学"并提,肯定以"学"谋道者也是劳动者,即肯定精神生产也是一种劳动,脑力劳动者应该获得相应的报酬。知识分子以其"治平"知识为国家的兴盛富强贡献脑力劳动,这种劳动对社会的贡献大于或者说至少不小于农业生产者对社会的贡献,因此,作为回报,理当凭借所"学"得到俸禄。也就是说,作为实际参与经济生产的重要一员,知识分子分享其创造的经济成果是合情合理的。"禄在其中"表明有才学的君子着实不必"忧贫",以知识学问为天下苍生计,既兼济天下,又独善其身,既能帮他人谋福利,又能让自己转贫为富。"知识学问才是决定贫富的关键,才是真正可忧的对象。"④

2)子适卫,冉有仆。子曰:"庶矣哉!"冉有曰:"既庶矣,又何加焉?"曰:"富之。"曰:"既富矣,又何加焉?"曰:"教之。"

孔子前往魏国,冉有驾车。沿途所见卫国人丁兴旺,孔子叹道:"人口真多啊!"(注:庶,众也。)由此师生展开一段关于"庶""富""教"三者关系的著名对话。此中包含的教育经济思想至少有以下几个方面:

---

① 《论语·子张》。
② 《论语·卫灵公》。
③ 《论语·卫灵公》。
④ 苏新鋈.经济思想在孔子思想中的地位 [J].孔子研究,1986(1):78-89.

关于"庶民"，有学者考证西周成王时，全国人口总数为 13704，928 人，到东周庄王十三年（公元前 654 年），全国人口仅有 11547，000 人。[1] 春秋战国时期，连年战争和统治者残酷压榨导致人民流离失所，死亡率上升，出生率下降，地广人稀的矛盾突出。孔子主张增殖人口，"地有余而民不足，君子耻之"[2]，不是像管仲推行"丈夫二十而室，妇人十五而嫁"[3]，强制实施适龄男女婚配以繁衍人口，或靠打赢兼并战争增加人口，而从人作为"类"的关系出发来反思人口问题。孔子提出人口增殖的办法一是自然生殖，二是人口流动。自然增殖的实质是人口总量的增加，强行婚配并不能从根本上保证人口增殖，孔子认为解决人口问题的根本要从"足食"着手，创造人口繁育条件。孔子认为政事主要要处理好三件事：足食、足兵、民信，其中"足食"居首，百姓物质丰足是人口增长的前提条件。在"足食"与"足兵"两者的取舍上，孔子以为，如果不得已要去掉一个，则去掉"足兵"。人口增加是有条件的，百姓丰衣足食，能敬上恤下，生养后代无后顾之忧，人口数量自然就增加了。人口并不是越多越好，其数量由经济规模决定。人口流动对于人口总量并无影响，只是流出地与流入地之间的此消彼长。孔子重视用此种方法来增加人口数量，因为这种方式的人口增长是诸侯国政治、经济、文化整体实力的表征。一国"德化"治民，"则四方之民，襁负其子而至矣"[4]、"远人不服，则修文德以来之"[5]。比较孔子两种"庶民"的途径可知，自然增殖是采用发展经济的方法使人口增加，人口流动是采用教育的方法吸引他国人口归附。据此我们不难看出，单从人口数量来说，人口增加就不只是人口本身的问题，其解决的途径只能靠发展经济和教育，而人口质量的提高，更是与教育和经济息息相关了。

关于"富民"，孔子使民富的途径也有两个。一是因"庶"而富。《礼记·王制》说："凡居民，量地以制邑，度地以居民。地邑居民，必参相得也（注：得，足也）。无旷土，无游民。"对于农业生产者来说，生产要素之

---

[1]　徐宗元.帝王世纪辑存、星辰及历代垦田户口数［M］.上海：中华书局，1964：119.

[2]　《礼记·杂记下》。

[3]　《国语·齐语》。

[4]　《论语·子路》。

[5]　《论语·季氏》。

一的土地只有与劳动力相结合，才能产生财富。土地得到充分开垦就无旷土，百姓皆有土地则无游民。要使民富，就必须解决人少地多的问题，"庶民"之民主要是有劳动能力的人。只有保证除战争减员、自然死亡、老幼病残者外，仍有一定的与土地数量相当的劳动者，才能使民富。二是因"教"而富。教育主要是"惠民""安民"以"富民"。孔子认为，一切"惠民"举措出于"仁"。孔子赞美学生子产"养民也惠""使民也义"①，是有仁心的爱人之人。"节用而爱人""使民以时"②，"因民之所利而利之""择可劳而劳"③都是惠民的具体内容，都需要统治者的仁心支撑。如果一味贪鄙暴虐，"不教而诛"，百姓连存活都困难，岂能富有？惠民实际上是富民的方法手段。教育还可"安民"以"富民"。《论语》记载子路问孔子"君子"人格，孔子说："修己以敬"，子路问"这样就可以了吗"，孔子又说："修己以安人"，子路再问，孔子再答："修己以安百姓"。君子需不断学习，提高修养，由内而外，由"己敬"到"安人"再到"安百姓"。孔子认为只有这样，才算达到较高的境界——"修己以安百姓，尧舜其犹病诸"④。"不患贫而患不安"⑤，国家不用担心贫困，担心的是人心向背。政教不均，安民不常是国家的最大忧患。安民实际上为富民创造了良好的制度环境。孔安国注曰："民安则国富"，宋人陈祥道也说："是故患在民之不安，而不在国贫也……安则其本固，故无倾。"⑥因"庶"而富是从"富民"的生产要素条件方面来说的，因"教"而富则是从"富民"的方法手段和制度环境方面来说的。可见，要实现"富民"目的，人口、教育两者缺一不可。

关于"教民"，《学记》说："是故古者王者建国君民教学为先""君子如欲化民成俗，其必由学乎"⑦。孔子的教学目的正是"建国君民"和"化民成俗"，以为新兴的地主阶级服务。孔子对教育的最大贡献在于其"有教无类"的主张，认为无论贫富贵贱都应接受教育。他以礼、乐、射、御、书、

① 《论语·公冶长》。
② 《论语·学而》。
③ 《论语·尧曰》。
④ 《论语·宪问》。
⑤ 《论语·季氏》。
⑥ 《论语·季氏》。
⑦ 《礼记注疏·学记第十八》。

数"六艺",分文、行、忠、信四科教学。孔子把教育对象由原来的贵族向平民大众扩展,学生中不乏出生卑微者。这一举措是配合"庶""富"的措施进行的。人口与物质生产需要互相配合、彼此容纳。劳动者是生产者,同时又是消费者。如果人口的数量大大超过土地的吸纳能力和生产工具的革新速度,因人口增加带来的产出增加会被过多的消费抵消,人口便成了经济发展的负担而不是推进力量。这是从物质生产的角度来考察人口的数量。"教""庶""富"的配合涉及精神生产和劳动者素质提高的问题。对于一国而言,人口数量的增长远远比不上人口质量的提高,而通过教育提高人口质量对经济发展的作用是不言而喻的。《孔子家语》记载,鲁哀公问政于孔子,孔子的对答是:"政之急者莫大乎使民富且寿也"。哀公问如何做到呢?孔子开出的"药方"是:"省力役,薄赋敛,则民富矣。敦礼教,远罪疾,则民寿矣。"实际上说了两个方面,一是如何富,二是如何寿。以往的论家们只关注到孔子谈富的内容,较少关注谈寿的措施。"民寿"是与肉体相关的体力、健康因素。百姓寿命长,有效劳动的时间就长,生产能力就更强。强化礼的教育可以"远罪疾"。"远罪"就是明白什么事情该做,什么事情不该做。行必中节,人就自然远离了斧钺刑罚,生命得以保存;"远疾"就是教育将人导向义,调节与他人的利益关系可使自己始终保持积极进取而又不失平和冲淡的心理状态,如此心胸开阔必定对身体健康有益。此外,教育可让人懂得更多养生保健知识,默化在日常生活中,可远离疾病,使身体健康。

　　当代人力资本的主要贡献之一是开辟人的生产能力分析的新思路。[1]人力资本指的是凝聚在劳动者身上的知识、技能及其所表现出来的能力。这种资本就其实体形态来说是活的人体所拥有的体力、健康、经验、知识和技能及其他精神存量的总称。[2]孔子已注意到劳动者生产能力的两个方面:一是与肉体相关的体力、健康等身体因素,二是与精神相关的经验、知识、技能等智力因素,尤其可贵的是孔子很明显地把教育与劳动者的体力存养联结起来。

　　先富后教的实质是在重视物质生产的同时,注重精神生产。孔子敏锐地意识到,教民不仅能提高劳动者的积极性,实现富民目标,而且可以帮助劳

① 范先佐.教育经济学新编[M].北京:人民教育出版社,2010:120.
② 范先佐.教育经济学新编[M].北京:人民教育出版社,2010:116.

动者树立正确的财富观；经济的发展并不必然带来教育的发展，人们富裕之后，道德水平和精神境界并不会自动提高、同步发展，反而会"富而骄"，如果不施以教育，对经济将产生不良影响。所以，先富后教就是既尊重物质生产的基础作用，又强调教育对劳动者精神改造的主动作为。

孔子长于微言大义，对一个问题的论述往往依境而定，随问作答，如"问政"一题，就有子贡问政、齐景公问政、鲁哀公问政、叶公问政等。问题一样，问的主体不同，问的情境有异，孔子做出的回答也不一样。我们断不可以此处的回答否定彼处的说法，正确的做法是前后融会贯通，将其当作一个整体来领会悟解，窥其思想大端，避免犯断章取义的错误。就与冉有的对答而言，表面看，孔子建立了一个"理想国"的顺序：先繁殖人口，再使民富，最后继之以教育。足量的人口是富裕的基础，而经济发展则是教育的基础，秩序井然，不可逾越。但实际上并不尽然。正如以上三个方面分析指出的，"庶""富""教"三者之间彼此互相影响、互相制约、互为条件。以"庶"为先，表明人的问题是首要的问题。子贡问政，孔子又把"足食"摆在前面，体现他对人的物质属性的深刻体察。同时他又主张建国君民以教学为先，把"德之不修，学之不讲，闻义不能徙，不善不能改"[①]当作最大的忧虑。没有教育，就没有高素质的人，这样的人是不完善的，同样教育既作用于生产力，又影响生产关系，造就新的社会阶层，协调人们的经济关系，对经济结构和经济运行产生积极影响。

可见孔子并没有过分偏重三者当中的某一个方面，也并没有固守排列的先后顺序，而是主要表明"庶""富""教"三者是相互关联、具有多开端性的，是孔子不偏不倚、执用两中思想的体现。现实也如此：对于在战乱中人口锐减的国家而言，使人口迅速增加无疑是当前急务；对于人口较多但百姓贫穷的国家而言，使民富有则是头等大事；对于人丁兴旺、百姓物质生活丰足的国家而言，施以教化，使其富而好礼，无疑又是让国家保持长治久安的治本之策。不同的情况选择实施的重点不同，但仍需要其他两者的配合。明确了这一点，也就把握了孔子"庶""富""教"包含的教育经济思想的精髓。

---

① 《论语·述而》。

3）见得思义。①

《中庸》释"义"为"宜"，又说"礼所生义"。② 朱熹注云："宜者，分别事理，各有所宜也。"③ "义"就是指人们的行为要合理。"利"有个人私利与群体利益之分。"义"的本质是伦理精神的、教育的，"利"的本质是物质的、经济的，义利关系反映的是教育与经济的关系。

孔子肯定利是"人之所欲"④、"富而可求"⑤。人们对"子罕言利"存在以辞害意的曲解。"罕言利"是说孔子并不为逐利而谈利，很少单独就利论利。孔子并不避讳谈利，并且他也并不反对追求个人利益。相反，孔子肯定利是人的客观需要，逐利具有正当性、合理性："富与贵，是人之所欲也""贫与贱，是人之所恶也"⑥，他自己也是如此，如果"富而可求"，"虽执鞭之士，吾亦为之"⑦。个人求富是合理的，一个国家或政权求富也是正确的。

孔子反对"不义之利""唯利是图"。孔子赞成正当的利益诉求应该得到满足，但坚决反对为了获利而不择手段，"不义而富且贵，于我如浮云"⑧。"小人喻于利"⑨ 在当时是屡见不鲜。孔子主张"义然后取""义以生利"，认为对个人和国家而言，利都有可取和不可取之分。对个人而言，如果以损害他人利益为前提来获取利益，这样的利益就是不足取的。道理很简单。损人利己的行为是以破坏社会成员共同遵守的规则为代价的，一旦人人如此，个人的利益终将不复存在。对于一个社会集体而言，个人的利益往往是建立在群体利益的基础上的，群体利益受损，个人利益也难以久存。"毋见小利……见小利则大事不成。"⑩ 对国家或政权而言，实行苛政与民争利只能获得短期利益。"义""礼"结合创造了一种制度保障，确保等级制下所有人利益最大化。

---

① 《论语·子张》。
② 《中庸》第 20 章。
③ 〔宋〕朱熹. 四书章句集注［M］. 北京：中华书局，1983.
④ 《论语·里仁》。
⑤ 《论语·述而》。
⑥ 《论语·里仁》。
⑦ 《论语·述而》。
⑧ 《论语·述而》。
⑨ 《论语·里仁》。
⑩ 《论语·子路》。

"国不以利为利，以义为利也"①说的就是这个道理。概言之，孔子的义利观体现为：

首先，"义"和"利"是对立统一关系。以"仁"为心理基础的"义"是一种内在规范，需依利而存；"利"作为外在实体，需依义而行。要想实现更多人的利益、长远利益，必须以义为标准。百姓的公利就是"义"。同样，强调"义"本身就已包含"利"，人人都依于仁义，自然人人都能获利，义能生利。义利之间是相互并存、相互作用的辩证关系。

其次，"义"不仅是获取"利"的途径、手段，在义利关系中，义起主导作用。义对利的引导作用就是伦理道德对经济活动的规范作用。对个人和国家来说，一切谋利的经济活动都必须在义的规范下进行。

再次，"义"作为调节各方利益的最高准绳是具有管理意义的。借助"义"，孔子给"财富"增加了新的内容。孔子重视人才培养，重视人与知识的结合，重视管理的经济价值，"仁义"生利的主张要求统治者率先垂范，提高自己的品行修养，以符合国家的根本利益行事，教化百姓，"君子信而后劳其民"，结果是管理成本得以降低。由此，"务民之义"能产生较好的经济效益。

4）言寡尤，行寡悔，禄在其中矣。②

据司马迁说，孔子弟子三千，身通六艺者达七十二人。孔子因材施教，弟子也是各有所长。由也果、赐也达、求也艺，③精通言语者有宰我、子贡，擅长政事者有冉有、季路，长于文学者有子游、子夏。"为政在于得人"，"其人存则其政举，其人亡则其政息"。④在《孔子家语》中，孔子对自己的培养目标表述得很清晰：为政之人就是具备仁、义、礼的君子。"工欲善其事，必先利其器。"⑤对从政者来说，仁、义、礼就是他们立身处世的"利器"。君子的这种"利器"从何而来呢？孔子的思路很简单："受学重问，孰不顺哉"⑥，还是得靠教育。教育发挥导善功能、示范引领作用，"举善而教不能"⑦，通过选

---

① 《大学》第十章。
② 《论语·为政》。
③ 《论语·雍也》。
④ 《孔子家语·哀公问政》。
⑤ 《论语·卫灵公》。
⑥ 《孔子家语·子路初见》。
⑦ 《论语·为政》。

用贤能之人，教育能力差的人，在全社会形成互相勉励、努力向学的积极氛围。子张向孔子"学干禄"，孔子给他指明的正是一条教育→德性品行→个人经济收益的道路。教育的最大作用是影响人的精神境界，提高人的德性品行，使"言寡尤，行寡悔"，言行都合宜合理，自然就"禄在其中"了。

5）七教者，治民之本也。①

"内修七教，而上不劳；外行三至，而财不费。"② 意思是说，教育能让百姓得到最大的实惠，但是又不费财劳力。教育是导化熏染的，这样的教育或政教是弹性柔和而不是刚性易折的，对经济环境具有很大的涵育功能。教育的经济作用不是立竿见影，而是在对人的化变中慢慢显现出来的。仁学教育从统治者自身的改变开始。"欲政之速行也，莫善乎以身先之，欲民之速服也，莫善乎以道御之。"③ 首先是精神修养的提升，然后体现在具体的行动中，"陈道以先服之""尚贤以劝之"，④ 要百姓做到的，自己率先做到，要百姓遵守的，自己首先遵守。如果这样百姓还无改变，再"后以威惮之"⑤，像这样坚持几年，"百姓正矣"⑥。若是仍然有一些不从化变的"邪民"，就对其施之以刑罚，百姓也就懂得什么可为什么不可为。

统治阶层希望自我的改变产生传导、示范效应，使民众改变，当民风好转后再组织生产就容易得多了，国家机器运转的效率也更高。所谓"善政必简"⑦。更重要的是，与"不教而诛"相比，管理的成本更低，效果更好。从正面来看，"用利不施而亲，万民怀其惠""至礼不让而天下治，至赏不费而天下士悦"，⑧ 没有对百姓施什么利，也没有对基层管理者费什么赏，但结果却是万民怀惠、天下士悦，这就是教育产生的巨大社会效益。

6）君子惠而不费、劳而不怨。⑨

孔子多处论及"顺民而教"的好处，究竟怎样做？考察孔子的言论，主

---

① 《孔子家语·王言解》。
② 《孔子家语·王言解》。
③ 《孔子家语·入官》。
④ 《孔子家语·始诛》。
⑤ 《孔子家语·始诛》。
⑥ 《孔子家语·始诛》。
⑦ 《孔子家语·入官》。
⑧ 《孔子家语·王言解》。
⑨ 《论语·尧曰》。

要有以下两个方面：

一是顺民"利"而教。具体的方法是：顺应百姓追求经济利益的活动，因势利导，尽量减少对经济生活的干预、阻挠。《尧曰》邢疏将因民之利解释为"各居其安，不易其利"①。统治阶级对经济生活的干预较多，各种赋税、山泽之禁、私设关卡、征役不时对经济发展造成伤害。孔子不赞成为干预经济而建立一个庞大的维持型的政府机构，主张撤销关卡、"废山泽之禁"②，不是过多阻挠，而是适度放任，让百姓做对自己有利的事情。政府的主要职责是去顺遂、保护百姓的经济自由，而非人为制造各种障碍，致使管理成本高却适得其反。表面看，孔子放任经济自由发展的思想具有老子"无为而治"的特征，但是，如果联系孔子关于义利关系的论说就可以发现，所谓的自由经济还是需要适当节制、规范，绝不是放任不管。

二是顺民"力"而教。孔子认为"劳"有"可劳"和"不可劳"之分。"择可劳而劳之"的话就"劳而不怨"。何谓"可劳"，何谓"不可劳"，孔子未作解释，但参照其他议论，"劳"主要指劳动意愿、劳动能力、劳动时间。"不责民之所不为""不因其情"③就是尊重劳动意愿，"不强民之所不能""不因其力"④中"能"和"力"就是考虑劳动能力。劳动意愿有强弱之分，劳动能力有大小之别，如果不加考虑，百姓就会"严而不迎""引而不从"⑤，强行那么做的话，就会引起百姓痛恨，甚至做出各种邪僻之事。劳动者的劳动能力是特定情境的产物，往往和劳动时间结合在一起。农业生产需按季节时令进行，劳动力与季节时令紧密结合，存在"可劳之时"和"不可劳之时"。工匠治器、商人积著也与季节时令密切相关。正如孔子所说："生财有时矣，而力为本。"⑥

"因民之所利而利之，斯不亦惠而不费乎"⑦中"惠"代表经济收益，"费"代表生产投入，"惠而不费"体现以最少的投入获得最大的收益，涉及教育资

① 《礼记集说》卷五十八。
② 《孔子家语·五仪解》。
③ 《孔子家语·入官》。
④ 《孔子家语·入官》。
⑤ 《孔子家语·入官》。
⑥ 《孔子家语·六本》。
⑦ 《论语·尧曰》。

源的利用效率问题。教育要耗费人力、物力和财力，要用最少的教育劳动耗费，取得最大的教育劳动成果。做到这一点根本要回到统治者如何处理"利民"与"利己"的关系上来，途径是教育培养君子从政，因民之利而不是与民争利，不伤财害民，才能用最少的投入获得最大收益，其逻辑关系被孔子表述为："德者政之始也，政不和则民不从其教矣，不从教，则民不习，不习则不可得而使也。"①一言以蔽之，"政教定，则本正也。"②

2.孟子的"教""养"两端

李贽评说"孟子经济，只是教养二大端"③，"教"是教育，"养"是经济，由此孟子思想的两大端，就成了教育和经济两大端，这是我们理解孟子教育经济思想的前提。

（1）养之大端

1）制民恒产

是故明君制民之产，必使仰足以事父母，俯足以畜妻子，乐岁终身饱，凶年免于死亡，然后驱而之善，故民之从之也轻。④

孟子认为，养民要物质先行，首要的是制民之产，使百姓有恒定的产业，能够赡养父母，抚育孩子。在此基础上，再施以教育，将百姓导向善道。制民之产需要明君的主动作为，施行仁政。制民恒产是王道、仁政的表现，是国家授予百姓恒定的产业，是具有法律效力的制度安排。制民之产的依据是什么、原则是什么、着力点是什么、具体内容是什么，孟子均有深入思考。

首先，制民之产是出于维护统治基础的策略选择。孟子说，"民事不可缓。"⑤在小农经济社会，农业处于基础地位，百姓的产业是土地，是最大的"民事"。小农经济是土地经济，在生产资料诸要素中，土地最为关键。国家财政收入的绝大部分来自土地收入。因此，保证农业生产者守土有业是维护封建统治的头等大事。不仅如此，孟子还从物质文明与精神文明的关系层面思考制民恒产的必要性。"驱而之善"表明，物质生产是前提、基础，只有物

---

① 《孔子家语·入官》。
② 《孔子家语·王言解》。
③ 张建业.李贽文集［M］.北京：社会科学文献出版社，2005：108.
④ 《孟子·梁惠王上》。
⑤ 《孟子·梁惠王上》。

质生产、物质文明发展、积累到一定程度才能谈精神生产、精神文明，否则，连基本的温饱都没有解决，何谈"驱而之善"。孟子对此有一段详细论证："有恒产者有恒心，无恒产者无恒心。苟无恒心，放辟邪侈，无不为已。"①百姓有一定的产业才会有一定的思想觉悟、行为规范和道德准则，如果无恒定产业，百姓就会胡作非为，也会动摇统治基础。孟子将"百姓"与"士"作比较，指出"无恒产而有恒心，惟士为能。若民，则无恒产，因无恒心。"②对大多数人而言，无恒产就无恒心，但对士而言则不然，这是教育的结果。孟子意识到，经济发展为教育创造条件，经济发展得好，教育开展起来就更加容易。

其次，制民恒产的原则是"足"。制民恒产即足民，"仰足以事父母，俯足以畜妻子"，即解决最基本的民生问题。制民恒产要达到的基本目标是"乐岁终身饱，凶年免于死亡"，在此基础上继续推行仁政、王道，就能达到"老者衣帛食肉，黎民不饥不寒"③的小康水平。

再次，制民恒产的着力点是恢复井田、改革土地制度。恒产是长期占有的生产资料，由于农业是社会上最重要的物质生产部门，财产中最重要的是土地。所以，土地是最大的恒产。孟子向滕文公、齐宣王、宋偃公、梁惠王等诸侯国君都描画过他对井田制的美好蓝图。"方里而井，井九百亩，其中为公田。八家皆私百亩，同养公田。公事毕，然后敢治私事。"④（注："百亩"合今约 31.6 亩）孟子主张以八口之家占有百亩土地，意在鼓励农民生产积极性，提高劳动生产率。井田制不是新鲜事物，而是古制。孟子为解决土地问题而提出的井田制并没有被任何一个诸侯国采纳，根本原因是当时土地买卖、兼并严重，田连阡陌的土地私有制和垄断使井田制难以实施。井田制下，农业生产者需在治完公田后才能在私田劳作，所采用劳役地租的形式时间成本高。孟子主张实施井田制似乎是"开历史的倒车"，甚至被司马迁讥刺为"迂远而阔于事情"⑤，但孟子之所以托古而倡井田是因为随着中小地主的崛起，社

---

① 《孟子·梁惠王上》。
② 《孟子·梁惠王上》。
③ 《孟子·梁惠王上》。
④ 《孟子·梁惠王上》。
⑤ 《史记·孟子荀卿列传》。

会贫富差距越拉越大，社会矛盾日益尖锐突出，复井田不仅是一种现实选择，更具有教育意味。"夫仁政，必自经界始。经界不正，井地不均，谷禄不平。"① 划界均田是为了营造一种正、均、平的制度环境。"政者，正也。"② 这不仅是经济问题，更是政治问题，还是影响民风淳厚的教育问题。乡田同井的话，就会出现"出入相友，守望相助，疾病相扶持，则百姓亲睦"③ 的和谐景象，这是公平的制度发挥教育作用的结果。可见，在孟子安排的"理想国"中，井田制是重要的制度基础，这才是孟子复井田的真正用意、价值。

此外，孟子制民恒产的内容丰富，除了土地问题，还包括副业和手工业。"五亩之宅，树墙下以桑，匹妇蚕之，则老者足以衣帛矣。五母鸡，二母彘，无失其时，老者足以无失肉矣。百亩之田，匹夫耕之，八口之家足以无饥矣。"④ 建立在小农经济基础上的家庭养殖业、手工业、种植业、渔业、林业都是制民恒产的内容。

根据以上分析，孟子制民恒产的教育经济意义主要体现在两个方面：一方面，制民恒产为教育创造物质条件，开辟道路，利于教育活动的开展；另一方面，制民恒产作为一种包蕴仁政思想的制度安排，本身具有示范、引导、劝善的教育作用。

2）取民有制

制民恒产从生产方面体现了孟子的仁政思想和主张，取民有制则是从分配的角度具体落实仁政的细则。在当时，统治者的厨房里堆满肥肉，马厩里尽是肥马。与之相对照的是"民有饥色，野有饿莩"⑤。孟子坚决反对横征暴敛，认为两极分化严重的责任在统治者，其行为类似于"率兽而食人"。缓解的办法就是取民有制，从分配上做文章。

首先是取民从轻。孟子重视税制问题，多有论及，如"耕者九一"⑥ "野

---

① 《孟子·滕文公上》。
② 《论语·颜渊》。
③ 《孟子·滕文公上》。
④ 《孟子·尽心上》。
⑤ 《孟子·梁惠王上》。
⑥ 《孟子·梁惠王下》。

九一而助""国中什一使自赋"①"耕者,助而不税""市,廛而不征"②"什一,去关市之征"③,等等。概括而论,孟子的税制思想主要体现在三个方面。一是分税制。农民与商人、郊野与城中征税不相同。二是主税制。当时税目繁多,"布缕之征、粟米之征、力役之征",五花八门,④孟子主张君王征税时应根据不同情况以某个项目的征收为主,而缓用其他,以避免重复、繁苛。否则,"用其二",对两个税种同时开征会导致"民有殍"⑤,如果对三个税种同时开征则会导致"父子离"⑥。三是低税制。"易其田畴,薄其税敛""用其一,缓其二"⑦,薄赋敛,低税制,"取于民有制"⑧,如此就能使民富。但低税制也是有限度的,不是越低越好,如果"轻于尧舜之道者"⑨,过低的税收难以保证国家机器正常运转,也是不足取的。

其次是取民有时。孟子不绝对反对劳役,认为适度的兵役、一定的劳役有利于维护政权稳定、保证国库充盈。孟子提出使民有则,即"以佚道使民,虽劳不怨"⑩。何谓"佚道",程颐的解释是"以佚道使民,谓本欲佚之也,播谷乘屋之类是也。"⑪就是保证百姓做自己想做愿做的事,役使百姓有所节制,休养生息,使民以时。"不违农时,谷不可胜食也;数罟不入洿池,鱼鳖不可胜食也;斧斤以时入山林,材木不可胜用也。谷与鱼鳖不可胜食,材木不可胜用,是使民养生丧死无憾也。养生丧死无憾,王道之始也。"⑫农作物生长、鱼鳖繁衍、林木荣枯都受季节时令影响,不能在农忙时征调民役,不能在鱼鳖繁殖时用密网捕捞,也不能在林木生长时乱砍滥伐。孟子强调取民有时,呼吁"不违农时""勿夺其时""不失其时"一方面是提醒人们按自然规律安排生产经营活动,以获得丰厚的产出;另一方面也是提醒统治者要防止兵役、

---

① 《孟子·滕文公上》。
② 《孟子·公孙丑上》。
③ 《孟子·滕文公下》。
④ 《孟子·尽心下》。
⑤ 《孟子·尽心上》。
⑥ 《孟子·尽心上》。
⑦ 《孟子·尽心上》。
⑧ 《孟子·滕文公上》。
⑨ 《孟子·告子下》。
⑩ 《孟子·尽心上》。
⑪ 《孟子·尽心上》。
⑫ 《孟子·梁惠王上》。

劳役害农，扰乱正常的生产活动，从而动摇国家的基础。

取民有制与教育的关系也体现在两个方面。取民有制关系到政令通畅和教化人心。"以生道杀民，虽死不怨杀者"①。"生道""佚道"才能换来百姓的拥护。如果统治阶级一味满足私欲，过度贪婪，盘剥无度，只能造成人心离散，矛盾激化。衡量取民是"有制"还是"无制"的标准就是由统治阶级掌控的分配制度是否合于民心，能否对全社会产生正面的教育影响。另外，取民有制是仁政的表现，其实现的条件必须是为政者有仁心、行仁政。人性善的扩充、仁心向仁政的转移并不是自发的过程，需要教育的濡染、渐化和点示。

3）通功易事

子不通功易事，以羡补不足，则农有余粟，女有余布。子如通之，则梓、匠、轮、舆皆得食于子。②

"通功易事"朱熹解释为"通人之功，而交易其事"，③以事功换事功，以劳动换劳动。马克思说商品按所包含的劳动进行交换，就代表等量劳动来说，它们是相等的、同一的。④孟子已经敏锐地洞察到商品凝结着生产者的活劳动，是劳动成果的物化表现，商品交换实际是劳动交换。肯定商品交换活动本质上是对劳动价值的确认。为何要进行交换，目的就是"以羡补不足"。（注：羡，有余）如果不进行商品交换，那么，"农有余粟"而无布匹，吃不完的谷子只有烂掉；"女有余布"，剩余的布匹全无用处，只能扔掉。反之，如果农民将自己剩余的谷子与织妇多余的布匹进行交换，以多余的补充不足的，就能互通有无，各取所需。

生产不同的商品所耗费的社会必要劳动时间是不相同的，因此商品的价值是有差异的。

孟子对农家许行"布帛长短同，则贾相若；麻缕丝絮轻重同，则贾相若；五谷多寡同，则贾相若；屦大小同，则贾相若"⑤的看法进行了批判。按

① 《孟子·尽心上》。
② 《孟子·滕文公下》。
③ 〔宋〕朱熹.四书章句集注［M］.北京：中华书局，1983.
④ 马克思，恩格斯.马克思恩格斯全集（第26卷）［M］.北京：人民出版社，1975.
⑤ 《孟子·滕文公上》。

许行的观点，只要商品属同一类别，价格就应一样。孟子不以为然，"夫物之不齐，物之情也。或相倍蓰，或相什伯，或相千万。子比而同之，是乱天下也。巨屦小屦同贾，人岂为之哉？从许子之道，相率而为伪者也，恶能治国家"①，麻缕丝絮虽都是丝织品，但有的制作精良，有的做工粗糙，有的生产容易，有的则费时费力，相差甚远，如都像许行一样搞平均主义，良莠不分，质量好的可以和质量差的交换，劣质优价而不是优质优价，看似公平的交换实质上不公平，会扰乱市场，造成价格体系紊乱。

更重要的是，孟子指出贵贱不分、比而同之的做法还会带来比扰乱市场更严重的后果，产生与"驱而之善"相悖的教育导向，鼓励人们"相率而为伪"，互相撺掇起来行欺诈之事，导致天下大乱。

（2）教之大端

1）教育扩充善性

孟子的教育思想建立在"人性本善"的基础上。人本有的恻隐之心、羞恶之心、恭敬之心、是非之心对应仁、义、礼、智四端，并不是外铄而成，而是先天固有，由此构成了教育的基础。但是人固有的善性善端如果不保养、扩充，就会丧失殆尽，甚至有走向邪恶的危险。从社会物质环境对人心性的影响作用可以看出这一点。"富岁，子弟多赖（懒），凶岁，子弟多暴，非天之降才尔殊也，其所以陷溺其心者然也。"②这好比让一个楚国人学说齐国话，最好的办法不是让他身在楚国，给他请一个齐国的老师天天教其说齐语，而是让他到齐国去住几年，想让他不说齐国话都难。可见，人虽有善端，但是如果"逸居而无教，则近于禽兽"③。社会环境对人的影响很大，教育的作用就是防止不利环境的影响，创造优良的环境保存、培养、扩充和发展人的善性，使人与动物区别开来。简言之，孟子认为，人是环境和教育的产物，虽有善质，但仍要靠外部环境与教育。这就是教育存在的理据。

2）教育明定人伦

孟子的教育目的是社会性的。"设为庠序学校以教之。庠者，养也；校者，教也；序者，射也。夏曰校，殷曰序，周曰庠。学则三代共之。皆所以明人

---

① 《孟子·滕文公上》。
② 《孟子·告子上》。
③ 《孟子·滕文公上》。

伦也。"①孟子考察学校的起源，认为学校初设的目的就是明定人伦。何谓人伦？就是协调人我关系的准则。具体来说，就是"父子有亲，君臣有义，夫妇有别，长幼有叙，朋友有信"②，即仁义礼智信的日常落实，其中尤以孝悌为起点。由父子、兄弟的亲情向外推展，由亲亲及亲疏，由孝悌到忠信，推己及人，调节人与人之间关系的社会伦常体系得以建立，人的社会化也就得以完成。"人伦明于上，小民亲于下"③，在上者躬行人伦，在下者亲顺信服，教育明定人伦，人伦又产生教化百姓的作用，"人人亲其亲，长其长，而天下平。"④由此，以情感纽带联结起的人与人之间的关系便超越了物质功利和经济隶属关系，变成一种道德契约关系。

3）教育导向仁政

在孟子看来，教育起着将个人和社会连接起来的桥梁作用。仁政又称"不忍人之政"⑤，以"性善论"为理论基础，是人性善向政治领域的扩展和延伸。要行仁政须有明君，明君须有"不忍人之心"⑥，将其延展扩充为施政理念并落实为具体的施政行动。梁惠王同孟子讨论过"使民加多"的议题，由于饥荒、战乱，民之年老体弱者填满沟壑、年轻力壮者逃亡四方的数以千万计。孟子的对策是必行仁政，制民恒产，取民有制，才能从根本上解决劳动力危机。但现实情况是，诸侯王言必称"何以利吾国"⑦，大夫动辄曰"何以利吾家"⑧，士庶人等只关心"何以利吾身"⑨，总之是"上下交征利"⑩。如此进行下去，结果肯定是如司马迁所言："余读《孟子》书，至梁惠王问何以利吾国，未尝不废书而叹也，曰，嗟乎，利诚乱之始也。"⑪面对你死我活的土地兼并战争，各诸侯国只顾眼前利害。孟子并非迂阔到只一味勾勒美好蓝图，

① 《孟子·滕文公上》。
② 《孟子·滕文公上》。
③ 《孟子·滕文公上》。
④ 《孟子·离娄上》。
⑤ 《孟子·公孙丑上》。
⑥ 《孟子·公孙丑上》。
⑦ 《孟子·梁惠王上》。
⑧ 《孟子·梁惠王上》。
⑨ 《孟子·梁惠王上》。
⑩ 《孟子·梁惠王上》。
⑪ 《史记·孟子荀卿列传》。

画饼充饥。相反，仁义的提出正是基于现实经济利害的考量。三家分晋、田氏代姜正是祸起萧墙之内，巨室大家正是社会动乱之源，是社会的主要矛盾，迫切需要重建社会秩序，确立新的生产关系。仁义思想正应时而生，并非遥不可及，"亲亲"即仁，"敬长"即义，是国家赖以存在的根基。君臣、父子、兄弟都怀仁义以接，何来祸端？所以表面看来是仁义道德，实际上却是经济民生；表面看是理想世界，实际是现实需要。杨国荣先生认为，孟子的仁义有利于宗族的团结，[①] 而宗族的团结是建立在共同的经济利益基础之上的。仁政如何实现，孟子寄希望于教育。教育不仅为国家输送行仁政人才，而且本身就是治理国家的根本手段。德治而非法治的策略选择要求必须推广落实道德教育，通过教育整理人心，重建秩序，调整生产关系，为生产力的发展扫清障碍，使封建统治基础更为稳固，这才是孟子仁政的意图。

整体来看，以人性为起点，以人伦为基础，以仁政为举措，孟子的教育思想始终围绕其"保民而王"的王道主张而展开。他以"得天下英才而教育之"为人生一大乐事并非只是向他们空讲一堆道理，空绘一幅蓝图，而是希望将他们培养成以仁义为本、具浩然正气的君子、大丈夫，以振颓起衰，挽国之将倾，救民于水火。孟子的教育情怀，实是经世济民的情怀。

（3）教养贯通

通过对孟子以上"教""养"两方面主张的考察可以看出，孟子论教不离养，论养不离教，教养之间圆融无碍、自给自足，两者脱然贯通。

孟子在阐明教育的社会功能时对夏、商、周三代的学校制度有过考察。据《礼记》载，古代学校庠序是礼官养老之所，"有虞氏养国老于上庠，养庶老于下庠。夏后氏养国老于东序，养庶老于西序。殷人养国老于右学，养庶老于左学。周人养国老于东胶，养庶老于虞庠，虞庠在国之西郊"[②]。古代学校从诞生之日起就兼有教、养双重功能。"教"侧重精神方面，强调礼乐教化，"养"侧重物质方面，强调给养经济。作为国家制度，养国老庶老体现礼敬孝顺，产生示范效应，国老庶老将经验阅历传递给孺子又直接催生教育。教育机构兼有养老功能，养老机构又产生教育作用，教养一体两面。

---

① 杨荣国.中国古代思想史［M］.北京：人民出版社，1973.
② 《礼记·王制》。

礼义教育和物质经济也一体贯通，内圣外王之学看似两回事、两种功夫，实际是一回事、一种功夫。"内圣"反求诸己，存养善心，扩充善端，教育起着关键作用；"外王"则是"仁心"已具，是"仁心"向"仁政"、"善心"向"善政"的自然传导过程。基本的逻辑是：个人修养好了，教育好了，无论"居庙堂之高"还是"处江湖之远"，对国家政治经济自然产生积极影响。修身、齐家、治国、平天下一脉相承，修身是起点，平天下是终点。由"内圣"到"外王"的过程，是教育功能形成和释放的过程。教育通过对人的改变实现对经济的影响，而教育对人的改变并不是主要的改变人参与经济活动的过程和能力，而是改变人的经济价值观，以正确处理自我与他人的经济关系。也就是说，教育主要是以改变人参与经济活动的动机、动力、环境对经济活动施加影响的。因此，孟子教育经济思想总的特征是伦理性的，教育的经济价值主要是为经济的合理性辩护。除此之外，孟子对教育调节经济活动的其他一些方面和经济对教育的作用也有深刻辨察，时有精辟之见。

1）肯定教育的经济价值

士之仕也，犹农夫之耕也，农夫岂为出疆舍其耒耜哉？①

士人出仕做官和农夫下地耕田一样。首先，动机动力有类似的地方。农夫耕地是为养家糊口，士人出仕要获取俸禄，这是生存的基本需要。不过士人出仕不但为了个人谋功利，更为社稷求太平，目标更高远。其次，行为过程有相似的地方。农夫耕地要付出体力劳动，士人出仕也要付出脑力劳动，劳动方式不一样，但都要付出劳动是一样的。再次是工具有相似的地方。士以知识为工具就像农夫以"耒耜"为工具一样。以农夫劳作类比肯定了知识、教育的经济价值。

2）反对学非所用

夫人幼而学之，壮而欲行之，王曰，姑舍汝所学而从我，则何如？②

教育发挥经济作用贵在学以致用，使所学的知识派上用场，为经济发展做出实际贡献。孟子设喻作譬，假设有一块价值连城的璞玉，如果让一个长于雕琢加工玉石的玉匠放弃自己的所学和经验，听从一个完全不懂治玉工艺

---

① 《孟子·滕文公下》。
② 《孟子·梁惠王下》。

的外行的指导，是无论如何也不能将璞玉加工成美玉的。同理，孟子认为，国家使用人才的原则应该是人尽其才，让专业的人做专业的事。每个人各尽所长，如此最大程度的发挥教育的经济作用。如果管理者瞎指挥，让有专业才能的人放弃所学的本领，按管理者的个人意愿、好恶随意干其他工作，用其所短而不是尽其所长，必定造成学非所用、人才浪费，对个人发展和国家经济都是不利的。

3）教育有利于形成分工

或劳心，或劳力。劳心者治人，劳力者治于人。治于人者食人，治人者食于人。①

社会分工是经济发展的产物。在先秦诸子中，孟子对分工必要性的阐析是最为深透的。

一是分工的必要性与可能性。农家许行认为贤者应与民并耕而食，意思是无论什么人，都应该自己种粮食养活自己。孟子对这种论调给予了有力回击。孟子指出，除了吃的粮食是自己种的，许行戴的帽子，烧火做饭用的釜甑，耕地用的农具都不是自己亲自生产的，而是用粮食与他人交换得来的。如果什么都要先自己生产出来然后才能使用，"必自为而后用之"②的话，那就会使人疲于奔命，"率天下人而路"③，这在现实生活中是绝无可能的。因此有必要进行生产分工，通过市场交换，各取所需。市场交换使分工成为可能。"百工之事，固不可耕且为也"④。社会对物质的需求是多样的，解决工商业发展的问题，包括农业生产本身发展所需的生产工具，都不是单单只靠农业就能解决的，需要各行业协调发展，互相促进。分工有利于让专业的人干专业的事，提高劳动生产率。

二是分工的内容及合理性。孟子首次尝试将士农工商按劳动的性质、特征划分为体力劳动（劳力）和脑力劳动（劳心）。对阶级社会进行阶级分析时，两种类型的劳动者往往以分属两个不同阶级的身份形成对立，被孟子认为是"天下之通义"的劳动形态的划分，在阶级论者看来是对体力劳动者的

---

① 《孟子·滕文公上》。
② 《孟子·滕文公上》。
③ 《孟子·滕文公上》。
④ 《孟子·滕文公上》。

歧视，是在为阶级统治的合理性进行辩护。客观地看，从事智力劳动的劳心者在当时的社会条件下极为稀缺，使其成为国家的治理者是理性的选择。同时，孟子针对农家学派仅只把农业生产者当作劳动者的狭隘论调，肯定不论是劳心者还是劳力者均是劳动者的看法也是极有见地的。面对公孙丑"君子不耕而食"的指责，孟子指出，君子不从事农业生产，也不收获粮食，自己无法养活自己，只能靠体力劳动者供养，但这并不意味着君子是白吃饭的蠹虫。君子的作用至少体现在两个方面：一是作为治术人才帮助国家获得安定富贵、尊贵荣耀；二是对年轻一代产生榜样教育作用，有利于形成良好的社会氛围，"其君用之，则安富尊荣；其子弟从之，则孝弟忠信"①。

孟子意识到脑力劳动相比体力劳动更复杂，君子从事的是复杂劳动，在相同时间内可创造更多价值，"不素餐兮，孰大于是"②，接受体力劳动者的供养是理所应当的，让组织生产的君子直接从事生产劳动既无必要，也无可能。正如马克思说的："比社会平均劳动较高级较复杂的劳动，是这样一种劳动力的表现，这种劳动力比普通劳动力需要较高的教育费用，它的生产要花费较多的劳动时间，因此它具有较高的价值。既然这种劳动力的价值较高，它也就表现为较高级的劳动，也就在同样长的时间内物化为较多的价值"③。

由于劳心者大多是知识分子，因此在形成脑体劳动分工的过程中，教育扮演了重要角色。或者可以说，教育直接推动了脑体分工的形成。肯定脑力劳动者对经济的巨大价值，就是肯定知识、教育巨大的经济价值。

4）富而后教

五亩之宅，树之以桑，五十者可以衣帛矣。鸡豚狗彘之畜，无失其时，七十者可以食肉矣。百亩之田，勿夺其时，数口之家，可以无饥矣；谨庠序之教，申之以孝悌之义，颁白者不负戴于道路矣。七十者衣帛食肉，黎民不饥不寒，然而不王者，未之有也。④

以上图景是孟子式的乐园。在这个乐园中，鸡鸣狗吠，农桑沃野，丰衣足食；父慈子孝，兄友弟恭，事亲敬老。这就是仁政、王道的理想，实现的

---

① 《孟子·尽心上》。
② 《孟子·尽心上》。
③ 马克思.资本论（第1卷）[M].北京：人民出版社，1975：223.
④ 《孟子·梁惠王上》。

路径一是靠经济，二是靠教育。经济先行，经济是基础。经济对教育的基础地位体现在两个方面。首先是经济为教育提供物质条件。孟子以得天下英才而教育之为己任、乐事，学生的规模虽不及孔子，但也是"后车数十乘，从者数百人"①，维持这些学生的日常教学想必也是一笔不小的开支。尽管凭着自己的王道、仁政学说可以"传食于诸侯"，接受诸侯的赏赐，可是，孟子以义制利，对诸侯的赏赐并非来者不拒，而是有所受有所不受。比如齐王想在都城中拨一所房子给他，再用万钟粮食来供养他的学生，遭到孟子拒绝。对经济为教育提供物质基础，孟子深有体察。其次，经济还为教育提供心理基础。这是孟子着力论述的。"饥者弗食，劳者弗息。盱盱胥谗，民乃作慝。"②饥饿的人吃不饱，劳苦的人休息不好，百姓就会干违法乱纪的事情。反之，如果百姓丰衣足食，再施以教育就是顺理成章的事。是不是富裕了就自然会人心向善，主动接受教育呢？孟子予以否认，认为存在"为富不仁"之人，教育才能将其导向仁，否则"逸居而无教，则近于禽兽"③。

5）教育垄断

人亦孰不欲富贵？而独于富贵之中，有私龙断焉。④

每个人都想得到富贵。在儒家看来，只要是取之有道，富贵并不会有害于仁。但是，人们为了得到富贵或者让富贵得以在代际间传递，往往不择手段，垄断即是其例。"己为政，不用，则亦已矣，又使其子弟为卿"⑤，这是官场的垄断。孟子进一步指出商业垄断行为，为了让自己的商业利益最大化，他在集市中寻找一处高地登上去（"龙断"）左右环顾，观察商品流通情况和交易价格高低，以确定自己的经营活动，妄图将整个市场的利润尽收囊中。孟子之所以讨论垄断问题是因为齐宣王想赏赐给他房屋，并扬言"以万钟"之粟将其弟子养起来，孟子认为这是垄断行为而不接受。历来研究者只看到此处的政治垄断、经济垄断，没有注意到孟子以反对政治垄断、经济垄断作类比来反对教育垄断。君子凭其知识才学受聘于诸侯，如果让诸侯王将其弟

① 《孟子·滕文公下》。
② 《孟子·梁惠王下》。
③ 《孟子·滕文公上》。
④ 《孟子·公孙丑下》。
⑤ 《孟子·公孙丑下》。

子供养起来，这就是知识垄断和教育垄断，因其阻塞他人晋升的渠道，为孟子所不齿。

6）善教善政

善政不如善教之得民也。善政民畏之，善教民爱之。善政得民财，善教得民心。①

仅从字面意义看，政和教、民财和民心是彼此相区别的概念，"善政得民财，善教得民心"也是不同的判断。民财是民心的经济基础，孟子制民之产、取民有制的善政就是为了得民心、顺民意，以民为邦本，实现本固邦宁。仁政善政使民得财，因得民心。只不过，孟子看到，善政与民财、政治与经济具有直接的关联，所谓"无政事则财用不足"②。同样的道理，教育直接与民心仁鄙相关，教育好坏直接影响民心的从化与乖违。与此同时，民心淳厚齐壹，政令畅达高效，政权稳固牢靠，经济发展必定趋稳向好。此外，教育对政治直接施加影响，使"贤者在位，能者在职"③，"为天下得人"④，对经济发展的贡献更是不可估量的。略作梳理，我们可概括出教育影响经济的两种方式：善教→民心→民财，这是第一种方式，主要是通过直接影响劳动者的劳动态度来实现的；善教→善政→民财，这是第二种方式，主要是通过影响生产关系来实现的。由此，善政既得民财，又得民心；善教也是既得民心，也得民财。教育、政治、经济彼此沟通，相互影响。两相比较，"善政不如善教之得民"，教育的作用更大，是兴民匡国之大要，所谓"上无礼，下无学，贼民兴，丧无日"⑤，说的正是这个道理。

孟子把"政"与伦理性的"善"结合起来，从上层建筑存在的伦理取向考察政权的价值合理性，创造"仁政"学说，并以人性论为基础，开辟内圣外王的实施路径，看似远离经济，实则始终不离经济，时时以经济作为决定性因素。他还看到教育的独立性和巨大能动作用，把教育看成是实现"仁义心性"到"仁义政治"再到"仁义经济"的关键，把教育和经济一起作为开

---

① 《孟子·尽心上》。
② 《孟子·尽心上》。
③ 《孟子·公孙丑上》。
④ 《孟子·滕文公上》。
⑤ 《孟子·离娄上》。

启进入理想社会之门的两把钥匙。总之，"仁政"的创想博大精深，本身就包蕴了极为丰富的教育经济思想，值得仔细研索。

3. 荀子"大富之器唯学"的教育经济思想

荀子的教育经济思想非常丰富，许多看法即使在今天看来仍极富价值，闪耀着超越时代的智慧之光。但长期以来，对其教育经济思想鲜有人研究。这一方面是由于人们认识上的偏颇，另一方面也因古今暌隔、文字艰涩导致对其教育经济思想的理解滞碍、隐而不彰。荀子的教育经济思想集中体现在《荀子》一书中。下文以这一经典文本为据，对其散若繁星的论析抉隐索藏，整体勾勒，把握开示其内涵、精髓。

（1）富教并举

家五亩宅，百亩田，务其业，而勿夺其时，所以富之也。立大学，设庠序，修六礼，明七教，所以道之也。不富无以养民情，不教无以理民性。①

关于"富""教"的关系，荀子主张"富之"在先，再继之以教化，明确教育发展必须以经济发展为前提，靠经济发展提供物质基础，与孔孟思想一脉相承。然而荀子并非一味仍袭前见，而是进一步将"富""教"并举，认为富、教与人的情性相关，两者不可偏废。教育与经济既直接相关，又以人为中介展开互动。荀子已察觉到教育与经济的辩证关系，较前人有所突破。

（2）大富之器唯学

我欲贱而贵，愚而智，贫而富，可乎？曰：其唯学乎。岂不大富之器诚在此也？人有师有法，而知则速通……能则速成。②彼（礼乐教化）固为天下之大虑也，将为天下生民之属，长虑顾后而保万世也。③精于道者也。精于物者也。

"大富之器"表明教育能给个人带来巨大收益。在荀子看来，要想改变个人命运，得到富贵智慧，只有努力向学，接受教育。教育之所以具有个人经济效益在于它能增进人的智慧，提高人的能力，包括劳动者的生产能力，即"智通""能成"。对个人来说，教育是"人之大宝"，能给个人带来经济收益，

① 《荀子·大略》。
② 《荀子·儒效》。
③ 《荀子·荣辱》。

对国家来说，教育是"保万世"的事业。乡师、虞师、工师施以技能教育和职业道德教育，能直接促进农业、林业、畜牧业、渔业、手工业等发展。比如，虞师的教育作用就在"养山林薮泽草木、鱼鳖、百索，以时禁发"①，"使国家足用，而财物不屈"②。除此之外，教育培养"精于道者兼物物"的贤能之士，他们虽不直接作用于田、器、市，也不精于各行业的专门知识，但他们具有的管理知识、道德品质、个人智慧、改革精神使其在社会政治、文化各方面发挥中流砥柱的作用，对经济发展会产生更深远的影响。

（3）教育的多重经济功能

百姓之力，待之而后功；百姓之群，待之而后和；百姓之财，待之而后聚；百姓之埶，待之而后安；百姓之寿，待之而后长。③虽王公士大夫之子孙也，不能属于礼义，则归之庶人。虽庶人之子孙也，积文学，正身行，能属于礼义，则归之卿相士大夫。④

荀子从"计利而畜民"的民本思想出发，对教育功能给予了极大关注。他认为教育具有"功力""和群""聚财""安埶""长寿"等多方面功能，即教育能提高劳动者的劳动能力、促进劳动者社会化、使劳动者财货增加、改变劳动者对自身社会地位的认识以安心劳作、提高劳动者的健康水平等。荀子敏锐地捕捉到，教育还能冲决门阀制度的专制垄断，打破固化的社会阶层结构，实现从"庶人"到"卿相士大夫"的纵向流动。这颇类似于当代西方人力资本理论、社会化理论和筛选理论的相关表述，足见荀子教育经济思想的超前性。

（4）教育与生产能力的形成

陶人埏埴而为器，然则器生于陶人之伪，非故生于人之性也。故工人斵木而成器，然则器生于工人之伪，非故生于人之性也。⑤

"性"是人之自然赋予、与生俱来的东西，但人的本性并非不可改变，可

---

① 《荀子·王制》。
② 《荀子·王制》。
③ 《荀子·富国》。
④ 《荀子·王制》。
⑤ 《荀子·性恶》。

"待师法而后正"①，即经过后天自我努力学习和接受教育达到化"性"起"伪"的目的。以陶器工人制作陶器为例，通过对"性"与"伪"加以辩证，荀子阐述了生产能力的客观性。陶器产生于工匠的主动作为，这种生产能力是后天形成的，是劳动者主观能动性的体现，而非产生于工匠的本性，为工匠所先天具有。所以，荀子主张"人之所学而能""求贤师而事之，择良友而友之"②，强调学习受教育对人生产能力形成的巨大作用。

（5）教育"积渐"的经济作用

人积耨耕而为农夫，积斲削而为工匠，积反货而为商贾，积礼义而为君子。③

不同的教育环境形成不同的社会职业分工，塑造农、工、商、士等各类人才；分工又有利于专业教育环境的形成，便于开展职业技术教育。两者互为促进。荀子的这一看法可谓深得管子"四民分业"思想之精义，如管子就认为不同的人应该分业别处而居，构成专门的职业教育环境，形成"士之子长为士""农之子长为农""工之子长为工""商之子长为商"④的社会分工局面。在管子的基础上，荀子还作了进一步推展，突显"积"的作用。一方面，专业知识、技能的形成需要人们在专业环境濡染下发挥主观能动性，集腋成裘，寸积铢累，主动积极地加以经验总结，把积累之功做得博洽扎实。诚如荀子所言："不积跬步，无以至千里"⑤，积累是一个渐进的过程，万不可匆遽躁迫、急责效验；另一方面，专业人才的培养还仰赖于"师法"，离不开教师的外部指导、干预。"有师法，则隆积也。"⑥可见，教育的"隆积"过程就是专业化形成过程，"隆积"的专业教育于各行各业都是有效的，能将"非吾所有"变为"可为"，达到"化性"的目的。

（6）"须待"的职业教育

守其职，足衣食。⑦职业无分：如是，则人有树事之患，而有争功之祸

---

① 《荀子·性恶》。
② 《荀子·性恶》。
③ 《荀子·儒效》。
④ 《管子·小匡》。
⑤ 《荀子·劝学》。
⑥ 《荀子·儒效》。
⑦ 《荀子·成相》。

矣。^①职分而民不慢，次定而序不乱……莫不修己而后敢安止，诚能而后敢受职；百姓易俗……夫是之谓政教之极。^②职而教之，须而待之；安职则畜，不安职则弃。^③

荀子的职业教育思想丰赡。比如，他肯定职业分工本身就具有教育作用，如果做得不好，就会影响社会稳定，有"树事之患"和"争功之祸"。这是从消极方面说的。从积极方面看，职业教育是政教的有机组成部分，处于"政教之极"的地位。职业分工能影响人的职业心理，使民"不慢"而安，有利于形成尚贤使能的制度和修己致能的良好社会风气。职业教育还是一个在外部环境濡染下，经由个体主观努力，"须而待之"，慢慢改变的过程。因此，要遵循职业教育的规律，欲速则不达。除了培养职业技能外，形成安于职守的职业态度也是荀子职业教育的重要内容。

（7）一则多力

百技所成，所以养一人也。而能不能兼技，人不能兼官。离居不相待则穷，群居而无分则争。^④农农、士士、工工、商商一也。曰：人能群，彼不能群也。人何以能群？曰：分。分何以能行？曰：义。故义以分则和，和则一，一则多力，多力则强，强则胜物……^⑤

每个劳动者都生产维持劳动力所需的全部消费品既无必要，也无可能。从社会分工角度看，每个劳动者既是生产者，也是消费者，每个劳动者把自己剩余的劳动产品与他人进行等价交换以获得个人所需的消费品，使自身的生产能力得以保持。荀子认识到，社会分工之所以必要就在于劳动者个体自身无法克服的局限性，即"不能兼技"。对此，他作了一个生动的比喻："人习其事而固，人之百事，如耳目鼻口之不可以相借官也。"^⑥人因为长期从事某件事而形成某项技能，但人不可能同时精通所有技能，就像人的五官不能互相代替一样。因此，人在供养他人的同时也要接受他人供养。如果说管子强

---

① 《荀子·富国》。
② 《荀子·君道》。
③ 《荀子·王制》。
④ 《荀子·富国》。
⑤ 《荀子·成相》。
⑥ 《荀子·君道》。

调"分"的重要性，那么，荀子则对"分"与"群"给予同等重视，强调农、士、工、商既分工又合作，是一个统一整体，并且更重视"和一"，认为它能提高社会总的生产力水平。这一看法无疑是辨证深刻的。

（8）"裕民"的节俭教育

节用御欲，收敛蓄藏以继之也。是于已长虑顾后，几不甚善矣哉！①足国之道：节用裕民，而善臧其余。节用以礼，裕民以政。彼裕民，故多余。裕民则民富，民富则田肥以易，田肥以易则出实百倍。故明主必谨养其和，节其流，开其源……如是，则上下俱富，交无所藏之。②

荀子十分重视节俭教育，其"开源节流"的思想更是光照千秋，备受推崇。荀子论节俭不是停留在品德修养层面，而是更注重现实功用。他不仅注意到节俭对个人的物质财富起着"收敛蓄藏以继之"之效，对个体劳动力的存养具有"长虑顾后"之用，更重要的是，他还注意到"节用裕民"的社会功能：人力、物力的节约如果投入再生产就可使民富，民富之后势必加大投入，改善生产条件，使"田肥以易"，结果是"出实百倍"，进一步带来生产力的成倍增长。如何节用？如何裕民？荀子的答案是"以礼""以政"，突出教育的引导作用。不仅如此，荀子还首倡"节流"与"开源"并举，一方面施以节约教育累积财富，另一方面不能止步于已拥有的财富，要广开投资渠道，加大投入力度，进行扩大再生产，如此才能"上下俱富，交无所藏"，这才是真正的"足国之道"。

（9）"师法"对利的调节

人之生固小人，无师无法则唯利之见耳。③仁义礼善之于人也，辟之若货财粟米之于家也，多有之者富，少有之者贫，至无有者穷。④故用国者，义立而王，信立而霸。巨用之者，先义而后利。⑤故序四时，裁万物，兼利天下，无它故焉，得之分义也。⑥

---

① 《荀子·荣辱》。
② 《荀子·富国》。
③ 《荀子·荣辱》。
④ 《荀子·大略》。
⑤ 《荀子·王霸》。
⑥ 《荀子·王制》。

先秦诸子都展开过义利之辨，且各有侧重。儒家"罕言利"①，多从阶级统治需要来看待义利关系；墨家要求从"农与工肆之人"②的利益出发培养兴利除弊而"为义"的"兼士"；法家则直言"利之所在民归之"③；荀子对"义""利"认识的实践理性倾向明显。他把"利"作了"唯利"之一己私利与"先义后利"之社会公利的区分，认为前者是小利，后者才是关乎王霸大业"巨用"之大利。如果唯利是图，只能得到些蝇头小利，而且这种"利"的获得往往以侵犯剥夺他人利益为代价，对社会整体来说是不利的。如此，义对利的调节显得极为必要，先公后私，公利与私利兼顾，这既使个人利益保持长久，又不损害他人利益，国家利益也得以最大化。如何得"义"？荀子反复重申"师法"即教育就是远小人、致礼义的途径，所谓"无师无法则唯利之见耳"④。

（10）知识的经济价值

今是土之生五谷也，人善治之，则亩数盈，一岁而再获之。⑤陋也者，天下之公患也，人之大殃大害也。⑥国将兴，必贵师而重傅，贵师而重傅，则法度存。国将衰，必贱师而轻傅，贱师而轻傅，则人有快，人有快则法度坏。⑦

早在 2000 多年前，荀子就意识到知识具有经济价值。在土壤肥力作为常量保持不变的条件下，管理知识就是变量，一旦这类知识被劳动者掌握，转化成"善治"能力，作用于土地时，就能带来"亩数盈"、一岁再获的产量增长，使生产力水平得到提高。"田肥以易则出实百倍"⑧说明，善治能力还能使土壤肥力得到改变。没有知识，则被荀子讥刺为"天下之公患""人之大殃大害"。基于这些认识，荀子作《劝学》篇以号召天下人锲而不舍地学习，声称"少而不学，长无能也"⑨，认为道德修养和礼乐智识，"辟之若货财粟米之于

① 《论语·子罕》。
② 《墨子·尚贤上》。
③ 《韩非子·外储说左上》。
④ 《荀子·荣辱》。
⑤ 《荀子·富国》。
⑥ 《荀子·荣辱》。
⑦ 《荀子·大略》。
⑧ 《荀子·富国》。
⑨ 《荀子·大略》。

家也，多有之者富，少有之者贫，至无有者穷。"① 既然知识如此重要，那么，能否贵师重傅理所当然地成了关系国家兴衰和法度存废的大事。

（11）取人有道和用人以法

急得其人，则身佚而国治，功大而名美，上可以王，下可以霸。故校之以礼，而观其能敬也；与之举错迁移；而观其能应变也；与之安燕，而观其能无流慆也；接之以声色、权利、忿怒、患险，而观其能无离守也。彼诚有之者，与诚无之者，若白黑然。② 临事接民而以义，变应宽裕而多容，恭敬以先之，政之始也；然后中和察断以辅之，政之隆也；然后进退诛赏之，政之终也。故一年与之始，三年与之终。③

为了使知识的价值得以体现，尚贤使能的人才选用制度不可或缺。教育培养人才，目的在于取用，这是教育价值功能的具体体现。反之，人才取用的政策亦直接影响教育的发展。荀子主张"取人有道""用人以法"，认为国家要有"急得其人"的思想，如此就能强、安、荣，远离弱、危、辱。强调取用人才不可不辨贤愚、不分好坏，必须"慎取"，以"既智且仁"、德才兼备为标准。荀子主张试观知人的办法，在实践中考察选拔人才。通过观察、试探，一个人的贤愚便一目了然。荀子建议分始、隆、终三阶段，以三年为期对人才加以全面考核。期初考核办事能力、应变能力、工作态度，期中考核人才"中和察断"、把控全局的能力，期终则据实绩以奖优罚劣。选拔考核人才的目的在于使用。荀子倡导"用人以法"，即"量能而授官""尚贤使能"。荀子选人、用人的原则明确、方法科学，具有较强的可操作性。

（12）"顺教""壹教"

政教习俗，相顺而后行。④ 以善先人者谓之教，以善和人者谓之顺。⑤ 君子壹教，弟子壹学，亟成。⑥ 然而不教诲，不调一，则入不可以守，出不可以战。⑦

---

① 《荀子·大略》。
② 《荀子·君道》。
③ 《荀子·致士》。
④ 《荀子·成相》。
⑤ 《荀子·修身》。
⑥ 《荀子·成相》。
⑦ 《荀子·强国》。

荀子提出"顺教",强调教育要"应时而使""骋能而化"①,其目标是"皆使人载其事,而各得其宜"②,即"农以力尽田,贾以察尽财,百工以巧尽械器,士大夫以上至于公侯,莫不以仁厚知能尽官职。"③荀子还提出"壹教",其含义既指教师施教要专心一意,又包括靠教育收拾人心,形成统一的制度,而制度一旦形成,本身也具有教育作用和经济作用。对此,荀子一言以蔽之:"和则一,一则多力,多力则强。"④

二、墨子的教育经济思想

1."无差等"的教育经济思想

今天下无大小国,皆天之邑也;人无幼长贵贱,皆天之臣也。⑤

春秋时期,在生产力的推动下,原有的社会生产关系被打破,社会阶层得以重新分化组合。由自由民、农奴、手工业者、商人、奴隶组成的庶民阶层日渐壮大,⑥成为经济发展的主要推动力量。在经济生活和政治活动中改变受压迫、遭歧视的不公平现状的要求日益强烈,体现了庶民阶层民主平等的自我意识觉醒。这种要求赋予平等权利的强烈愿望,终于由代表庶民阶层的墨子,第一次喊出"官无长贵,民无终贱,有能则举之,无能则下之"⑦这一振聋发聩的时代最强音。与儒家"亲亲有术,尊贤有等"⑧的思想大为不同,墨子坚决反对奴隶主贵族的宗法关系和等级制度,主张建立一个"无差等"的社会。墨子肯定人与人之间平等的关系,反对富贵的世袭垄断。"人无幼长贵贱"正是历代农民起义"人人生而平等"口号的早期表达。"无差等"体现在经济地位和政治地位上,更体现在教育地位上。墨子毕生目标就是将庶民子弟培养为"博乎道术"的"兼士",通过在教育上为其争取平等的地位,从而改变其在经济上被剥削的命运。

---

① 《荀子·天论》。
② 《荀子·荣辱》。
③ 《荀子·荣辱》。
④ 《荀子·王制》。
⑤ 《墨子·法仪》。
⑥ 范文澜.中国通史(第1册)[M].北京:人民出版社,1979:111–114.
⑦ 《墨子·尚贤上》。
⑧ 《墨子·非儒》。

2."兼爱""交利"的教育经济思想

夫爱人者，人必从而爱之。利人者，人必从而利之。恶人者，人必从而恶之。害人者，人必从而害之。①

墨子的经济理想一言以蔽之，就是"兼相爱"，"交相利"。在这样的社会里，"强不执弱，众不劫寡，富不侮贫，贵不傲贱，诈不欺愚"②。所谓"兼爱"就是能"视人之国若视其国，视人之家若视其家，视人之身若视其身"③，爱无差等，爱人如爱己。交利是充分考虑他人利益，以他人的利益作为自己的利益。与儒家承认爱有差等，再由亲亲到亲疏、扩展善端、推己及人以至仁义的路线不同，墨子认为，爱利不由己而由人既是天志表现，也是现实需要。从理论上，墨子借助天道法仪剖析了兼爱交利的必要性。因为"天之行广而无私"④，因此人们必须按天道行事。天道如何？天赞成什么反对什么？墨子揣度，"天必欲人之相爱相利，而不欲人之相恶相贼"⑤，换言之，兼爱交利是自然规律使然，是具有本原意义而不言自明的真理。从现实生活经验看，之所以会出现强凌弱、富暴贫、贵虐贱、诈欺愚的现象正因为没做到兼相爱而是交相恶，如此，入人园圃、窃人桃李、亏人自利的事就屡见不鲜。反之，"有力者疾以助人，有财者免以分人，有道者劝以教人"⑥，就能达到"兴天下之利，除天下之害"⑦的太平盛世。墨子的逻辑很显明：只有爱人利人才能被人爱得人利，自己所获的爱利以他人的爱利为前提，需在集体关系网络即利益共同体中得到确认。在私欲横行时代，墨子的构想具有氏族公社时期的遗风，"大同"世界的理想与孔子"小康"世界的愿景有所区别。

有力者疾以助人，有财者免以分人，有道者劝以教人。⑧

既然兼爱才能交利，那么如何做到兼爱呢？墨子的办法是教育。在墨子眼中，教育于经济、政治都是第一要务、急务。虽然"有力者疾以助人，有

---

① 《墨子·兼爱中》。
② 《墨子·兼爱中》。
③ 《墨子·兼爱中》。
④ 《墨子·法仪》。
⑤ 《墨子·法仪》。
⑥ 《墨子·尚贤下》。
⑦ 《墨子·兼爱下》。
⑧ 《墨子·尚贤下》。

财者免以分人，有道者劝以教人"就能实现"刑政治，万民和，国家富，财用足，百姓皆得暖衣饱食"①的社会治理目标，但是，"有力者"助人是否"疾"（快速）、"有财者"分人能否"免"（勉力）、"有道者"教人会否"劝"则是另当别论的事情，这都需要他们从态度到行动发生积极变化，主动作为，既如此想，也如是做，否则一切都是悬想。这显然已涉及人生观和价值观的问题了，要解决好全依赖教育。墨子一生"上说下教"，积极奔走，以私学授徒，就是希图用教育改变现实，针对不同的政治经济状况施以不同的教育：国家如果昏聩混乱，则教之以"尚贤尚同"；国家如果财物亏缺，则教之以"节用节葬"；国家如果耽声溺酒，则教之以"非乐非命"；国家如果无礼荒淫，则教之以"尊天事鬼"；国家如果专事侵伐，则教之以"兼爱非攻"。简言之，就是择务从事、量体裁衣。教育不只是单单地被动地适应经济的变化，而成了"强力为之"的主动作为，即改变不合理的意识形态和经济结构，将经济社会的发展引向良性发展的轨道。

　　教天下以义者，功亦多。②

　　在兼爱、交利思想指导下，墨子教育经济思想的脉络可以明晰：教育以至义利，即"教育→义利"。这与儒家"教育→义→利"的逻辑是有区别的。儒家的"义"起连接教育和经济的中介作用，教育直接作用于"义"，靠"义"来调节与经济相关的生产、分配、交换、消费诸领域。墨家则因为重新确立了义利的内涵，教育与经济便有了更为直接的关联。墨子眼中的"义"不仅体现为人格完善的道德标准，更以事功表现的实际效果被外化。"义"与人的生死贫富直接相关，"天下有义则生，无义则死；有义则富，无义则贫。"③判断是否"义"的方法就是"合志功而观焉"④，动机是一个方面，更看效果，如果能带来"天下百姓之利"就是"义"，否则就是"不义"。"义"不是对利加以干预、调节的外部力量，其本身就是生利的。后期墨家干脆以利释义。不过，墨子肯定个人求利行为的同时明确反对"亏人自利"⑤乃至"天下交相

①　《墨子·天志中》。
②　《墨子·鲁问》。
③　《墨子·天志上》。
④　《墨子·鲁问》。
⑤　《墨子·非攻上》。

贼"，利乃是公利、天下百姓之利，"利乎人即为，不利乎人即止"。墨子指出，"兴天下之利，除天下之害"①的途径只能是教育。国家动乱，人不兼爱，百姓积贫积弱的根源就是"少知义""去义远"。既然"大义"即"大利"，施教以义便可使人人"兼相爱""交相利"，人人相爱相利，国富民强，天下大同的理想王国就能实现。"教天下以义者，功亦多。"教育在墨子版图中的地位，已经远远超出了儒家先富后教或富教并举构想中教育的地位。教育对经济社会发展的巨大作用也被前所未有地凸现出来，这正是墨子教育经济思想的卓异之处。

3. "尚贤""使能"的教育经济思想

儒家倡导尊贤。作为手工业者代表的墨子也把国家治理的希望寄托在贤良之士的身上。不过，墨子赋予尊贤尚贤更多意义内容。墨子认为，要冲决旧体系的坚冰，打开缺口的只能是以兼爱交利之新教育培养的具有天下大义的知识分子。贤才是为政之本。墨子处在社会底层，对百姓"饥者不得食，寒者不得衣，劳者不得息"的处境有切身体察。经济上贫困和政治上昏乱是导致民不聊生的罪魁祸首。"国家有贤良之士众，则国家之治厚。贤良之士寡，则国家之治薄。"②贤良之士与国家治厚有因果联系。

官无常贵，而民无终贱。有能则举之，无能则下之。③

首先，在"用什么人"的问题上，墨子要求打破等级制度，反对世卿世禄和任人唯亲，主张任人唯才、任人唯贤。墨子意识到，任人唯亲挤占他人上升的空间，挫伤社会积极进取的上进心，财富在代际间传递，贫富差距越拉越大，不利于整个国家财富的积累，是伤财害民的。以能力而不是门第出身作为人才选用的唯一标准，极大地拓展了人才的来源渠道，有利于缓解阶层固化的局面：平民凭借个人才学拥有上升空间，贵族面临新力量冲击，为保住既得利益不得不积极有为，人人争先的良好社会风尚得以形成，为社会政治经济发展注入新的活力。"官无常贵，而民无终贱"彰显了早期民主意识，具有巨大的历史进步意义。

---

① 《墨子·兼爱中》。
② 《墨子·尚贤上》。
③ 《墨子·尚贤上》。

过予之爵，重予之禄。①

其次，在"怎样用人"的问题上，墨子明确了功利原则，以最大化地发挥人才的作用。对真正的人才应该"过予之爵，重予之禄"，给他们很高的爵位、俸禄，"富之，贵之，敬之，誉之"②，使他们的经济地位随着社会地位的提高而上升，反对只给空名而不给实实在在的利益。空有名位而无实际利益既不利于网罗人才，还会导致"高爵而无禄，民不信也"③，产生不良的社会影响。墨子反复申明，对人才示之以利的办法并非他的独创，古代明王圣人王天下、正诸侯就是既"忠信相连，又示之以利"④。

国家有贤良之士众，则国家之治厚。贤良之士寡，则国家之治薄。

再次，在"用人为了谁"的问题上，墨子肯定尚贤具有多方面的效益。最直接的受益者无疑是贤才本身。无论出身贵贱，只要拥有知识技能，他们便可以脱颖而出，在实现个体社会价值的同时，个人也获取较高的社会地位和经济地位。国家则是尚贤使能的最大受益者。贤才得用则国家政治清明、社会安定，饥者得食，寒者得衣，劳者得息，受益无穷。此外，尚贤使能还具有巨大的教育作用，贫贱者因知识能力突出被选用会对平民阶层产生巨大的范导作用，形成止恶劝善的连锁反应。受利益激励，富贵者不自恃，贫贱者不自弃，人人争先，个个自强，国家自然富强，百姓自然丰足。

染于苍则苍，染于黄则黄。⑤

最后，在"如何培养人""培养什么人"的问题上，墨子主张以教育为途径培养厚乎德行、博乎道术的"兼士"。墨子以"染丝"为喻，系统地阐述了教育对人素质的巨大提升作用。受教育者就像染缸中的"素丝"，具有天然的本色，教育就好像染缸，"染于苍则苍，染于黄则黄，所入者变，其色亦变"⑥。教育环境不同，培养的人才素质也会有差异。"国亦有染""士亦有染"⑦就是肯定教育对人的化变作用：什么样的教育培养什么样的人，因而教育之

---

① 《墨子·尚贤上》。
② 《墨子·尚贤上》。
③ 《墨子·尚贤中》。
④ 《墨子·节用中》。
⑤ 《墨子·所染》。
⑥ 《墨子·所染》。
⑦ 《墨子·所染》。

事就是"染不可不慎"①的大事，直接关系人才培养的质量。教育不仅必要，而且可能，人人皆可接受教育，就像人之"好美"和"欲富贵"一样，是本性使然。既如此，那么，在墨子的期待中，经教育"染缸"所染的贤能之士究竟具有怎样的神采呢？换言之，墨子所谓"染成品"的规格即教育的目的是什么？由于他的理想社会是兼相爱、交相利的，决定了他培养人才的标准是"兼士"。第一，兼爱之士要厚乎德行，这是墨子理想人格的核心。具体是兼爱正义、勤劳刻苦、厉行节约、奉公守纪、集体至上。第二，兼爱之士要辩乎言谈。要逻辑严密、上说下教、以理服人。第三，兼爱之士要博乎道术。墨子要求弟子多才多艺、多技多能。"道术"要"博"，从治国方略、谋生技能、军事技能到日常生活能力，不一而足。他们既能耕稼树艺，又是能工巧匠。义士、辩士、术士合一，一身兼多技，这就是墨子所谓理想的贤能之士——兼士。

墨子对贤能之士的培养、选拔、任用的全过程始终不离经济功利，而贤能之士培养、选拔、任用的目的也是"兴天下之利，除天下之害"。简言之，在墨子的思想体系中，教育与经济就是一对孪生兄弟，兼士的培养教育总是既以经济为手段，又以经济为目的。这使得墨子的教育思想中充斥着浓烈的功利气息，经济构想中也总是见到教育的身影。

4.节用的教育经济思想

司马谈《论六家要旨》在评论墨子思想时指出，墨子"强本节用"的主张实乃"人给家足之道，虽百家弗能废也。"就墨子本人来说，他对节俭的看重还并不局限于"人给""家足"，而认为节俭事关一国兴衰存亡，"俭节则昌，淫佚则亡"②。

凡足以奉给民用，则止。诸加费不加于民利者，圣王弗为。③

首先"节"的依据是"贫""寡"。墨子时代资源有限，生产远不能满足消费的矛盾突出。墨子提出强本节用的战略主张是极具现实意义的。一方面，应提高生产能力以强本，另一方面，应适度控制消费以节用，两相为用，缺一不可，才能筑牢国富民强的根基。墨子倡导节俭还有理论针对。儒家根据

① 《墨子·所染》。
② 《墨子·辞过》。
③ 《墨子·节用中》。

礼制原则要求厚葬久丧，以突显孝道仁义。墨子认为，厚葬费财费力，死者并不能享用，却给生者造成极大的经济负担，这是重"死利"而轻"生利"的行为。"三年无改父之道"①的服丧期限更是弊害丛生：三年服丧期间不能从事劳动生产，夫妻不能同房，不仅影响财富增长，而且影响人口增殖，还给服丧之人造成极大的精神压力和心理负担。厚葬久丧既浪费财力又浪费人力，长此以往，"国家必贫，人民必寡，刑政必乱"②。因此，有必要"节葬""短丧"，在完成基本的丧葬仪式和短智服丧后尽快投入生产、繁衍生息，反对因丧葬伤害经济民生而致贫、致寡。在今天看来，墨子的意见是正确的。

去无用之费，圣王之道，天下之大利也。③

其次，"节"的标准是"用"。儒家消费的标准是建立在等级制基础上的"礼"。不同的等级有不同的消费标准，等级越高，消费越高。越级消费或达不到某个等级规定的消费都属于"逾礼"。墨子则坚决反对统治阶层奢靡的消费，倡导所有人一律平等，去除一切"无用之费"，以"有用"为标准，满足衣食住行等基本生活所需即可，超过这个标准的就是奢侈。按照够用的原则，墨子不厌其烦地为生活的各个方面都订立了一套标准。比如，服饰方面，墨子认为只要"冬以圉寒，夏以圉暑"④，即冬天可御寒、夏天可避暑就行了，而不要求过于华丽；饮食方面"足以充虚继气，强股肱，耳目聪明，则止"⑤，满足身体所需的基本营养即可，切不可追求奇珍异味；居所方面只要能抵抗风霜雨雪不潮湿就行；交通出行只要便于任重致远就可以了。

圣王为政，其发令兴事、使民用财也，无不加用而为者，是故用财不费，民德不劳，其兴利多矣。⑥

再次，"节"的目的是"利"。"去无用之费，圣王之道，天下之大利也"。墨子说生财要勤、用财要节，又说要务食、力地、节用，"节流"与"开源"同等重要，甚至在某种程度上比"开源"还重要。俭省除了在简单生产的环节可以缓解生产与消费之间的紧张和矛盾，节约出来的资源作为扩大再

----

① 《论语·学而》。
② 《墨子·节葬下》。
③ 《墨子·节用上》。
④ 《墨子·节用上》。
⑤ 《墨子·节用中》。
⑥ 《墨子·节用上》。

生产的投入还会带来更多的产出。在生产能力一定的情况下，节俭无异于增加产出。

　　备者国之重也。①

　　"仓无备粟，不可以待凶饥"②，即使不投入生产，节约的资源也以物质储备的形式为劳动力的保持做贡献。墨子对此有清醒的认识。相比节俭的经济功能，节俭的教育作用更大。"故节于身，诲于民，是以天下之民可得而治，财用可得而足。"③对统治者来说，若能躬行节俭，以为示范，百姓自然影随身从，天下得治，财用得足。与奢靡恣肆比起来，俭以养德的好处良多。正如《周易》所云："君子以俭德辟难"，百姓由节俭之德推而广之，一切言行有节有度，不合理、不合礼的欲望得到有效控制，可使自己远离危难、灾祸，这反倒比孔子以礼来节制欲望更有实际的效果。

　　节于身，诲于民，是以天下之民可得而治，财用可得而足。

　　既然"节"有无穷的益处，那么人们会自动走向节俭吗？根据墨子的"所染"原则，统治阶层也罢，庶民阶层也好，要将其导向"俭"，还得依靠教育。墨子是这样说的，也是这样做的。他毕生倡导节俭教育，劳身苦志，不仅自己"席不暖"、"衣不黔"，过着有如苦行僧般的清苦生活，而且教育学生"量腹而食，度身而衣"④，学生们也大都吃的是"藜藿之羹"⑤，穿的是"短褐之衣"⑥，摩顶放踵而为天下利。利天下，利人人，这就是墨子节用的教育经济思想。

　　5. "教人耕者其功多"的教育经济思想

　　籍设而天下不知耕，教人耕与不教人耕而独耕者，其功孰多？教人耕者其功多。⑦

　　墨子时代农业耕作技术有了较大发展，然而在微观个体劳动层面，任何新技术都需要推广普及的过程，技能教育的成败直接影响到新的生产工具能

---

① 《墨子·七患》。
② 《墨子·七患》。
③ 《墨子·辞过》。
④ 《墨子·鲁问》。
⑤ 《孟子·尽心上》。
⑥ 《孟子·尽心上》。
⑦ 《墨子·鲁问》。

否及时转化成生产力、进而产生经济效益。与孔子"焉用稼"的思想走向不同，墨子培养人才既看重道德修养，要求学生厚乎德行，更看重实际生产生活技能，要求博乎道术。这与孔子主要代表领主贵族阶级和墨子主要代表农与工肆之人的阶级立场息息相关。

"教人耕"为新技术普及所必需。从农业生产实际看，耕作技术的应用存在个体差异性。总有一部分人能较敏锐地意识到新技术给生产带来的便利，能较快掌握并熟练运用新技术、新工具，提高劳动生产率；同时，早期新技术在较小范围内得到使用时，绝大多数劳动者仍然采用原始的耕作技术。如果没有新技术的传递，如果见不到新技术给农业生产带来实实在在的好处，保持的惯性、惰性会给新技术的推广带来极大挑战。因此，"教人耕"，以先进带动后进，让学习者看到生产教育给自己带来切实的利益，直至新生产工具和新技术得以普及就是很有必要的。

"教人耕"体现墨子"兼相爱""交相利"的思想。"交相利"要求彼此分享利益好处，在利人的同时利己。"教人耕"的实质是生产技术交流。如果人人从利他原则出发，将生产技术教给他人而不是自我封闭，既可以让更多人受益，还可以在技术交流、探讨中发现新问题和找到解决问题的新途径，甚至会促使生产技术进一步提升，生产工具进一步革新。更多人掌握先进技术和先进经验无疑会提高社会生产力水平，促进农业生产繁荣，是"我为人人，人人为我"的普惠性举措。

"教人耕"比"独耕"功效多。墨子作过一个假设：让善于耕作的人养活其他人可不可行？他的结论是，即使耕作技术再高，一个人耕作所得分给天下所有人，每人得到一升粟都不可能。与其这样，不如把耕作技术传授给更多人。吴虑是当时鲁国的一个自耕农，他"冬陶夏耕，自比于舜"①。墨子认为他虽然能做到"力以劳人，财以分人"②，但是只是自己独耕而不教人耕，仅此一点，就是不义。他问吴虑，"籍设而天下不知耕，教人耕与不教人耕而独耕者，其功孰多？"③吴虑只能回答："教人耕者其功多。"帮人做事或将财物分给别人远不及教人怎样做事和教人怎样得财更有作用。教育通过提高劳动者

---

① 《墨子·鲁问》。
② 《墨子·鲁问》。
③ 《墨子·鲁问》。

的生产技能直接影响劳动生产率，进而对产出产生影响，这表明墨子已经意识到教育具有直接的生产功能。

6."强力从事"的教育经济思想

墨家与其说是一个学派，不如说是一个有着严格组织纪律的团体，甚至是一个战斗力极强的准军事组织。《淮南子》载，墨子的役徒"百八十人"，个个都能赴汤蹈火，死不旋踵，体现了墨学"强力"思想。"强力"是对劳动者主体性的确认。墨子反对天命，对儒家"寿夭贫富，安危治乱，固有天命，不可损益"的观点予以猛烈攻击，否认生死有命，富贵在天，认为天命是没有理论和现实根据的。相反，"群吏信之，则怠于分职；庶人信之，则怠于从事；吏不治则乱，农事缓则贫，贫且乱，政之本，而儒者以为道教，是贼天下之人者也。"①听天由命是对个人主动作为的巨大伤害。在断然否定天命的同时，墨子提出"强力从事"的观点。

欲上之强听治也，下之强从事也；②赖其力者生。③

"强力"的内涵首先是"强"。"强"反映的是一种积极进取的劳动态度和劳动价值观，主要与个体的主观能动性相关。为了给"强"立法，提高"强"的权威性和合理性，墨子一方面抬出天、鬼神秘力量，宣称"欲上之强听治也，下之强从事也"是上天的意志，意在借用"天"的超凡力量对统治者形成威慑，使统治者不敢不强于治理、庶民不敢不强力从事；另一方面，墨子为"强"寻找道义上的根据，认为，"万事莫贵于义"④，"夫义，天下之大器也，何以视人？必强为之"⑤，"强"是"义"在人事上的具体落实。这样，"强"就成了上合天志、下符道义的人们行事的基本要求。然后是"力"。"力"即劳动能力。墨子认为，"力"的重要性是不言自明的，从基本的生活经验就可以推知："赖其力者生，不赖其力者不生"⑥"地不可不力"⑦。"力"（生产能力）与"地"（生产资料）结合才能生产出粮食，人类才得以生存。"力"包

---

① 《墨子·非儒下》。
② 《墨子·天志中》。
③ 《墨子·非乐上》。
④ 《墨子·贵义》。
⑤ 《墨子·公孟》。
⑥ 《墨子·非乐上》。
⑦ 《墨子·七患》。

括体力劳动和智力生产，"王公大人蚤朝晏退，听狱治政"①，"士君子竭股肱之力，亶其思虑之智，内治官府，外收敛关市、山林、泽梁之利，以实仓廪府库"②，"农夫蚤出暮入，耕稼树艺，多聚叔粟""妇人夙兴夜寐，纺绩织红，多治麻丝葛绪、捆布縿"③，不管形式如何，只要对经济有帮助的任何行为都是劳动，都是"力"，都应得到尊重。

"强"是主观上劳动者的劳动态度，表现为敢于担当、努力从事的精神风貌；"力"是劳动者具有的客观的生产能力，有人小强弱之别，看似不可改变，可一旦与"强"结合，物质力量便具有了一种刚健有为、积极进取的精神力量。"强力"标示着个体生产能力的最大化，是劳动者、劳动能力、劳动态度三者的正向凝合。墨子强力从事的内容主要是两个方面：

先民以时生财，固本而用财，则财足。④

一是经济上强本节用。"本"是物质财富。如何固本，"凡天下群百工，轮车，陶冶梓匠，使各从事乎其所能。"⑤不只农业生产需强力从事，各行业都要强力推进，各尽所能。对国家来说，本固则邦宁："强必治，不强必乱。强必宁，不强必危"⑥；对统治阶层来说，本固则贵："强必贵，不强必贱"⑦；对"农与工肆之人"来说，"强必富，不强必贫。强必饱，不强必饥"、"强必暖，不强必寒"⑧。

周行天下，上说下教，虽天下不取，强聒而不舍者也，故曰上下见厌而强见也。⑨

二是教育上强教强学。"强力"在教育上的延伸就是强力教和强力学。强教是对施教者来说的，是指教育者尽可能地发挥主动性、积极性。儒家在教育上讲究诱导启发，"不愤不启，不悱不发"⑩，循循然善诱人。墨子认为这固

---

① 《墨子·非乐上》。
② 《墨子·非乐上》。
③ 《墨子·非乐上》。
④ 《墨子·七患》。
⑤ 《墨子·节用中》。
⑥ 《墨子·非命下》。
⑦ 《墨子·非命下》。
⑧ 《墨子·非命下》。
⑨ 《庄子·天下》。
⑩ 《论语·述而》。

然好，但还有一些启而不发的人，对于他们，最好还是强力教之。孟子主张侍君待问即可，就像钟一样，叩击它就响，不敲击就不发出响声。墨子则主张，即使没有人来叩击，也要发出声音。意即即使不待教，也需强力教之。否则，放任在上者倒行逆施，在下者作奸犯科，这就是贼民贼国。教育学生也是如此，只有积极主动地灌输，才能使教育的效果最大化。墨子切实是这样做的。正如《庄子》所说，墨子一生积极奔走，上说下教，尽管思想并不为各诸侯国的统治者所取，但仍强力为之。强学是要求学生无论智愚、贫富，都要把求学受教当作每个人必须要做的事情尽力做好，把学习当作没有任何条件可讲的人生的头等大事抓紧抓好。

墨子在经济上强本节用是很好理解的，因为这与其"兼爱交利"社会理想的实现丝丝相扣。教育为何也要强力从事，主动作为呢？梳理墨子的言论，整体把握墨子思想的脉络就可发现，教育之于经济，就像一把打开理想之门的钥匙，教育是实现他全部政治主张和社会理想的关键。他的经济构想、政治主张、教育目标，他的非攻、非命、尚贤、尚同、节葬、节用、修身、辞过、所染、法仪，等等，无不全部系于教育之一身，或直接，或间接地依靠教育来实现。明了这一点，也就洞彻了墨子"强力"的深层意涵："强"的依凭只能是教育，是教育导向自强，"强"的结果是生产力提升带来的国富民强。"教人耕"（物质生产技能的传授）、"教人义"（精神生产技能的传授）、"教人利"（教育的终极目标）三者合一，这就是墨子"强力从事"的教育经济思想。

7. 墨子的其他教育经济思想

（1）生利的教育：墨子的职业教育思想

职业教育是专门传授职业技能的教育。对个体来说，它是谋生的教育。对国家来说，它是生利的教育。职业教育由于与生产的紧密联系构成了教育经济思想的重要组成部分。

王公大人蚤朝晏退，听狱治政；士君子竭股肱之力，禀其思虑之智，内治官府，外收敛关市、山林、泽梁之利以实仓廪府库，农夫蚤出暮入，耕嫁树艺多聚升粟；妇人夙兴夜寐，多治麻丝葛绪，绷布，此其分也。①

一是实行分科教育，士农工商并重。"虽至士之为将相者皆有法，虽至

---

① 《墨子·非乐上》。

百工从事者亦皆有法。百工为方以矩，为圆以规，直以绳，正以县。无巧工不巧工，皆以此五者为法。巧者能中之，不巧者虽不能中，放依以从事，犹逾已。故百工从事，皆有法所度。今大者治天下，其次治大国，而无法所度，此不若百工辩也。"① "士"与"百工"从事皆有法，此处的法不是法律法规，而是技能技巧，即"巧者能中之"。这说明墨子职业教育的对象是广泛的，士农工商都在其列。善辩、尚义、善射御这是教给"士"之职业技能；耕稼树艺、教人耕这是教给"农"之职业技能；"譬若筑墙，能筑者筑，能实壤者实壤，能欣者欣"②，"筑墙""实壤"就是教给"工"以技能。墨子的教学内容比儒家有所拓展。除了传授"六艺"，墨子增加了很多从事各行业生产的实用技能技巧。比如，在对百工传授职业技能时，墨子就主张分科教育，增强教学的专业性、针对性。"凡天下群百工：轮、工、鲍、陶、冶、梓、匠，使各从事其所能。"③ 针对不同的工种、不同的专业能力和兴趣因材施教，"夫知者，必量其力所能至而从焉"④，才能形成"从事"所需的专业技能。

良冶之子，必学为裘；良弓之子，必学为箕。⑤

二是突破父承子继传统，私学职业教育与家庭职业教育并重。早期的职业教育是"学术官守"。所谓"术"指的就是职业教育。在"工商食官"制度下，百工属于官府所有，是官府豢养的工奴，生产统治阶层日用所需。与此相适应，早期的职业教育是以工师学徒制为主。但是，职业教育还有另外一种途径，就是父传子的家庭教育传统。与工师教育相比，家庭教育有更多好处。家庭教育可随时随地进行，时时处处进行，由于是单个教学，更易于因材施教、模仿学习和技术改进。另外，父传子的职业技能教育是毫无保留的。正是因为家庭职业教育的先天优势，所以，最迟从周朝开始，工师艺徒制便与家庭职业教育结合起来，以官府的名义确立了职业教育父子相承的正当性。"良冶之子，必学为裘；良弓之子，必学为箕""巧者述之，守之，世谓之工。"⑥《学记》和《考工记》的记述即是明证。建立在家庭教育基础上的

① 《墨子·法仪》。
② 《墨子·耕柱》。
③ 《墨子·节用中》。
④ 《墨子·公孟》。
⑤ 《礼记·学记》。
⑥ 《周礼·冬官考工记》。

官学职业教育的最大弊端是职业人才培养效率低，难以规模化。这当然也与当时社会对职业人才的需求量不大有关。到了战国时期，这种情况有所改变。随着周天子日益失去诸侯共主地位，各诸侯国相继进行土地制度改革，引进新的生产技术，生产力空前发展，社会对职业人才的需求量大增。墨子开私学传授职业技能的风气之先，尽量满足社会对谋士、勇士、巧士、使士等多种职业人才的需求。从此，职业教育史上出现除官学职业教育、家庭职业教育之外的第三种形式，即私学职业教育。

厚乎德行，辩乎言谈，博乎道术。①

三是职业道德与职业技能并重。墨子"兼士"培养有三个标准：厚乎德行、辩乎言谈、博乎道术。前一个方面是职业道德修养的要求，后两个方面是职业技能的要求。两者并重，不可偏废。墨子的职业技能是从职业道德出发的。墨子职业道德的核心是"兼爱"，具体表现为"义"。从"兼爱"的职业教育思想出发，一方面要爱所有人，对所有人尤其是"农与工肆之人"施以职业教育，使其掌握谋生之道，用技能改变命运；另一方面，博乎道术的职业技能人才也要具有"兼爱"精神。以"公利"为利，在"交相利"中利人利己，而不能依凭自己掌握的职业技能"交相恶""害人"，确保生"利"的职业技能教育始终处在"义"的调控、约束之下，由私利走向公利，由利己走向利他，兴国家与人民之利，实现"大义"与"大利"之合一。

有本之者，有原之者，有用之者。②

四是技能教育与理论经验并重。"世虽存学，而行为本焉。"③墨子强调知行合一。《墨经》是墨子开展职业教育的教材，其中的生产知识和应用技术都是源自实践经验。墨子主张述而且作，反对孔子述而不作。在认识论上，墨子提出"有本之者，有原之者，有用之者"著名的"三表"法，就是推崇理论知识源自生活经验、切于实用的价值。墨子主张合其志功以观，学习成效的检验、判定也是以在实践中的应用效果，即能否提高劳动生产率，增加社会财富来定夺。

墨子的职业教育以兴利为本，培养的精于道、术的人才适用于社会各个

① 《墨子·尚贤上》。
② 《墨子·非命上》。
③ 《墨子·修身》。

部门，这些部门有的是直接从事经济生产的，有的是组织生产的，有的则是为生产的正常开展创造条件的。职业教育扮演着将教育与经济的关系固定化为一种教育制度的重要角色。从此，教育便沿着两条路向前进：一是儒家以生义为主的礼乐教育，一是墨家以生利为主的功利教育。两者都不否定经济对社会的基础性、决定性作用，两者都重"义""利"，分歧主要在具体的实现途径上：儒家希望在教育与经济之间架起"义"的桥梁，以"义"为首要目标，经济目标是为义、行义的自然结果和必然衍生；墨家则直接得多，教育是生利的，直接产生经济效应，教育所生之利本身就属"义"的范畴。只不过，由于历史的原因，由墨家创辟的这条教育经济之路，走得异常的艰难和曲折。

（2）古老的"人力资本"：墨子的科技教育思想

作为"科圣"的墨子，教育经济思想中最为光彩夺目的部分当属其科技教育思想。在先秦古籍中，能与当今"科学精神相悬契者，墨经而已。"[1]《墨经》也是中国历史上第一部自然科学著作，在世界自然科学发展史上有极崇高的地位。[2]杨向奎先生甚至断言，"一部《墨经》无论在自然科学的哪一方面，都超过整个希腊，至少等于整个希腊。"墨子的科技教育思想的确达到了前所未有的高度，因此，无论给予怎样的褒扬都毫不为过。

首先，墨子科技教育思想的理论化程度很高。"景（影）到（倒）在午，在端与影长，说在端。"[3]这是总结光线沿直线传播及小孔成像原理；"鉴团，影一小一大，而必正，说正得"[4]是介绍凸面镜成像时物体、距离、影像三者的关系；"鉴位，景（影）一小而易，一大而正，说在中之内外"[5]描述凹面镜成像时焦点对物体成像大小、正倒之影响；"止，以久也"[6]揭示的是牛顿第一运动定律关于物体运动的本质属性；等等。墨子科技教育思想遍涉几何、力学、光学、机械制造、土木工程等多个领域，理论化水平很高，许多论述已经超离了具体经验知识的范围，而迈进了系统化、理论化的抽象层面，代表

① 梁启超.墨经校释·自序［M］//梁启超全集（第十一卷）.北京：北京出版社，1999：3195.
② 方孝博.墨经中的数学和物理学［M］.北京：中国社会科学出版社，1983：7-8.
③ 《墨子·经下》.
④ 《墨子·经下》.
⑤ 《墨子·经下》.
⑥ 《墨子·经上》.

着当时世界科技发展的顶尖水平。

其次，墨子科技教育思想注重道技合一。技是手段、工具，道才是目的、方向。墨子之道的核心仍是"义"。在墨子思想体系中，"义"具有终极价值，是"天下之良宝""天下之大器"，是包容一切的。发展科技的目的是用科学技术武装劳动者的头脑，提高劳动生产率，使社会财富增加，解决社会面临的物质匮乏和战争频仍两大痼疾。科学技术是双刃剑，军械制造技术提升既可以用来防御守备，又可以用来攻城略地；生产技术革新既可以普惠于民，又可以形成垄断，促使财富集中，造成更为严重的贫富悬殊。墨子主张利用科技增加财富，造福人类，止息战争，主张用"道""义"统帅"技"。科技的伦理化避免了科学技术沦为奇技淫巧，贼民害民，使科学技术始终不偏离为天下苍生谋福利之"行大义"的轨道。

再次，墨子科技教育思想始终与生产劳动紧密结合。墨子的科技教育思想源于生产劳动，又为生产劳动服务。几何学、力学、机械制造、建筑学因为与生产劳动联系紧密，所以墨子格外重视。他运用杠杆原理研制出桔槔提水的办法，利用滑轮制作云梯和生产器械。就像恩格斯指出的："科学的产生和发展一开始就是由生产决定的。"① 这些新工具器械运用于生产，对生产力发展所起的推动作用是难以估量的。李约瑟认为墨家将机械原理运用于战争和生产对社会变革起到巨大作用。这种作用是以被新技术武装了的新型劳动者的面貌呈现的。墨子式的科技教育凝结成劳动者身上的知识和技能，应用于生产，推动财富增长和经济发展，这便构成了中国最古老的"人力资本"。

三、老子及其道家的教育经济思想

作为中国哲学的开创者，老子的学术贡献被人广为认可的是其关于宇宙人生的形上思考。老子作为中国古代最早的哲学家的地位是毋庸置疑和不可撼动的。而在教育史上，与被后世誉为"至圣先师"的教育始祖孔子比起来，老子似乎是无足轻重的。这从一些教育史著作对老子有意无意的忽略可以看出来。即使承认其存在教育思想，也认为"老子提出禁欲主义的教育原则和

① 恩格斯. 自然辩证法 [M]. 北京：人民出版社，1971：162.

方法，表明其不把人看成有生命、有感觉的实体，而是看成没有生命、没有感觉的理念化身，这确无可取之处。"①在一些论者看来，老子的教育思想不仅无益，反而有害，是反教育倾向的，因而是反动的。在经济思想方面，有论者认为，老子提出的小国寡民的经济构想本身就是一个幻梦。可见，在老子的教育思想和经济思想方面，学界并未达成一致。因此，在讨论老子的教育经济思想之前，有必要首先对老子的教育思想和经济思想进行讨论、辨证。

1.老子的教育思想

我们认为，老子不仅有教育思想，而且其教育思想还比较丰富。老子有自己独特的教育目的论，就是培养具有"道德"的人。老子的著作名为《道德经》，全书既可以当作一本讨论哲学的书，又可当作一本讨论教育的书。按魏刘邵的理解，老子的"道德"当是"以虚为道，以无为德"②。"道"既是老子教育的内容，也是老子教育的目的。因为"道"具有物质本源性，认识"道"，就是掌握一种带有规律性的终极知识。这种知识具有超经验知识的性质，是一切知识的母体，是不囿于具体物事技巧的真正的大智慧。"道生一，一生二，二生三，三生万物……人之所教，我亦教之。"③教育就是要让所有人都认识"道"，知"道"行"道"。"道"既是"有物浑成，先天地生，寂兮寥兮，独立而不改，周行而不殆，可以为天下母。吾不知其名，字之曰道"④的自然规律，又是"以道佐人主"⑤的治世、救世法则，是合自然和人世社会于一体的总规律和总法则。

老子不是不要教师，而是主张"贵师"。"善人者，不善人之师。不善人者，善人之资。不贵其师，不爱其资，虽智大迷，是谓要妙。"⑥老子的"贵师"主张包含"师资"概念。今天我们用"师资"统指教师资源的储备，考察"师资"的语源意义，老子指出做教师的条件：善人可作不善人的老师，同样，不善人也可作善人的老师。原因是善人可为不善之人"师法"，不善之人可资借鉴，反过来做善人的老师。这样实际上扩大了教师的内涵和外延，

① 毛礼锐，沈灌群.中国教育通史（第一卷）[M].济南：山东教育出版社，1985：424.
② 《人物志·八观》。
③ 《道德经》第四十二章。
④ 《道德经》第二十五章。
⑤ 《道德经》第三十章。
⑥ 《道德经》第二十七章。

比儒家的仁者为师和"三人行，必有我师"的范围更为宽广。尽管老子认为不善者也可作为"反面教员"，善与不善是对立统一，相互转化的，但他也明确指出，最好的教师是"长善救人，故无弃人；长善救物，故无弃物"①的圣人。他们"处无为之事，行不言之教"②，"以百姓之心为心"③，因为无偏私，与受教育者情意相通，"善者吾善之，不善者，吾亦善之"，"信者，吾信之，不信者，吾亦信之"④，不偏不党，不离不弃，在此情感基础上，教育发挥迁善导信的作用就是水到渠成的事。

"道"在人事上的落实就是"德"。老子德育的目标是复归于朴。具体而言，就是做到守柔、无为、知足、不争。少私寡欲、见素抱朴、虚极静笃，就能复归人性自然，达至理想人格。这样的教育是和谐的。既关注身心和谐，"修之于身，其德乃真"⑤，又"道法自然"⑥，与天和，和其光，同其尘，"怨而不生而上下和"。在教学方法上，老子主张广泛采用辩证法施教。所谓"反者道之动"⑦，这是认识事物的根本方法。"大成若缺，其用不弊。大盈若盅（冲），其用不穷。大智若愚，大巧若拙，大辩若讷"⑧，"有无相生，难易相成，长短相形，高下相盈，音声相和，前后相随"⑨，"将欲歙之，必固张之，将欲弱之，必固强之。将欲废之，必固兴之，将欲取之，必固与之"⑩，等等，从对立面认识事物，注意万事万物相互转化的关系，可以避免认识上的偏于一隅、执其一端。老子深刻地揭示出教育面临的冲突。按照现代的界定，教育是一种有目的地培养人的特殊活动。但是，在教育目的与达至教育目的的手段之间存在着悖论。换言之，教育并不总是朝着施教者期待的方向前进，结出令人满意的硕果，常常播种善的种子，却意外收获恶的果实。在教学原则上，老子

① 《道德经》第二十七章。
② 《道德经》第二章。
③ 《道德经》第四十九章。
④ 《道德经》第四十九章。
⑤ 《道德经》第五十四章。
⑥ 《道德经》第二十五章。
⑦ 《道德经》第四十章。
⑧ 《道德经》第四十五章。
⑨ 《道德经》第二章。
⑩ 《道德经》第三十六章。

提出"图难于易，为大于细"①的循序渐进原则、"有无相生，难易相成"②的由
易到难原则、"将欲夺之，必固与之"③的启发性原则、"高者抑之，下者举之"④
的因材施教原则、"为之于未有，治之于未乱"⑤的超前引领原则等等。

　　以上对老子教育思想的分析只是浅尝辄止，仅此足以见得，老子的教育
思想自成一家之言，虽然与儒、墨等家思想大相迥异，但是独具特色，形成
对儒、墨教育思想的重要补充。

　　2. 老子的经济思想

　　再来看老子的经济思想。老子的经济思想历来被认为是与生产力发展方
向相悖，是"开历史的倒车"。老子"小国寡民"的政治经济蓝图被当作是对
这种落后保守性的有力诠注。试看老子的描述：

　　小国寡民，使有什伯之器而不用，使民重死而不远徙。虽有舟舆无所乘
之，虽有甲兵无所陈之，使民复结绳而用之。至治之极，甘其食，美其服，
安其居，乐其俗，邻国相望，鸡犬之声相闻，民至老死不相往来。⑥

　　老子在政治上的主张是"小国寡民"，军事上的主张是偃武休兵，教育上
的主张是"结绳记事"，经济上的主张是放弃使用先进生产工具，社会关系方
面的主张是"不相往来"。仅从字面看，老子的这些主张全都是倒退的，是十
足反文明的。客观地说，这样的社会是不可能存在的，即使存在，也是不可
能长久的。因为即便不考虑外部条件，来自社会内部生产力的发展推动，也
迟早会让"小国寡民"的桃花源走向分化以至瓦解。但值得注意的是，老子
"小国寡民"构想的价值倒并不在于其真实的存在价值，而是在于其对现实存
在的批判价值。也就是说，老子致力于有所建立的基础是先破除。老子时代，
政治上各国谋求兼并土地、扩大疆土、众庶人口，军事上穷兵黩武、互相征
伐，经济上贫者愈贫、富者愈富，文化教育则为之鼓噪呐喊、摇旗助威，社
会生活方面则巧智伪诈、私意竞逐。老子的批判直指社会弊痛，揭示社会危
机。他开出的救世药方是复归于朴，将所谓文明的东西打碎，采取一种回归

① 《道德经》第六十三章。
② 《道德经》第二章。
③ 《道德经》第三十六章。
④ 《道德经》第七十七章。
⑤ 《道德经》第六十四章。
⑥ 《道德经》第八十章。

的方式推倒重建，这已经是一种后文明时代的反思，包含理性批判，与"原始""复辟""倒退""保守""封闭""落后"不是同一概念。尽管不可实现，但"小国寡民"的美好时时警示人们留意追求文明所付出的巨大代价，进而重新思索文明的价值和人的行为。老子以独有的辩证法从消极一端进入，表面消极避世，背后充盈着的是极具审美精神的积极入世态度。

首先，老子强调农业生产的重要性。"天下有道，却走马以粪。"①天下太平，那么就将战马归于田地给农夫从事耕作。如果天下无道，马匹都要上战场，连怀胎的母马也难以幸免。正如张松如在《老子校读》中所说："老子反对的当然是春秋列国各贵族领主集团间频繁的兼并战争和掠夺战争。尽管有人指出说，这些战争，从其主流说，也有一定的进步趋势。但是对人民说来，特别是对从事农业生产的广大劳动人民群众说来，不可避免地要带来种种惨祸、暴行、灾难的痛苦。"②在强调农业生产的同时，老子反对奇物淫巧。他说，"天下多忌讳，而民弥贫。民多利器，国家滋昏。人多伎巧，奇物滋起。法令滋彰，盗贼多有。"③利器、伎巧、奇物代表新的生产工具和新的生产技艺，这本身并不是什么坏事，但是，这种技术进步和生产革新并没有给百姓的生活带来实在的益处，相反，在"五色""五音""五味"和"难得之货"的刺激下，人原有的自然平衡的状态被打破，私欲膨胀，恶端骤起，恶念丛生，恶行泛滥。生产的发展、财货的累积、物质的丰富并不是拯救人类的福音，却是导人向恶的魔鬼和将社会引向万劫不复深渊的祸端。换言之，物质生产领域的进步是以精神生产领域的退步为代价的。这是老子反对工艺技巧的原因。

其次，老子反对剥削压迫，要求"损有余而补不足"。"天之道，损有余而补不足。人之道，则不然，损不足以奉有余。"④天道是应遵循的规律，而人道却有违规律，老子通过对比指出社会贫富两极严重分化的事实：一极是极为贫穷的百姓，一极是极为富有的统治阶级。两极不是在逐渐靠拢，缩小差距，反而因为统治者的贪欲膨胀，进一步拉开差距，使不足者更不足，富有

---

① 《道德经》第四十六章。
② 张松如.老子校读 [M].长春：吉林人民出版社，1981：270—271.
③ 《道德经》第二十四章。
④ 《道德经》第七十七章。

者更富有。"民之饥，以其上食税之多，是以饥。"① 老子指出，统治阶层正是利用手中掌握的国家机器，比如税收来实现盘剥，造成贫者愈贫、富者日富的违背天道现象。老子咒骂那些不管百姓死活，"服文彩，带利剑，厌饮食，财货有余"② 者为国家的盗贼。他进一步指出，百姓之所以轻视生命而不惧怕死亡是"在上者"造成的。因为"在上者"一味追求自身过得丰足，不给百姓留活路，所以"民不畏死"，反抗的事情常常发生。"民不畏死，奈何以死惧之"③，到了这种境地，再施行武力镇压和屠杀也是不管用的。只有"损有余而补不足"才是合于道的。

再次，老子倡导节俭、知足。对于基本的生活需求，老子是持肯定态度的。老子认为，超越基本生活需求的过度欲望是一切罪恶的根源。"五色令人目盲，五音令人耳聋，五味令人口爽，驰骋田猎令人心发狂，难得之货令人行妨。"④ 在物欲的刺激下，在上者贪得无厌，在下者无所不为。因此应以"无欲"代替"纵欲"，倡行节俭、知足。"我有三宝，持而保之。一曰慈，二曰俭，三曰不敢为天下先"⑤"知足之足，常足矣"⑥。

老子的经济思想具有一种经济自由主义的倾向，经济上无为的主张与哈耶克的自发秩序具有一定的相似性。因此，老子的经济思想并非保守落后，在某种程度上，甚至具有超越同时代其他思想家的独特气质。

3. 老子"无为""无不为"的教育经济思想

在上述讨论的基础上，我们可以大致对老子教育经济思想的全貌作一描画：老子的教育是"无为"的教育，老子的经济是"自足"的经济，行"不言之教"以"使民自富"是老子教育经济思想的主要内容。

（1）"复归于朴"的教育经济思想

绝圣弃智，民利百倍。绝仁弃义，民复孝慈。绝巧弃利，盗贼无有。⑦

老子并不是一概地反对利。在上句中，"民利百倍"与"绝巧弃利"中

---

① 《道德经》第七十五章。
② 《道德经》第五十三章。
③ 《道德经》第七十四章。
④ 《道德经》第三十四章。
⑤ 《道德经》第六十七章。
⑥ 《道德经》第四十六章。
⑦ 《道德经》第十八章。

的"利"不是同一个概念。前者是老子赞成的"民利"，即百姓谋求生存的正当利益，包括物质财富；后者是老子反对的"巧利"，即采用不正当手段谋取的损人利己之利。"民利"实现的障碍是什么呢？老子认为最明显的障碍是与"民利"相对立的"上利"——"以其上食税之多，是以饥""以其上求生之厚，是以轻死"①，在上者不"以百姓之心为心"②而与民争利是造成民利亏缺的最直接的原因。如何扫除实现"民利"的障碍，老子认为必须依靠道德教育。这与儒家依靠礼义教育实现义利统一的思维方式并无二致，即都认为道德教育是利益达成的必由之路。只不过，在道德教育的具体内容和利益的真正意涵上存有分歧。老子认为，儒家的礼是用制度化的形式确立了"在上者"食税之多、求生之厚的合理性，这恰是造成民不聊生的罪魁祸首。"失道而后德，失德而后仁，失仁而后义，失义而后礼"③。仁、义、礼是"失道"的产物，名为救世，实则害世，反而教人都知道"善之为善，斯不善矣"④，诱导人追求与礼仪规定相称的社会地位和物质财富，客观上起到刺激和培育人的欲望的作用。所以，若要根除欲望的培育机制，只能从主客两方面深思明辨。客观上"绝圣弃智、绝仁弃义、绝巧弃利"，斩断欲望滋生的土壤；主观上"见素抱朴，少私寡欲"⑤，"复归于朴"⑥。老子认识到人的物质需要会随生产力的进步不断提升，但生产力发展和财富的增加并没有解决"民利"问题，反而让相对贫困更甚，让侵害与剥夺加剧。因此，如何使人从"有欲"复归到"无欲"便是老子教育经济思想的核心议题。老子肯定合理的需要和满足基本需要的适度的经济发展。人的需要是一个不断增长的变量，当个体总是将自身对物质财富的需求控制在仅满足生存需要的临界点上时，物质需要实际上已经转化为道德需要。这显然是道德教育发挥作用的结果。老子的教育就是剪除不合理欲望，以实现"民利"，发展满足"民利"的经济。老子的教育是"复归于朴"的教育，老子的经济是"复归于朴"的经济，两者相互为用。"复归于朴"是一种未经异化的本真状态，是对人类需要怎样的教育和怎样的经

① 《道德经》第七十五章。
② 《道德经》第四十九章。
③ 《道德经》第三十八章。
④ 《道德经》第二章。
⑤ 《道德经》第十九章。
⑥ 《道德经》第二十八章。

济作理性思考的结果，本质上是对人生存方式的反思、批判与超越。这便是老子教育经济思想的精义所在。

（2）"不言之教"而"民自富"的教育经济思想

是以圣人处无为之事，行不言之教；[①]

不言之教，无为之益，天下希及之。[②]

老子将自己"教民"的主张称之为"不言之教""无为自化"，认为如此"教民"就可实现"富民"即"民自富"。这包含着丰富的教育经济思想。

首先，老子的"不言之教"与18世纪法国启蒙教育家卢梭所倡导的自然主义教育颇为相似。老子认为，好的教育是任其自然、回归自然。教育目的上都主张培养自然人，方法上都"道法自然"，反对强制手段，内容上都反对当时的所谓主流道德价值，而是以符合人性自然的天道法则即自然规律作为施教内容。老子教育培养的理想人格的总标准是"复归于朴"，具体而言是无为贵柔、知足不争，方法是抱一为式、为啬早服、虚极静笃。具有如此道德人格的人才能妥善处理内外部的矛盾冲突，维持精神主体与物质经济的自然协调和动态平衡。

其次，老子并不反对"富民"。不管是"民自富"也好，还是小国寡民理想中的"甘其食，美其服，安其居，乐其俗"[③]也罢，老子对民富、民利终究是持肯定态度的。只不过，民富是民自富，是行不言之教、处无为之事的自然结果。与"无为""无事"相对的是"有为""有事"，与"自富"相对的是"富之"，前者是老子代表的道家的教民富民之道，后者是孔孟代表的儒家的教民富民之道。与儒家强调刚健有为，主张利用教育培育自上而下的作用机制，对经济实施积极干预不同，道家反其道而行之，直指"有为"的行动正是导致民贫、轻死、祸乱之根源。在道家看来，"有为"、"有事"表现为以繁苛的政令、冗沉的赋税、不止的战争、不时的徭役限制、干预百姓的日常生活，使其积极奔走、辗转沟壑，劳民伤财。所谓"天下多忌讳，而

---

① 《道德经》第二章。
② 《道德经》第四十三章。
③ 《道德经》第八十章。

民弥贫"①、"民之饥，以其上食税之多，是以饥"②。于此可见，只有行"不扰民""不滋事"的教育，百姓才能达到自化、自正、自富和自朴的良好结果。

在民富的问题上，儒家主张"富之"（孔子）、"制民之产"（孟子）。民富的关键不在民，而在统治阶级，是"明君"通过"制民之产"而使民富。换言之，统治者的有为、恩赐，抑或仁义是民富的根本原因，民富是自上而下的结果，与民自身无关。这种"皇恩浩荡"的观点在中国封建历史上具有深厚的土壤和顽强的生命力，延续而成历代君相包揽一切、自以为是的传统。他们以民之衣食父母自居，醉心于制定许多独断专行、不切实际的"为民"措施。这些措施一定程度上束缚住劳动者的手脚，不利于最大限度地调动劳动者生产致富的积极性、主动性。与之相对，老子"自富"的主张则是对百姓生产的主动性、积极性的最大释放、肯定。③

再次，老子的"民富"是有标准的。老子给"富"划定的标准是"足"，以足为富，所谓"知足者富"④。一般而言的"富"意味着充裕、有余，以物质财富数量多少来衡定。老子以"足"释"富"实质上已将"富"纳入主体的价值判断之中。因为"足"既指受生产力发展水平和个体维持生存的实际需要的制约，体现为客观上的"足用""够用"，又指主体对物质财货的"满足""知足"。超过"足"的界限是"欲"而不是"富"，"欲"是害"富"的，比如"老子认为战争是由于封建统治者不知足、贪心重所引起的"⑤，因此"欲"是特别值得警惕的。这就是"寡欲""知足""民富"三者的关系——"寡欲的具体表现是'知足'。老子学派把知足看得非常重要，以为知足可以决定人们的荣辱、生存、祸福……不仅如此，他们并将知足作为从主观上分辨贫富的标准。如知足，则虽客观财富不多而主观上亦可自认为富有，'知足者富'、'富莫大于知足'。因此知'足'之所以为足，则常足矣，常足当然可以看作是富裕。反之，客观财富虽多，由于主观的不知足，贪得无厌，能酿成极大的祸害。"⑥

---

① 《道德经》第五十七章。

② 《道德经》第七十五章。

③ 朱森溥.关于《老子》经济思想初探［J］.中华文化论坛，1994（2）：79-82.

④ 《道德经》第三十三章。

⑤ 张松如.老子校读［M］.长春：吉林人民出版社，1981：270—271.

⑥ 胡寄窗.中国经济思想史（上）［M］.上海：上海财经大学出版社，1998：290.

最后，"无为"并不是"不为"和无所作为，"不言之教"也并非不教。之所以无为是因为"为者败之，执者失之"①，"为""执"的结果往往事与愿违。本来作为达成人类幸福目标的工具、手段，如礼仪制度、技术革新等，却往往僭越而变成目标本身，人类最高的生存价值反倒沦为工具价值，成了维持礼仪制度和推进生产发展的牺牲品。春秋时期礼崩乐坏的现实正是"为""执"导致的结果。"失德而后仁，失仁而后义，失义而后礼"②的道路一步一步走向堕落的深渊，是毫无出路的。只有返归于道，"是以圣人无为，故无败，故无失。"③很明显，"无为"并非真的无所作为，而是"无为而无不为"④"为而不争"⑤，"夫唯不争，故天下莫能与之争"⑥。这才是合于天道自然的。比如，有德之人只是掌管契据（"有德司契"），以此来明确君臣隶属关系，防范社会进入无序状态；而无德之人则是把契据当作攫取财富的工具，横征暴敛（"无德司彻"，注："彻"为税法）。两相比较，"执左契而不责于人"⑦看似无为，实是合于道朴之"大为"。

以人欲为例。"祸莫大于不知足，咎莫大于欲得"⑧，声色犬马、难得之货会刺激人欲。百姓自化过程产生的"化而欲作"⑨的贪欲如何清除呢？老子的办法是"镇之以无名之朴"⑩。这显然是无为而无不为，即有所为了。"镇"非采取武力等强制手段予以镇压。除有"压制""镇压"之义外，还有"安定""安抚"的意思。《广雅释诂》就释"镇"为"安"。另外，在湖北荆门出土的郭店楚简本《老子》中，王弼本和帛书本中的"镇"为"贞"，而"贞"义为"正、安"，两相参证，释为"安抚"之义无疑⑪。用"无名之朴"也就是"道之真朴"来安抚百姓正是"不言之教"——不是用具体的指令、条例去规

---

① 《道德经》第二十九章。
② 《道德经》第三十八章。
③ 《道德经》第二十九章。
④ 《道德经》第三十七章。
⑤ 《道德经》第八十一章。
⑥ 《道德经》第二十二章。
⑦ 《道德经》第七十九章。
⑧ 《道德经》第四十六章。
⑨ 《道德经》第三十七章。
⑩ 《道德经》第三十七章。
⑪ 丁原植.郭店竹简《老子》释析与研究［M］.台北：万卷楼图书有限公司，1999.

范、约束人，而是皆谓"我自然"的引导，使百姓从而化之，达到自正自富、利而不害、功成事遂。

概括来说，老子的教育富民之道不是通过教授给人们谋生致富的技巧、手段来实现的，而主要是通过引导人们看待财富的态度来实现的。推而展之，教育与经济的关系不是教育向日益发展的经济靠拢，让教育适应以物质财富为基础建构起来的价值体系，而是放慢经济的脚步，回归经济发展服务于人的本质，使未经异化而本真的经济适应未经异化而本真的人。教育的作用并不是要猛踩"油门"，让经济的"汽车"狂飙突进，快得无法掌控，而是适度地踩一下"刹车"，控制好方向，让经济之"车"始终在可控的驾驭下平稳运行。

（3）"无为而治"的教育经济思想

我无为，而民自化。我好静，而民自正。我无事，而民自富。我无欲，而民自朴。①

西方的管理理论经过了三次大的转折。第一次是亚当·斯密"看不见的手"即市场机制对公共生活的调节，目的是减少政府的干预，把社会资源的配置完全交由市场自发完成；第二次是为应对"市场失灵"导致的周期性经济危机，由凯恩斯提出的政府对社会公共生活的宏观调控。在此机制下，政府被赋予采用诸如货币手段、财政政策调节资源配置的职能，公共产品日益丰富，公共机构应运而生，社会福利日益增进。然而，资源配置效率低、机构臃肿且腐败严重、财政负担重等"政府失灵"的问题也接踵而至；第三次是对前两者的扬弃、超越，既不过度放任，也不过分控制，而是走向"还政于民"的社会治理。

这种辩证扬弃和超越的精神，在老子这里就可以找寻到源头。虽然它们并无直接关联，但在气韵上却是贯通的。在礼崩乐坏的时代背景下，诸子各家都试图找到一种更好的治理社会的办法。儒家主张仁义治国、墨家主张智巧治国、法家主张法术治国、农家主张农本治国，方法各异，总体特征相似，都是"有为"的，而老子独以"无为"超越之。其实，"无为"思想正是对当

---

① 《道德经》第五十七章。

时的现实作仔细考量后埋性选择的结果。老子的基本逻辑是："为者败之"①的弊端已经相当明显，在足够"有为"的情势下还要倡导"有为"，结果只能是咎莫大焉。仁义尽失还谈人心，诈伪横行还昌巧智，暴虐害民还主法势，结果必定是为富不仁、文饰欺伪、征伐不息。这是治标不治本。"反者道之动"②，治本之策只能是扬弃"有为"，倡"无为而无不为"。

何谓"无为而无不为"，老子作了一个形象的比喻："上善若水。水善利万物而不争。"③"上善"就像水一样，润泽滋养万物，而总是处下，不与人相争。冯友兰曾说："老子所说的'道'，是'有'与'无'的统一，因此它虽然是以'无'为主，但是也不轻视'有'，它实在也很重视'有'，不过不把它放在第一位就是了。"④参酌老子多处论析，我们认为，老子的"无为"之教实是一种起辅助作用的"顺教"。

首先，"无为之教"要"依顺自然"，遵循规律。"知人者智，自知者明。"⑤治国者的认识是有局限的，如不遵循客观规律，率凭己意搞瞎指挥，就不是利民而是扰民、害民。"治大国，若烹小鲜，以道莅天下，其鬼不神。非其鬼不神，其神不伤人。非其神不伤人，圣人亦不伤人。"⑥煎小鱼的方法是不能频繁翻动以致破碎，这就是"道"之规律，掌握了这种规律，治理大国也就像煎小鱼一样容易了。"以百姓之事为事，而不是管理者自我生事，这就是无为而治的精髓。"⑦其次，"无为之教"要"依顺民心"。以百姓之事为事，以百姓之心为心。"圣人不积，既以为人己愈有，既以与人己愈多。"⑧因为不占有欲望，不以自我为中心设定判断是非的标准，而是与民心同一，所以，圣人不会聚敛搜罗物质财富，以他人之丰富为自我之丰富，这样双方都能做到"无事自富"，天下也就太平了。再次，"无为之教"要"依顺民生"。怎样做？一是去奢靡，以"为腹不为目"为宗，去掉刺激欲望的音声色味。二是减赋税，

---

① 《道德经》第六十四章。
② 冯友兰.中国哲学简史 [M].涂又光译.北京：北京大学出版社，1996：17.
③ 《道德经》第八章。
④ 《哲学研究》编辑部.老子哲学讨论集 [M].北京：中华书局，1959：117.
⑤ 《道德经》第三十三章。
⑥ 《道德经》第六十章。
⑦ 王建军.《老子》"社会善治思想"辨析 [J].宗教学研究，2012（4）：49–53.
⑧ 《道德经》第八十一章。

不与民争利。三是助弱小。减少有余者，弥补不足者，缩小贫富差距。

老子的"无为之教"是确有巨大经济实绩的。汉代建国之初，山河残破，百业凋敝，民不聊生。统治者推行老子无为之术，还政于民，休养生息，成就了中国封建历史上第一个长达近半个世纪的盛世——"文景之治"。唐初将黄老"清静无为"思想倚为国策，其后即迎来"贞观之治"的大好局面。以至于在整个封建历程中，凡饱经战乱之后、百废待兴之时，初兴的王朝必定自觉不自觉地贯彻无为而治的思想，与民休养，蓄积民财，整顿河山。仅此一点，我们就不能否定老子的教育经济思想及其价值。

（4）老子的其他教育经济思想

天之道，损有余而补不足。[①]

老子主张对分配领域进行调节。调节的原则是"损有余而补不足"，调节的方法是实施符合"天之道"的教育，以天道改造人道。这主要是对统治者而言。只有接受"无欲"的教育而产生"虚静其心"的化变，弃私为公，以百姓心为心，才可能"有余以奉天下"[②]。同时，整个社会成员的精神水准必须相应提高。提高的方法不是做加法，而是做减法，为道日损，由博返约，不断地减除私欲以至朴真的状态。教育如果不能将人心导入"无欲"有如婴孩出生、天下浑其心的境界，社会财富整体均平就永远只是梦想，"人之道"与"天之道"就只能渐行渐远。

故知足不辱，知止不殆，可以长久。[③]

老子的教育是知足的教育、知止的教育。老子将"名"与"身"、"身"与"货"、"得"与"亡"作比较，深刻地指出"甚爱必大费，多藏必厚亡"[④]的道理。世人永不满足地追求财富和经济发展，在得到名利、财货的同时，不知身处险境。"甚爱""多藏"的结果是"大费""厚亡"，得不偿失。"老子心最毒，其所以不与人争者，乃所以深争之也。"[⑤]朱熹指责老子机心太重、善于权谋的看法未免偏激，老子并不是以"不争"为手段，但老子确实是看得

---

① 《道德经》第七十七章。
② 《道德经》第七十七章。
③ 《道德经》第四十四章。
④ 《道德经》第四十四章。
⑤ 《朱子语类》卷一百三十七。

长远的。因此，不是不要发展，而是适度发展，适可而止，才能保证生命长久、社会长久，物质财富和经济发展之根本才有保障。

治人事天，莫如啬[①]；俭故能广[②]；朴散则为器[③]。

"啬"是"俭"的意思。在消费问题上，先秦诸子都是尚俭的，但是各有侧重。儒家以礼为崇俭的标准，墨家以满足小生产者生产消费的需要为崇俭的标准，老子节用则是建立在"寡欲"基础上的崇"真"求"朴"，即希望节俭教育产生"我欲不欲而民自朴"[④]的效果。儒墨两家除了看到节俭教育对消费领域产生影响外，还注意到节俭为再生产提供必要的物质储备。老子虽然也觉得节俭能让经济走得更为长远，但在技术领域，老子强烈反对生产技术革新与进步，认为奇物技巧是机心诈伪，导致欲望增长，有违道之自然素朴，是祸乱的根源。老子式的教育与老子式的经济始终相互节制，不逾真、朴的界限，保持自然协调，这正是老子教育经济思想的超越之处，但也体现出其保守的一面。

为学者日益，为道者日损。[⑤]

这是老子的知识论。他把知识分为"学""道"两种。前一种是日常知识、经验知识，后一种知识是宇宙知识、终极知识。前一种知识的获得主要靠日常感性积累，以少渐多，后一种知识的获得则是靠理性思维，以多渐少。任继愈指出："老子注重理性思维这一点是对的，指出认识总规律和认识个别的东西的方法应有所不同，也是对的。老子的错误在于把理性思维绝对化，使他倒向了唯心主义，甚至陷于排斥感性知识的错误。"[⑥]理性认识产生的知识对经济发展是有好处的，但也不能贬低感性知识对经济的价值，这也体现出老子教育经济思想的片面性。

为之于未有，治之于未乱。合抱之木，生于毫末；九层之台，起于累土；千里之行，始于足下；慎终如始，则无败事。[⑦]

---

① 《道德经》第五十九章。
② 《道德经》第六十七章。
③ 《道德经》第二十八章。
④ 《道德经》第二十章。
⑤ 《道德经》第四十八章。
⑥ 哲学研究编辑部.老子哲学讨论集［M］.北京：中华书局，1959：23.
⑦ 《道德经》第六十四章。

教育要"为之于未有",主动地对经济进行各种良好的引导。教育要有超前意识,适当走在前面,规范人们的求富行为,在经济发展未偏离方向之前早作谋划,未雨绸缪,防患于未然。如果等到经济发展已经对人类造成极大伤害,人已经沦为物欲的奴隶,积重难返时,再来纠正,苦索难成。同时,教育对经济的正向影响要持之以恒,"慎终如始",才能功成事遂。

庄子的思想是对老子的申论,是老子教育经济思想的具体化,其中也包含"郢人斫垩"等高超的职业技术教育思想。由于其思想主体与老子的思想一脉相承,故此略而不论。

四、法家的教育经济思想

《汉书·艺文志》称法家出于理官,"信赏必罚,以辅礼制。"法家多从新兴统治阶级立场出发,主张耕战,倡导以法为教,以吏为师。从先驱邓析、李悝,到实践家商鞅,再到集大成者韩非,法家的教育经济思想走过了一个较长的发展历程。

1.邓析"养养之义"的教育

子产治郑,邓析务难之,与民之有狱者约:大狱一衣,小狱襦袴。民之献衣襦袴而学讼者,不可胜数。以非为是,以是为非。所欲胜因胜,所欲罪因罪。[1]

史书对邓析记载不多,被认为反映邓析思想的《邓析子》一书也多被视为伪书,因此,只能通过一些零星史籍对其思想略窥一二。邓析是郑国人,大约与孔子同时,因专门写了一部刻在竹简上的刑书,并以此为教材聚众教学,广为传授,被认为是法家先驱。与邓析同时代的大夫子产在郑国制定最早的"成文法",将其刻在鼎上公之于众,人们争相用法律条文来保护自己的利益。邓析就教人们打官司的技巧,并收取一定实物作为学费或"诉讼费":大的案件以一件衣服为酬劳,小的案件以一条裤子为酬劳。由于总是能胜诉,所以找他学法律的人不可胜数。如此来看,教授法律知识,对他个人来说是产生了实际经济效果的。

---

[1] 《吕氏春秋·离谓》。

圃泽之役有伯丰子者，行过东里，遇邓析。观析顾其徒而笑曰："为若舞，彼来者奚若？"其徒曰："所愿知也。"邓析谓伯丰子曰："汝知养养之义乎？受人养而不能自养者，犬豕之类也；养物而物为我用者，人之力也。使汝之徒食而饱，衣而息，执政之功也。长幼群聚而为牢藉庖厨之物，奚异犬豕之类乎？"伯丰子不应。①

首先，邓析注意"养养之义"的教育，即明辨"受人养"和"自养"的区别，为"自养"辩护。邓析主张直接教授人"自养"的技能，赞成凭借劳动能力自食其力。其次，肯定人的劳动生产能力，指出人的劳动能力产生自"物为我用"，也就是劳动者与劳动对象相结合的过程中。再次，肯定"执政者"之功。执政者虽然不直接从事生产劳动，但其劳动的成效是使他人"食而饱，衣而息"，故而也是"自养者"。邓析主张自食其力、反对不劳而获和坐享其成的观点是正确的，对社会生产力的发展具有积极的推动作用。其"养养之义"与墨子的"赖其力者生"有异曲同工之妙。

卫有五丈夫，俱负缶而入井灌韭，终日一区。邓析过，下车为教之，曰："为机，重其后，轻其前，命曰桥。终日灌韭，百区不倦。"②

邓析反对落后保守，具有变革精神。他不墨守成规，主张向人们传授技术革新知识，大力推广先进生产工具，以提高生产力水平。卫国五个农夫使用瓦罐装水灌溉，一整天也只能浇灌"一区"的地。邓析路过，下车向他们讲授利用桔槔提水的知识。这种叫"桥"的提水工具采用杠杆原理制成，前轻后重，操作简易省力，一整天可以灌溉"百区"，对劳动生产率的提高作用明显。这说明，先进生产工具使用技巧的传授对经济发展可以产生强大的推动力。

2. 李悝的"尽地力之教"

李悝为魏文侯作尽地力之教，以为地方百里，提封九百顷。除川泽邑居中参分去一，为田六百万亩。治田勤谨，则亩益三斗，不勤则损亦如之。地方百里之增减，辄为粟百八十万石矣。③

战国初，来自生产力和生产关系两个方面的变化为农业经济带来前所未

---

① 《列子·仲尼》。
② 《说苑·反质》。
③ 《汉书·食货志》上。

有的发展机遇。生产力方面的变化主要是生产工具的革新，具体是铁制农具的出现和牛耕的使用。生产关系方面主要是井田制先公后私的劳作方式逐渐向国家授田制下的"履亩而税"转变。比之先前在公田劳作，农民的生产积极性得到前所未有的释放和激发。这种变动调整只是为农业经济的大发展提供了一种可能性，要将可能性变为现实，需要从制度上保护农民的生产积极性，大力推广先进生产工具，把指导农民科学种田上升为一种国家战略。李悝为魏文侯作"尽地力之教"[①] 就是在这样的背景下应运而生的。

"尽地力之教"首先是重农的国家战略和政策措施。这里的"教"可以理解为"政教""教令"的意思。"今以众地者，公作则迟，有所匿其力也；分地则速，无所匿其力也。"[②] 在李悝向魏文侯建议之前，分地授田的制度变迁已经展现出对生产力巨大的促进作用，直接结果就是劳动者"无所匿其力"。李悝进一步建议国家层面对农民作为"自耕农"的身份予以确认，出台有效的惠农、重农政策措施。"善为国者，使民无伤而农益劝。"[③] 李悝认为，要最大限度调动广大个体农夫的积极性，有必要采取"平籴法"。"平籴法"是建立在家计调查的基础上的。他计算，正常年景下，粮食亩产是一石半，一百亩产一百五十石，除去田税十五石，五口之家的口粮九十石，仅剩四十五石。按每石三十钱卖掉，可得一千三百五十钱。衣食、祭祀开支一千八百钱，这样算下来，五口之家辛勤劳作一年，最后还亏损四百五十钱。如遇灾年，亏空更多。因此，要改变百姓入不敷出的经济困窘局面，国家必须采取"平籴"的有力措施。

"籴"就是国家买进粮食，用以平准粮食的价格，以此在宏观上调控国家经济的方法。具体的办法是："善平籴者，必谨观岁有上中下熟。……故大熟而上籴三而舍一，中熟则籴二，下熟则籴一。使民适足，价平则止。小饥则发小熟之所敛，中饥则发中熟之所敛，大饥则发大熟之所敛，而粜之。"[④] 简言之，就是将年成丰歉分为上、中、下三个等次。在丰年买进农民多余的粮食，年成越好买进越多；在灾年则平价卖出粮食，年成越差卖出越多。"籴甚贵伤

---

① 《汉书·食货志》上。
② 《吕氏春秋·审时》。
③ 《汉书·食货志》上。
④ 《汉书·食货志》上。

民（士、工、商），甚贱伤农。民伤则离散，农伤则国贫。故甚贵与甚贱，其伤一也。"①因为买进粮食价格太贵，就会带来市场上粮食的价格过高，这对那些不从事农业生产的士、工、商来说会造成伤害；同样的道理，如果买进粮食价格过低，就会对农民造成伤害，因此需要平籴来平衡粮食的价格。平籴能达到取有余而补不足的目的，遇到水旱饥荒，"籴不贵而民不散"②，可保护农民的利益，即使在灾年也能进行生产。可见，平籴法是在具体的政策上推行"尽地力之教"，巩固农本地位。魏王采用李悝的平籴法，"行之魏国，国以富强。"③

"尽地力之教"也包括传授具体的农业耕作和田间管理的技术，李悝的说法就是"治田勤谨"之"勤"和"谨"。"勤"侧重劳动态度的改变，"谨"侧重劳动技能的提高。由于《汉书》的记载不甚其详，李悝"尽地力之教"的具体内容我们不得而知。但是，由于魏国在战国中最早行"尽地力之教"，也是战国初期最先富裕起来的国家，其后，许多国家都予以模仿推广，"尽地力之教"产生了较为深远的影响。因此，参稽《吕氏春秋》《商君书》《管子》《庄子》等典籍，我们还是不难管窥其具体的施教内容：

一是"力耕数耘"的耕作技术，包括"深耕""疾耰""熟耰""易耰""熟耘"，主要是整地压土、松土锄草等技术。"五耕五耰"，"阴土必得，大草不生，又无螟蜮。"④耕得要深、要勤，翻出连接地下湿气的土壤，这样就不长大草，而且还不生虫害。"人耦必以泽，使苗坚而地隙"⑤，必须选择耕作时机，在土壤较潮湿时翻地下种，这样作物易于踏根，并且土地不易板结，透气性好。二是播种技术，包括"土宜""抢墒""得时""始垆厚鞟""生尘殖坚""选种""均种""复种""行列"等。"土宜""抢墒""得时"是根据土壤干湿性质抢占最好的播种时机；"始垆厚鞟"是按干湿程度下种，先干后湿；"生尘殖坚"是指耰的土对禾苗而言根部坚实细密，表面细软松透，易于出苗；"选种"是备种时要选颗粒饱满、生命力强的种子；"均种"是在播

---

① 《汉书·食货志》上。
② 《汉书·食货志》上。
③ 《汉书·食货志》上。
④ 《吕氏春秋·任地》。
⑤ 《吕氏春秋·土容》。

撒种子时做到均匀，不重种，也不漏播；"行列"是指禾苗之间的间距适当，既保持密度不浪费土地，又有利通风和植株生长，纵横有术。三是田间养护管理技术，包括中耕、间苗、追肥、灌溉、锄草、灭虫、收割等等。这些技术的传授普及对农业生产的影响是极其深远的。

"尽地力之教"对劳动生产率提高的效果显著。行之则"亩益三斗"[1]；不行则"损亦如之"[2]。李悝算了一笔账：地方百里九百顷的土地面积，除去山地沼泽和房屋占地三分之一外，还有田地六百万亩。如果百姓治田勤谨的话，每一亩会增产三斗粮食，这样算下来，六百万亩地就会增产一百八十万石粮食，反之，如果疏于治理，粗放经营，就会损失一百八十万石粮食。如此看来，李悝应该是最早倡导提高单位面积产量的人了。[3]

与"尽地力之教"配套的措施还包括"废沟洫"。废掉井田公田与私田的界限，兴修水利，田连阡陌，为其后法家实干家商鞅在秦实施"废井田，开阡陌"大刀阔斧的改革提供了有益借鉴。史家评曰："井田废，沟洫堙，水利所以作也，本起于魏李悝"。[4]

3. 商鞅的"壹教"

治世不一道，便国不法古。苟可以强国，不法其故；苟可以利民，不循其礼。[5]

商鞅是卫国人，因为辅佐秦孝公变法，取得成功后封为商君，故称商鞅。据《史记》记载，商鞅年少时就喜欢刑名之学，曾师从李悝学习《法经》。商鞅在秦国主持变法图强，为秦国一扫六合奠定了基础。法家思想经过商鞅的实践和理论总结，形成完整的思想体系。商鞅的教育经济思想主要体现在《商君书》和司马迁的《史记·商君列传》中。

商鞅率先喊出教育要与时俱进的时代最强音。在秦孝公面前，商鞅驳斥甘龙、杜挚等提出的"圣人不易民而教，知者不变法而治""法古无过，循礼

---

① 《汉书·食货志》上。
② 《汉书·食货志》上。
③ 石世奇，郑学益. 中国古代经济思想史教程［M］. 北京：北京大学出版社，2008.
④ 李亚光. "尽地力之教"与"平粜"法——再论李悝农业改革的时代背景、政策实质及其影响［J］. 社会科学辑刊，2009（3）：151-154.
⑤ 《商君书·更法》。

无邪"①的保守思想，悉数伏羲、神农、黄帝、尧、舜之功，指出其取得丰功伟绩的根本原因，在于他们都能"各当时而立法，因事而制礼"②，是"礼、法以时而定，制、令各顺其宜，兵甲、器备各便其用"③的结果。商鞅列举史实，有力地论证教育应与时俱进，主动适应经济、社会的发展和变化。他认为，只要能"强国""利民"，任何方法都可以尝试，所谓"治世不一道，便国不法古"，④不能用"法其故""循其礼"⑤的思维禁锢了手脚，而应大胆地进行包括教育在内的全方位的社会制度创新。这一思想无疑闪烁着超越时代的光芒，体现出朴素的历史唯物主义思想。

圣人之为国也，壹赏，壹刑，壹教。壹赏则兵无敌，壹刑则令行，壹教则下听上；明教不变，而民知于民务，国无异俗；明教之犹至于无教也。⑥

商鞅强调要适应时代的发展进行教育改革，明确教育在社会变革中的重要作用，提出"壹教"的主张。"壹教"是国家对教育进行统一要求、统一规划，将教育要素整合一体，发挥教育的整体功能：齐壹人心，使民知务。

壹教的内容主要是壹于农。"国之所兴者农战也""国待农战而安，主待农战而尊""民不逃粟，野无荒草则国富"，"壹务则国富"，"田荒则国贫"。⑦商鞅从国家发展战略高度重视农业的基础地位。农、商、官为"国之常官"，这由三者的职能决定："农辟地，商致物，官法民"⑧——农民的职责是尽地力，商人的职责是通货物，官员的职责是行管理，三者都是不可或缺的。但是，农业最重要。商鞅比较，如果一国农业人口与非农人口之比为100∶1，这个国家就能统一天下；如果农业人口与非农人口之比为10∶1，这个国家就是一个强盛的诸侯国；如果农业人口与非农人口之比为1∶1，那么这个国家就离灭亡不远了。（"百人农一人居者，王；十人农一人居者，强；半农半居者，危。"⑨）商鞅最为忧虑的事是从事农业的人口少，吃闲饭的人口多，认为

---

① 《史记·商君列传》。
② 《商君书·更法》。
③ 《商君书·更法》。
④ 《商君书·更法》。
⑤ 《商君书·更法》。
⑥ 《商君书·赏刑》。
⑦ 《商君书·农战》。
⑧ 《商君书·弱民》。
⑨ 《商君书·农战》。

不劳而获的"游食者众"会破坏农业的基础地位，造成国家贫、危。（"夫农者寡，而游食者众，故其国贫危。"①）商鞅还进一步看到农业生产与货币财富间的关系。②"国好生金于竟（境）内，则金粟两死，仓府两虚，国弱；国好生粟于竟（境）内，则金粟两生，仓府两实，国强。"③只靠增加货币来增加财富是办不到的，国家富裕的根本是重视粮食生产，粟多自然"金粟两生，仓府两实"。他主张尽量压缩从事非农业生产的寄生者，"令民归心于农"。"壹之农，然后国家可富，民力可抟也。"④壹教就是要在全国形成统一于农业的教育，使"教有所常"⑤。明定这样的教育不改变，百姓就知道该干什么事情，教的目的是为了不教，然后再严明赏罚，"以辅壹教"⑥，百姓各得其宜，国家繁荣富强。

为达到国富民强，壹教需培养让国家富强的"耕战之士"或"农战之士"。这个教育目的的确定基于以下现实考量和基本判断。首先，商鞅施教建立在法家趋利避害的人性论基础之上："民之生，饥而求食，劳而求佚，苦则索乐，辱则求荣，此民之情也。"⑦百姓总是"权而索利"，要想获利，"非耕不得"，要想避害，"非战不免"。商鞅的壹教既不是如墨家般"强为之教"，也不是像儒家一样"扣而鸣之"，而是完全因顺百姓逐利本性而开展的"顺教"，只要民壹于农，其家必富。其次，商鞅及法家对战国中后期社会分裂割据的社会性质有着清醒的认识和精准的判断。当时社会是"争力"的时代，所谓"力生强，强生威，威生德，德生于力"⑧，力量是"国之所以重，主之所以尊者"⑨，甚至释力为德，如此社会史观与儒家的看法截然相反。但这种决定性力量不会从天上掉下来，而是"藏力于民"，寓于百姓巨大的生产力和战斗力

---

① 《商君书·农战》。
② 西北农学院农经系理论小组.论商鞅关于发展农业的进步思想［J］.中国农业科学，1975，8（1）：30–35.
③ 《商君书·去强》。
④ 《商君书·农战》。
⑤ 《商君书·农战》。
⑥ 《商君书·农战》。
⑦ 《商君书·算地》。
⑧ 《商君书·靳令》。
⑨ 《商君书·慎法》。

中。"必得其心，故能用力"①。可见，所谓壹教，正是顺应百姓的本性，最大限度地开掘民力，民"喜农而乐战"②，顺而导之，国力自然强盛。

为让壹教培养"农战之士"，使国家走向富强，商鞅主导了一系列配套改革。首先是"为田开阡陌封疆"③。以授田制取代井田制，承认土地私有，允许土地买卖。这一生产关系领域的重大改革极大解放了生产力，调动了农业生产的积极性，使封建经济焕发出井田制时代无可比拟的生机和活力，具有划时代的意义。其次，运用经济杠杆激励农业。对勤于耕织和产量高的人，"复其身"，免除徭役。"赀粟而税"，以粮食作为地租。"禄厚"败农，因此减轻农业税。此外，为了让更多人从事粮食生产，他还提出提高粮价的措施（"食贵则田者利，田者利则事者众"④），首创以粮食换爵位的"粟爵粟任"政策，推动农业发展。再次，在人口政策方面，商鞅主张对人口进行普查登记，使"四境之内，丈夫子女，皆有名于上。"⑤对刚出生和死亡者都要及时做好统计，"生者著，死者削"⑥；采用"分户制"，要求成年子女另立门户，解决"人不称地"的矛盾，保证劳动力的稳定。最后，在分配制度上，商鞅主张按耕战的实际功劳作为分配的依据和准则。"善为国者，其教民也，皆作壹而得官爵"⑦。"有军功者，各以率受上爵"⑧，使有功者显荣。即使是宗室，没有军功的，也不得再获"属籍"。这就从制度上打破等级，取消贵族世卿世禄的特权，为下层人民打通了一条跻身上流社会、提高名利地位的"管道"。于是，举国上下都投身、致力于农战之中。以农为富之本，以战为强之基，由此，富强也就有了法制的保障。按他的设想，"国作壹一岁，十岁强，作壹十岁，百岁强，作壹百岁，千岁强，千岁强者王。"⑨壹教时间越长久，经济效果越明显。

商鞅指责儒家的仁义礼制、墨家的兼爱非攻、名家的名实之辩、道家的

---

① 《商君书·靳令》。
② 《商君书·壹言》。
③ 《史记·商君列传》。
④ 《商君书·外内》。
⑤ 《商君书·境内》。
⑥ 《商君书·境内》。
⑦ 《商君书·农战》。
⑧ 《史记·商君列传》。
⑨ 《商君书·农战》。

清静无为是蛀噬国柱的"六虱",完全站在儒家的对立面,提出反对诸子的壹教主张。商鞅教育的功利追求与儒家强调仁义为本是有根本区别的,与道家自然无为、使民自化的主张也是大相径庭,与墨家培养博乎道术的兼爱交利之士倒是有些许相似,但也只是貌合而神离——墨家弟子长于攻城守备实是为了非攻止战,商鞅法家则是积攒实力而兼并扩张。

商鞅壹教则富的主张反映法家的教育以经济作为直接目的。教育首要的不是要去改变人、塑造人,而是创造财富。商鞅一系列变法主张,都围绕确立壹教的经济制度这一中心任务展开。商鞅也强调"义"的教育,并不反对在社会人伦关系中为"公德"立范,但是"公义"的基础主要不是道德伦理,而是事实利害。一方面,商鞅在教育经济思想史上的最大贡献在于,壹教是比较彻底的从事生产实践创造物质财富的教育。但遗憾的是,受其后正统教育的冲击,这样的教育经济思想并没有侈大其光,绽放异彩,只能以阳儒阴法的形式潜藏,在历史的跃进中暗流涌动,虽生生不息,但始终未成为主流。这不能不说是法家教育经济思想的不幸。另一方面,尽管商鞅的教育经济思想因世而为,适应了社会变革的现实需要,彰显出强烈的实用理性特征,具有一定的现实意义和积极作用,其突出表现就是直接促进了经济发展和国富兵强,但是,这种教育毕竟有急功近利"短视"的一面,只局限于农、战教育和培养耕战之士,不可能适应社会发展对多规格人才的需求,从长远看,商鞅的教育并不利于生产力的发展、社会的长治久安和文化的繁荣昌盛,甚至还可能走向反面,阻碍社会前进。

4. 韩非的"法教"

韩非是战国后期法家思想的集大成者。他曾师从荀子,并以刑名法术之学上书韩国,但未被采纳,于是"观往者得失之变"[1],作《孤愤》《五蠹》等篇十余万言。秦王看到他的文章后大为赞赏,但韩非入秦后却未被任用,最终遭李斯等人诬陷致死。韩非的思想直接来源于商鞅的"法"、申不害的"术"和慎到的"势",同时深受儒、墨、道等思想的影响,兼综各家,最后形成较成熟完备的法家思想体系。韩非著有《韩非子》一书,是我们研究其教育经济思想的主要依据。

---

[1]《史记·老子韩非列传》。

世异则事异，事异则备变；事因于世，而备适于事。①

韩非身处社会急剧动荡的战国末期。他继承商鞅"便国不法古"的传统，在历史观上体现朴素唯物主义的色彩。战国晚期，封建经济制度逐渐建立起来，社会领域已经发生了改变，"上古竟于道德，中世逐于智谋，当今争于气力。"②诸侯争霸以至弱肉强食，谁具备实力（"气力"）就能生存和发展，否则都是空谈。实力的具体表现一是经济上富裕，一是武力强大。富强的根本还得依靠农战——"富国以农，距敌恃卒"③。这就是当时最大的实际。从这个实际出发，韩非认为，社会的上层建筑包括教育都需要调整，以适应富国强兵的要求。所谓"事异则备变"，"世异"即"争于气力"而非道德，"事异"即"农战"为本而非仁义为本，"备变"则讲究"法教"而非儒教或智术教育。

私者，所以乱法也；而士有二心私学、岩居窘路、托伏深虑，大者非世，细者惑下；上不禁，又从而尊之以名，化之以实，是无功而显，无劳而富也。如此，则士之有二心私学者，焉得无深虑、勉知诈与诽谤法令以求索与世相反者也？凡乱上反世者，常士有二心私学者也。④

很明显，韩非将批判的矛头指向儒家教育。他认为，时代变了，如果还是墨守成规，"以先王之政，治当世之民"⑤，无异于守株待兔，是极其迂腐可笑的。他认为"先王之教"是"愚诬之学"，尚空谈而无事功，"无益于治"。儒家的教育总是主张复古，崇尚过去所谓治世的辉煌，"语已治之功，不审官法之事，不察奸邪之情"⑥，对实事无用。因此，韩非主张废止"先王之教"。不仅如此，他还坚决反对私学，认为私学是让人存有二心的乱法之举。私学培养的人才也是"无功而显""无劳而富"者，这样会产生不劳而获的不良导向，人们会竞相靠言辞文章而不是专心务农和斩将杀敌来求取富贵功名。长此以往，"贵文学之士，废敬上畏法之民，而养游侠私剑之属"⑦，游食者众，农战者少，国家富强只能是梦想。

---

① 《韩非子·五蠹》。
② 《韩非子·五蠹》。
③ 《韩非子·五蠹》。
④ 《韩非子·诡使》。
⑤ 《韩非子·五蠹》。
⑥ 《韩非子·显学》。
⑦ 《韩非子·五蠹》。

客观地看，韩非从历史进化观点出发，主张教育要适应历史需要，为社会变革和国家富强服务，这是具有进步意义的。但是，一味强调适应现实农战的教育，割断历史经验，否定儒家教育对经济社会发展所起的更为长远的作用，拒斥充满活力的私学教育在知识传授和思想文化诸方面所起到的多样化功能，不免走向专制主义的极端，给其朴素历史唯物论的进步思想蒙上了一层虚无主义的阴影。

古者丈夫不耕，草木之实足食也；妇人不织，禽兽之皮足衣也。不事力而养足，人民少而财有余，故民不争。是以厚赏不行，重罚不用，而民自治。今人有五子不为多，子又有五子，大父未死而有二十五孙。是以人民众而货财寡，事力劳而供养薄，故民争，虽倍赏累罚而不免于乱。①

一方面，韩非主张教育要适应发展变化了的经济形势，反对因循守旧；另一方面，韩非认为，人口状况和经济发展的水平影响人心教化，是制约教育发展的根本性因素。上古之民所以不争，所以对人们施以道德教化，就是因为人口少，"养足""财有余"；当今之所以争乱是因为人口多、货财少。所以他说："是以古之易财，非仁也，财多也；今之争夺，非鄙也，财寡也。轻辞天子，非高也，势薄也；争士橐，非下也，权重也。"②韩非此论是站不住脚的。原始社会和早期奴隶制社会的生产力水平极其低下，尚处在由野蛮向文明艰难跋涉的路上，远不能与已逐渐步入封建经济的战国晚期相比。原始先民过着茹毛饮血、巢居野处的生活，刀耕火种下的物质产品仅能满足最基本的生活需要，而且常常食不果腹，衣不蔽体，根本不存在韩非所言的"养足""财有余"的现象，即使把人口增长的因素考虑进来，原始社会物质财富占有量无论是相对水平还是绝对水平都难以与战国晚期相比。财物多所以人心向仁，道德教化易行。财物少人心向利，法教更有效果。韩非看到经济状况一旦变化教育就要做相应调整，尤其可贵的是他还看到人口的绝对过剩和呈几何增长的趋势。

今修文学、习言谈，则无耕之劳而有富之实，无战之危而有贵之尊，则人孰不为也？是以百人事智而一人用力，事智者众则法败，用力者寡则国贫，

---

① 《韩非子·五蠹》。
② 《韩非子·五蠹》。

此世之所以乱也。故明主之国，无书简之文，以法为教；无先王之语，以吏为师；无私剑之捍，以斩首为勇。

如何教民，就是"以法为教""以吏为师"；如何使民富贵，就是"耕"和"战"。那么，"教民"与"富民"之间的因果联系是怎样建立起来的呢？这是我们理解韩非教育经济思想的关键。

首先，从教育的内容看，法教就是在全国建立起一套统一的律令条文，这是富民强国的制度保障。所谓"法者，编著之图籍，设之于官府，而布之于百姓者也"①。具体而言，就是"适其时事以致财物，论其税赋以均贫富，厚其爵禄以尽贤能，重其刑罚以禁奸邪"②。律令条文的核心内容是"正明法，陈严刑"③，明确赏罚，把"民以力得富，以事致贵，以过受罪，以功致赏"④上升到国家法律层面予以重视。韩非重视"民力"，认为民力集中于生产就能致富，坚决反对儒家不耕战而享富贵，认为在这样的教育导向之下，在博取富贵的方式上，人们就会选择相对轻松的文学言谈，轻视比较劳累的农业劳作，其后果是"百人事智而一人用力"⑤，劳动力与非劳动力比例失调，生产废弛，民力亏缺，必然导致国家贫困、乱之所生。相反，如果施行法教，明确不生产就不能富，不获取战功就不能贵，"利出一孔"⑥，自然人人奋力争先于农战，民力自然彰显，国力必然强盛，百姓因此富足。

其次，从教育目的看，法教主张培养"智术""能法""耿介"之士，这是富民强国的中介因素。与商鞅一样，韩非也强调培养耕战之士，但他对人才培养提出了更高的要求：能法之士劲直听用，智术之士远见明察，耿介之士无私无畏。对人才的选拔坚持"以功用为之的彀"⑦的功利原则，注重实际效验，在实际工作中考察培养，反对言过其实。"论之于任，试之于事，课之于功"⑧，有实际功劳则赏，无实际功劳就罚。从德、能、绩诸方面对人才提

① 《韩非子·难三》。
② 《韩非子·六反》。
③ 《韩非子·奸劫弑臣》。
④ 《韩非子·六反》。
⑤ 《韩非子·五蠹》。
⑥ 《商君书·弱民》。
⑦ 《韩非子·问辩》。
⑧ 《韩非子·难三》。

出高标准、严要求，"推功而爵禄，称能而官事，所举者必有贤，所用者必有能"①，如此"贤能之士进"②。

再次，从教育对象看，韩非的法教是面向所有人的。"明主言法，则境内卑贱莫不闻之也。"③法律一经颁就，不管上下尊卑、亲疏贵贱，都应遵守，法律面前人人平等。不是"刑不上大夫"④，而是"刑过不避大臣，赏善不遗匹夫"⑤。坚决维护法律的权威，做到"法不阿贵"⑥，最终达到"刑罚必于民心"⑦的目的。一旦法律成为一切人调节一切行为的唯一标准，那么法律就能深入人心，起到齐壹人心、齐聚民力的效果。人们就明白什么是国家提倡的，什么是国家反对的，采用什么方式求富会得到奖赏，采用什么方式求富会得到惩罚。并且，如果一方面"错法以导民"⑧，另一方面又"贵文学"，如孔、墨博习辩知，人们就会对法律产生怀疑，行动起来就会游移不定；赏功而又崇尚修身养性，这就会使论功行赏出现双重标准，人们就会无所适从，生产力就会懈怠、离散，"索国之富强，不可得也。"⑨因此"一轨于法"，施以法教而禁止私学，对国家富强就极有必要。

复次，从法教的师资来看，韩非针对"以儒为师"，提出"以吏为师"的主张。国君直接掌控法之权柄，主持制定并颁布法律。各级官吏学习法律并向全国民众施教。法教培养的官吏处于至为重要的中间环节。只有依靠"智术""能法""耿介"之士上承下引，对民众教之以法，才能将所有百姓都培养成知法守法的国民。韩非的创举是让所有官吏成为法教之师，即"以吏为师"。"以吏为师"在法家治理体系中占据重要位置，是法家理论成熟并体系化的标志。韩非认为，国君虽然对制定颁布法律负总责，但是让法律广为传播、习以为常的关键还得靠各级官吏。韩非以"摇木者拊其本"和"善张网

---

① 《韩非子·人主》。
② 《韩非子·人主》。
③ 《韩非子·难三》。
④ 《礼记·曲礼》。
⑤ 《韩非子·有度》。
⑥ 《韩非子·有度》。
⑦ 《韩非子·定法》。
⑧ 《韩非子·八说》。
⑨ 《韩非子·六反》。

者引其纲"①来说明贤君"治吏不治民"。民众好比树叶和鱼，官吏有如树干和渔网。国君施行法教治国，只需摇晃树干、掣动网纲，而不必摇动每片树叶、牵扯每根网线。干摇而叶动，纲举而目张，以天下为网罗，以官吏为经纬，法教传达到每个末梢之民，必然深入民心。以全体官吏为师，以所有百姓为生，上行下效，法教师资充裕，师资质量有保障，法教的效果自然显著。

最后，从法教可行性来看，韩非建立起人性自利的心理基础。先秦诸子的教育经济思想都建立在人性论基础之上。法家先驱商鞅就把好利贪欲看作人的本性，韩非的老师荀况更是将人性概括为"性恶"。韩非接受了荀子的人性论，并将人与人的利害冲突推向极致。韩非说："好利恶害""喜利畏罪"②，人莫不如此。人与人之间的关系纯粹是利害关系，总是"挟自为心"③，"用计算之心"④待人。他作了一个比喻：造轿子的舆人希望别人富贵，做棺材的匠人却希望人死，这并不是舆人比匠人高尚，而是利益使然。君臣关系是"臣尽死以与君市，君垂爵禄以与臣市。"⑤君有爵禄，臣有死力，两者之间完全是利益交换关系。韩非把这种人与人之间的关系称为"互市"，即像市场上的商品交换一样——每个人都是自利的主体，全都依循"利我"原则，人我关系明码标价，君臣如此，父子、夫妻、兄弟皆然。法教就是顺应人们"趋利避害"的心理，"设利害之道以示天下"⑥，用法律的形式保护人们通过"正直之道"而得利，建功立业。法之教人，就是引导人以正确的方式获取财富地位。根据人性的特点"因人情"而施教，为法教由理论变为现实，深入人心奠定了心理基础。

工人数变业则失其功，作者数摇徙则亡其功。一人之作，日亡半日，十日则亡五人之功矣；万人之作，日亡半日，十日则亡五万人之功矣。然则数变业者，其人弥众，其亏弥大矣。凡法令更则利害易，利害易则民务变，民务变谓之变业。故以理观之，事大众而数摇之，则少成功；藏大器而数徙之，则多败伤；烹小鲜而数挠之，则贼其宰；治大国而数变法，则民苦之。是以

① 《韩非子·外储说右下》。
② 《韩非子·难二》。
③ 《韩非子·外储说左上》。
④ 《韩非子·六反》。
⑤ 《韩非子·难一》。
⑥ 《韩非子·奸劫弑臣》。

有道之君贵静，不重变法。故曰："治大国者若烹小鲜。"①

韩非比较早地提出专业教育的问题。他认为，劳动者多次变更职业对功效是有损伤的。他把劳动者的人数与劳动时间作了一个乘法换算：如果按每个劳动者因变换作业而丢失掉半天的有效劳动时间计算，十天就相当于损失五个劳动者的劳动。以此类推，一万个劳动者，每人每天失去一半的有效劳动时间，十天就会白白浪费五万人的劳动成果。因此，他得出结论："数变业者，其人弥众，其亏弥大"，职业变动不居，是对民利的极大打击。职业不固定的根本原因是"法令更"，法教不专一，利非出一孔，这就造成劳动者左右摇摆，举棋不定，时而务农耕，时而事工商，时而习言辞，思想不统一，职业不固定，术业无专攻，自然是"民苦之""少成功"。当然，韩非的演算并不严谨。变换到其他职业后所从事的劳动对社会总生产来说并非毫无价值，全无功效。为何工人、农民数变业就会失其功，韩非没有做出解释，他认为这是不言自明的道理：长期在某个固定的专业领域劳作会积累大量的经验，劳动生产率会更高，在其他条件不变的情况下，产出就会更多。韩非的法教从某种意义上来说就是一种专业教育，其目的就是确保利出一孔，使民不务变，术业有专攻，提高劳动生产率。

举事有道，计其入多，其出少者，可为也。惑主则不然，计其入，不计其出，出虽倍其入，不知其害，则名得而实亡。如是者，功小而害大矣。凡功者，其入多，其出少，乃可谓功。今大费无罪，而少得为功，则人臣出大费而成小功，小功成而主亦有害。②

"功"的概念最早由墨家提出。"功，利民也"③"功，不待时，若衣裘"④"地得其任，则其功成。地不得其任，则劳而无功"⑤。可见，"功"是指经济活动所产生的实际效益。墨子从"功"的本质（"利民"）、"功"与时间的关系（"功不待时"）、"功"的实现方式（"任地"）等多角度对"功"的经

---

① 《韩非子·解老》。
② 《韩非子·南面》。
③ 《墨子·经上》。
④ 《墨子·经上》。
⑤ 《墨子·号令》。

济内涵予以界定。① 韩非在吸收墨家观点的基础上作了更进一步探讨。他提出"功"即经济活动效益的计算方法：功＝入／出。功的大小由入、出之比来衡量。也就是说，经济活动效益由收益与成本的比值来计算。"入多""出少"，收益多，成本低，才能说具有经济效益，"乃可谓功"。否则，要是"计其入，不计其出"，只考虑收益而不顾成本，甚至是"出倍其入"，付出的成本远高于所得收益的话，就会造成"功小而害大"。他又说："事成而有害，权其害而功多，则为之。"② 如果经济活动的成果大于经济活动中要素的耗费，即使有"小害"，但"计其大利"③ 的话就应该实施。他批评经济活动中不讲效益，不考虑成本，只是片面追求产量产值的看法。"以法为教"就是制约经济活动，显示功效，杜绝"出大费而成小功"的行为。所谓"法，所以制事，事，所以名功也。"④ 在韩非之前，法家先驱商鞅在秦施行变法取得成功，但最后仍被车裂而死。前车之鉴，犹在眼前。韩非不是没有看到法教对一部分人既得利益构成威胁，法教也并非没有弊害，只不过对法教作成本、效益分析，结果是利大于弊，因此是值得去做的。

　　举事慎阴阳之和，种树节四时之适，无早晚之失，寒温之灾，则入多。不以小功妨大务，不以私欲害人事，丈夫尽于耕农，妇人力于织纴，则入多。务于畜养之理，察于上地之宜，六畜遂，五谷殖，则入多。明于权计，审于地形，舟车机械之利，用力少，致功大，则入多。利商市关梁之行，能以所有致所无，客商归之，外货留之，俭于财用，节于饮食，宫室器械，周于资用，不事完好，则入多。入多皆人为也。⑤

　　影响经济活动效益的因素是多方面的，韩非一一作了分析。"阴阳之和""四时之适"说的是按季节时令生产，收益就多；减少赋纳征役，爱惜民力，农本地位就得到巩固，收益就多；按动植物的生长规律办事，收益就多；精于计划安排和生产组织，收益就多；根据地质地貌状况决定生产活动，收益就多；利用先进的生产工具，节省人力物力，收益就多；开放市场，互

---

① 《中国大百科全书》编辑委员会．中国大百科全书·经济卷［M］．北京：中国大百科全书出版社，1988：1066.
② 《韩非子·八说》。
③ 《韩非子·八说》。
④ 《韩非子·八说》。
⑤ 《韩非子·难二》。

通有无，收益就多；俭于财用，节于饮食，收益就多，等等。[①] 韩非从主客两个方面考察劳动力的增进和经济效益的增加，就像马克思指出的："在农业上面，人类劳动力的增进自始就要有自然力这样一个自动发生作用的物体的运用和利用，方才可以完成。"[②] 最重要的是，韩非强调了知识对生产的重要性。"阴阳之和""四时之适"是关于物候的知识，不"害人事"是生产组织方面的知识，"蓄养之理""地之宜"是农业、畜牧业知识，"地形"是地理知识，"舟车""机械之利"是交通工具和生产工具方面的知识，"商市关梁"是市场知识，"以所有致所无"是商品流通知识，"外货留之"是贸易知识，"俭于财用"是消费知识，等等。生产知识体现的是劳动者对经济规律的认识，是对各种生产要素相互作用关系的把握，更是对人的主体地位和能动作用的肯定，反映了人对物质世界的超越和自我意识的觉醒。所谓"人多，皆人为也"[③]。韩非从生产要素的内部结构、生产组织形式，即生产力和生产关系两个方面来考查知识的价值，注意到知识对劳动者的技能、态度、效率，对生产工具，对生产关系产生的多方面的积极影响。

> 明君使事不相干，故莫讼；使士不兼官，故技长；使人不同功，故莫争。争讼止，技长立，则强弱不觳力，冰炭不合形，天下莫得相伤，治之至也。[④]

在选人任人方面，韩非明确"不兼官"的原则。"官"是指"职事"，"不兼官"就是专职专任，定位管理。韩非从"事""技""功"三者的辩证关系入手，指出人才任用需使职事不相干扰，不能一身兼多职，也不能让具有不同才能的人去从事相同的工作。否则，才不尽用，并且相互伤害。尤其是从技能培养的角度考虑，一人兼多职或是屡次变换职业，对技术改进和技能提升极为不利。这需要"明君"从源头上进行管理，抓好"法教"，"称能而官事"。事当所任，技展其长，功自然成。"不兼官故技长""工人数变业则失其功"都体现了韩非的职业教育思想。

> 所养者非所用，所用者非所养，此所以乱也[⑤]；所利非所用，所用非所利。

---

① 刘家贵.韩非经济思想三题［J］.云南财经大学学报，1992（1）：63-68.

② 马克思，考茨基.剩余价值学说史（第一卷）［M］.北京：三联书店，1957：17.

③ 《韩非子·难二》。

④ 《韩非子·用人》。

⑤ 《韩非子·显学》。

是故服事者简其业，而于游学者日众，是世之所以乱也。^①

由"所养者非所用"和"所利非所用"的区别可以看出，韩非此说中的"养"不只是有物质供养的意思，还包括教育的意涵，意即所培养的人才"教非所用"。他主要批评的对象仍是儒家培养的人才。"耕者则重税，学士则多赏，而索民之疾作而少言谈，不可得也。"^②韩非的意思是国家投入教育资源培养"学士"，但是他们别无所用，只是一味空谈仁义的食禄者，产生实际经济作用的则是那些能法、耿介的农战之士，他们反倒没有享受优厚的供养和教育，这就造成"所利非所用，所用非所利"的矛盾，造成社会资源包括教育资源的浪费。他认为造成养不称用矛盾的根源在"耕者则重税，学士则多赏"的制度安排上，缓解矛盾的根本措施是用法教统一制度安排，引导人们弃文学而尚耕战，使法教培养的人才真正服务于民之所利和国之富强。这样，"所养"——"所用"——"所利"之间就形成自洽的联动效应，社会资源用于人才培养的消耗不仅通过人才发挥实际作用得到补偿，而且产生价值剩余。在此过程中，教育的经济作用也得到彰显。

总之，韩非"以法为教""以吏为师"对经济的影响是多方面的。

在生产领域，"以法为教"要求重本抑末，把是否生粟作为区分生产劳动和非生产劳动的标准。工商业不能生粟，于是他把工商业宣布为非生产性的，在此理论基础上建立耕战论和重本抑末论。^③

他把包括整个工商业在内的"商工游食之民"都称为"末"，虽肯定工商"末作"便利市场、互通有无、贸易往来的作用，但仍坚持"抑末"，主要出于两方面考虑：首先，"抑末"是贯彻"耕战"政策之必须，商工之民聚敛倍农，而官爵可买，这样势必造成工商者贵而农战者卑，因此，抑制工商，"以粟出爵"，用粮食换爵位，才能"显耕战之士"。其次，韩非认为商工业者"蓄积待时"是"侔农夫之利"，也就是动摇农本基础，所以必须予以打压。但只是限制绝非禁止，使末作在可控范围，与农本保持适当比例。

在分配领域，"以法为教"反对均富。"今夫与人相善也，无丰年旁人之利而独以完给者，非力则俭也。与人相善也，无饥馑、疾疚、祸罪之殃独以

①　《韩非子·五蠹》。

②　《韩非子·显学》。

③　赵靖. 中国经济思想史述要（上）[M]. 北京：北京大学出版社，1998：172.

贫穷者，非侈则惰也。侈而惰者贫，而力而俭者富。今上征敛于富人以布施于贫家，是夺力俭而与侈惰也，而欲索民之疾作而节用，不可得也。"[1]韩非反对均富的逻辑是比较清晰的：吃苦耐劳且勤俭节约就富有，反之则贫穷。如果利用税赋来调节二次分配，向富人征税救济穷人，辛勤劳作而又节俭用度的人就少了，人们就会不愿劳作而坐等布施，这样的教育导向作用对国家经济发展的伤害是很大的。"夫施与贫困者，此世之所谓仁义；哀怜百姓，不忍诛罚者，此世之所谓惠爱也。夫有施与贫困，则无功者得赏；不忍诛罚，则暴乱者不止。国有无功得赏者，则民不外务当敌斩首，内不急力田疾作，皆欲行货财，事富贵，为私善，立名誉，以取尊官厚俸。故奸私之臣愈众，而暴乱之徒愈胜，不亡何时！夫严刑者，民之所畏也；重罚者，民之所恶也。故圣人陈其所畏以禁其邪，设其所恶以防其奸，是以国安而暴乱不起。吾以是明仁义爱惠之不足用，而严刑重罚之可以治国也。"[2]不仅如此，像儒家一样以仁义惠爱为名施与贫困者还会造成法教建立起来的赏罚体系失效，无功得赏肆行会破坏农战的根本地位，有亡国的危险。反之，明确赏罚则可足用治国。反对向富人征收重税而均富并不意味着向穷人过重征役赋敛。相反，他主张轻徭薄赋。"徭役多则民苦，民苦则权势起"[3]，"苦民以富贵人"[4]绝非"天下长利"，因此，"徭役少则民安，民安则下无重权，下无重权则权势灭，权势灭则德在上矣。"[5]甚至，尽量利用税收杠杆让财富相对平均也是有必要的。

韩非反对均富、主张奖勤罚懒的观点意味着肯定适当拉开贫富差距，客观上承认等级差别的合理性，为封建阶级统治理论的建立奠定了基础。但实际情况远非这么简单。在小农经济社会，个人是否丰衣足食以至富有诚然与法教引导下的自身"力俭"还是"侈堕"密切相关，但同时应该看到，天灾如年成好坏、人祸如战争、赋役往往成为致贫的原因，不是法教明于赏罚所能解决的，反倒需要儒家的仁慈爱惠，损有余而补不足。这并不一定就必然形成福利经济的悖论，培育寄生者，帮助破产者渡过难关何尝不是再生产社

---

① 《韩非子·显学》。
② 《韩非子·奸劫弑臣》。
③ 《韩非子·备内》。
④ 《韩非子·备内》。
⑤ 《韩非子·备内》。

会必需的劳动力？可见仁教并非一定致贫，法教也不可能必然致富。

在消费领域，"以法为教"主张节俭，"力而俭者富"①。个人"力俭"才能足用，国家"力俭"才能富强。由于尚俭是先秦诸子一概的主张，兹不赘述。

总之，韩非"以法为教"的教育主张从新的社会形势出发，既以战国晚期已经发展了的经济为基础和起点，要求教育与之相适应，又以经济的进一步发展，实现国富兵强乃至天下统一为目的。可以说韩非的教育是彻底地以经济功用为的鹄的。正因如此，秦王嬴政在读到韩非著作时才由衷地感叹："嗟乎，寡人得见此人，与之游，死不恨矣。"②虽然韩非入秦并未被用，但秦统一中国及后来的许多政治、经济、文化措施，无不打上韩非思想的深刻烙印。并且以韩非为集大成者的法家思想体系也为历代封建统治者所继承，尽管他们口头上奉儒家为圭臬，但实际行动中却偏爱法家的法、术、势策略，由此形成思想史上儒法互用、外儒内法的独特现象。

五、管子的教育经济思想

管子③一书并非管仲所作。刘恕《通鉴外纪》中引傅子的言论为据，称管仲之书，过半便是后之好者所加。叶适在《水心集》中也认为管子非一人一时之作，也非一家一派之言。学术界的普遍看法是，管子一书主要是齐国稷下学宫尊奉管仲学派的先生依托管仲思想所撰，后经西汉刘向编定。综观管子各篇可见，该书思想庞杂，融汇各家，应当是战国后期百家争鸣、学术交融的产物。

管子是一本伟大的经济著作自不待言。在现存的管子七十六篇中，三分之二以上内容涉及经济问题，其中二分之一是专门研究经济的。有学者认为，这种现象在先秦著作中是绝无仅有的。④管子对生产、消费、分配、交换均有研究，形成了分工论、消费论、轻重论、货币论、贸易论和财政论，经济思

---

① 《韩非子·显学》。
② 《史记·老子韩非列传》。
③ 笔者对"管子"成书争议存而不论，文中"管子"既指《管子》一书，又包含管仲的思想言论，所以不加专名而仅以"管子"笼统之。
④ 胡寄窗.中国经济思想史（上）［M］.上海：上海财经大学出版社，1998：288.

想所达到的成就在先秦罕有匹敌。管子同时又包含丰富的教育思想，对教育价值观、教育内容、教育原则等均有深入思考，《弟子职》一篇更是中国最早的学生守则。更为了不起的是，管子还把对经济问题和教育问题的思索熔铸一体，从宏观和微观层面把握教育与经济的相互关联，形成了比较完整的教育经济思想。

1. 道德的"物质经济"意涵

仓廪实，则知礼节。衣食足，则知荣辱。[①]

管子开篇即提出这一经济思想的总纲。发展经济是为政之头等大事。而"政之所兴，在顺民心"[②]，什么是最大的"民心"呢？那就是"民恶忧劳，我佚乐之。民恶贫贱，我富贵之。民恶危坠，我存安之。民恶灭绝，我生育之。"[③]百姓的衣食住行是民心之首。只有"强本事""去无用"，然后"民可使富"。[④]无论是务本抑末，重视农业生产，还是利用货币和价格杠杆平准市场，发展贸易，根本目的都在于富民。经济发展不仅可以解决生存问题，而且是政治、教育、文化的基础。只有百姓富庶、国家富强才能做到上下亲近、诸侯和顺。所谓"民足财，国富，上下亲，诸侯和。"[⑤]百姓富足了，才会安土重家，敬上畏罪，才易于导向良好的风化。否则，百姓贫苦就离土轻家，凌上犯禁，国家难于治理不说，还有倾覆的危险。所以，"凡治国之道，必先富民，民富则易治也，民贫则难治也。"[⑥]

在物质文明和精神文明的关系问题上，管子继承了儒家先富后教的思想。"仓廪实""衣食足"意味着物质文明的水平得到提高，"知礼节""知荣辱"表明精神文明的水平也相应得到提高。可见，精神文明建设必须以物质文明为基础和前提。"牧民"之道必须从经济建设开始，物质文明发展了，国之礼、义、廉、耻"四维"才能建立，"四维张，君令乃行"，反之，"四维不张，国乃灭亡"。[⑦]这就是说，只有物质文明没有精神文明也是不行的，没有仁义廉

---

① 《管子·牧民》。
② 《管子·牧民》。
③ 《管子·牧民》。
④ 《管子·五辅》。
⑤ 《管子·五行》。
⑥ 《管子·治国》。
⑦ 《管子·牧民》。

耻，国家迟早也是要灭亡的，只不过，精神文明是建立在物质文明基础上的，这就在两者的重要性中尤其突出了物质文明的地位。这种朴素唯物主义的观点突出地体现在管子对"德"的解释中：

> 德有六兴……所谓六兴者何？曰：辟田畴，利坛宅。修树艺，劝士民，勉稼穑，修墙屋，此谓厚其生。发伏利，输墆积修道途，便关市，慎将宿，此谓输之以财。导水潦，利陂沟，决潘渚，溃泥滞，通郁闭，慎津梁，此谓遗之以利。薄征敛，轻征赋，弛刑罚，赦罪戾，宥小过，此谓宽其政。养长老，慈幼孤，恤鳏寡，问疾病，吊祸丧，此谓匡其急。衣冻寒。食饥渴，匡贫窭，振罢露。资乏绝，此谓振其穷。凡此六者，德之兴也。①

辟田畴、修树艺、勉稼穑、便关市、慎津梁、薄征敛、养长老、匡贫窭……没有哪一个方面不与富民之经济相关。管子完全以经济来解释"德"，赋予抽象的"道德"以具体的物质意涵，这就意味着与"德"直接相关的教化也必然与经济发生直接的联系。

《小匡》中有一段齐桓公与管仲的对话。桓公问"爱民之道"，管仲对曰："公修公族，家修家族，使相连以事，相及以禄，则民相亲矣。放旧罪，修旧宗，立无后，则民殖矣。省刑罚，薄赋敛，则民富矣。乡建贤士，使教于国，则民有礼矣。"②我们无法获知这段回答究竟是管仲本人的言论还是稷下先生托管仲之口所作的衍说。但有一点可以明确："民殖→民富→民有礼（教于国）"与孔子的"庶→富→教"如出一辙，都是讨论人口、经济与教育三者之间的关系，尤其强调人口、经济对教育的前提作用。

管子的认识非止于此。在肯定经济对教育、物质文明对精神文明的前提、基础、决定作用的同时，管子还强调教育、精神文明对经济、物质文明的反作用抑或说能动作用，建立起完整的教育经济关系论。

管子对教育的重视可谓达到空前的高度，认为教育是治国、富民的根本途径之一。《七法》将教育之"化"列为七法之一。"必先顺教，万民乡风"③，对所有百姓进行教育应该作为一项常规或国家战略刻在版牍上永不更改。管子对教育的重视源于对历史兴衰的考察。国家还是这个国家，人民还是这些

---

① 《管子·五辅》。
② 《管子·小匡》。
③ 《管子·版法》。

人民，为何"桀纣以乱亡"而"汤武以治昌"呢？^①关键是教育。"章道以教"^②就兴善如化，这就是汤武治世的秘密所在。因此，治乱兴衰一系于教育，礼义廉耻之"四维"的教育问题事关国家兴亡，只有"审居处之教，而民可使居治、战胜、守固者也。"^③教育做好了，国家才会长治久安。正所谓"得人之道，莫如利之。利之之道，莫如教之以政，故善为政者，田畴垦而国邑实，朝廷闲而官府治，公法行而私曲止，仓廪实而圄圉空。"^④教育与政治联姻，必然的产物是物质文明与精神文明双丰收。^⑤

2. 劳教定而国富

公曰：请问富国奈何？ 管子对曰：力地而动于时，则国必富矣。^⑥

管子还从人力要素在生产中的作用入手考察教育和经济的关系。就农业生产而言，财富是"力"（人力要素）、"地"（土地要素）、"时"（自然要素）三个变量的函数。将足量的人力投入到足量的土地上，按季节时令的自然规律生产，国民财富就会增加，经济就会随之发展。在三个变量中，管子认为人力要素最为重要。"地非民不动"^⑦"地大而不耕非其地也"^⑧。土地与其说是财富本身，毋宁说与季节时令一起构成财富产生的条件，或者说是一种可能性。只有人力才是使财富由可能变为现实的决定性因素。"民非作力，毋以致财""财之所生，生于用力。用力之所生，生于劳身"^⑨。"力"即个人的生产能力是寄寓在"身"（身体）中的，须臾不可分离。身体中内蕴的生产的能量和潜力经支配使用才能发挥效能。不"劳身"，生产能力不作用于生产资料和劳动对象，土地等其他资源就失去了生产意义，财富就不会产生。也就是说，在生产力诸要素中，劳动者起主导作用。所以，要想增加财富，在扩大土地等要素投入的同时，必须加大人力要素的投入力度。

---

① 《管子·宙合》。
② 《管子·宙合》。
③ 《管子·君臣下》。
④ 《管子·五辅》。
⑤ 郭齐家，赵发中.略论《管子》的教育思想［J］.教师教育研究，1990（4）：68-72.
⑥ 《管子·小问》。
⑦ 《管子·八观》。
⑧ 《管子·枢言》。
⑨ 《管子·八观》。

增加人力储备有两种方式。一是劳动力数量的增加。管子的办法是执利之所在，使"民自美安，不推而往，不引而来"①。具体而言就是重农本，轻赋敛，便关市，通工商，为民之趋利若流水创造良好的环境，"来天下之财，致天下之民"②。二是劳动力质量的提升。管子通过观察发现，个体劳动者的生产能力具有质量差异。在同等条件下，耗费等量劳动时间，不同劳动者的劳动效果有高下之别："有一人耕而五人食者，有一人耕而四人食者，有一人耕而三人食者，有一人耕而二人食者。"③这样的差别是怎样产生的呢？管子认为主要还是劳动者的劳动技能有差异。"分地若一，强者能守。分财若一，智者能收。"④相同的土地、生产工具和劳动资料，相同的劳动时间，只有智识聪明并转化为实际生产技能的人才有更高的产出。"智者有什倍人之功，愚者有不赓本之事"⑤，与普通劳动者相比，有知识技能的"智者"效率和效益要高出十倍，而无知识无技能的"愚者"却连成本都保不住。在生产方面的智愚差别当然与个人先天条件有关，但最主要的还在后天的教育培养。管子认为，通过教育培养，生产能力方面的这种差距会缩小乃至消失。所以，教育就不仅仅只是针对智者、巧者，而是主要面向愚者、拙者，使愚者也智，巧者也能。这就是管子主张"智者知之，愚者不知，不可以教民。巧者能之，拙者不能，不可以教民"⑥的原因。

　　管子关于劳动技能教育的论述是比较多的。在劳动教育的必要性方面，管子强调，"不告之以时，而民不知；不道之以事，而民不为"⑦，教与不教的差别明显。不教就不知不为，生产效率低下。这是从反面来说的；从正面看，"教民以时，劝之以耕织"能"厚民养"⑧。"明教顺以道之"就会"便其势，利其备，爱其力"⑨，对创造有利的生产条件、便利生产工具、节省体力产生全

---

① 《管子·禁藏》。
② 《管子·轻重》。
③ 《管子·乘马数》。
④ 《管子·国蓄》。
⑤ 《管子·国蓄》。
⑥ 《管子·乘马》。
⑦ 《管子·乘马》。
⑧ 《管子·形势解》。
⑨ 《管子·版法解》。

方位的影响。劳动者技能的提高会增进物力资源的使用效率，推动物力资源不断更新，使生产过程中人的因素和物的因素全面改善。从劳动教育的普及面来看，管子主张对所有人施教，"教在百姓"。在教育方式上，管子强调教育必须深入到民间基层，"乡树之师以遂其学"①"民啬夫任教，教在百姓"②。"乡置师以说道之……故百姓皆说为善，则暴乱之行无由至矣"③，教育只有深入民间，贴近百姓，渗透到百姓的日用居处之中，才会收到明显的变俗易教的社会效果。在劳动教育师资上，管子建议相与为教，上下传导，官师一体，主张设立"虞师""司空""司田""乡师"等官职，并对各自的职责范围作了明确的划分。由这四类官员常年分别负责向农民实施农事教育、视察农业生产状况、及时为农民解决困难。这样，农业就不愁发展不起来④，"教训习俗者众"的师资难题也得到解决。在劳动技能传授原则和方法上，《七法》篇明确提出"渐也、顺也、靡也、久也、服也、习也"，遵循循序渐进、因材施教、切磋琢磨、长期熏陶、养成习惯等原则。教育的过程是因势利导的"顺教"而非强行实施。具体而言，就是"漂然若秋云之远，动人心之悲；蔼然若夏之静云，乃及人之体；欢然若漓月之静，动人意以怨；荡荡若流水，使人思之，人所生往。教之始也，身必备之，辟之若秋云之始见，贤者不肖者化焉"⑤。教育对受教者的影响不是匆遽躁迫的说教命令，而是如秋云之远、漓月之静，似春风化雨、流水润物。教者以身作则，启发感化，受教者如沐春风，"化变而不自知"⑥。这样的劳动教育才能深入人心，事半功倍，教育的效果才会理想。正因为劳动教育能提高劳动者的素质，所以管子说："劳教定而国富"⑦。

地大而不为，命曰土满；人众而不理，命曰人满。⑧

管子时代，在农业生产领域，"恶金（铁）以铸锄夷斤欘，试诸壤

---

① 《管子·君臣下》。
② 《管子·君臣上》。
③ 《管子·权修》。
④ 郭齐家，赵发中.略论《管子》的教育思想 [J].教师教育研究，1990（4）：68-72.
⑤ 《管子·侈靡》。
⑥ 《管子·八观》。
⑦ 《管子·侈靡》。
⑧ 《管子·霸言》。

土"①"将宗庙之牺，为畎亩之勤"②，铁质农具开始使用，牛耕得以推广；手工业生产方面，"雕文刻镂，锦绣纂组"③，专业化水平进一步提高；工商业方面，齐国在姜尚时期就已是"通鱼盐""繦至而辐凑"④。生产的发展必然要求劳动力素质得到相应提高。管子对生产发展与劳动力相互关系的认识使之并不仅局限于从劳动力数量上去理解创造财富的意义。⑤土地面积广若不耕种反而有累赘之感。相反，土地面积少，若增加土地投入，改善土壤肥力，就能增加单位面积的土地产出，土地短缺的问题就得到解决；劳动力也是如此。劳动力数量多如果素质不高反而有人满为患之嫌。相反，在人口或劳动力数量一定的情况下，提高劳动力素质就等同于增加有效的劳动投入。劳动力不足的情况也可得到缓解。

管子"地满""人满"的概念已经初步涉及土地等生产要素与劳动力要素的比较。土地与人力的进退关系表明，不是劳动者的数量，而主要是劳动者的能力在物质财富生产中起关键作用。生产能力的高低不是主要取决于人口或劳动力数量的多少，而是决定于人口或劳动力的内在质量。人的素质越高，生产潜力与能量便越大，即使是稀缺的人口数量也能形成丰裕的人力资源供给。反之，人口素质低，即使拥有庞大的人口总量也可能导致人力资源有效供给的短缺。⑥粗劣的玉石要想成为美玉需要玉匠的雕琢，劳动者素质的提高也需要教育的培养，不仅石需"理"方能成玉，而且人也需"理"方能成才，"人理"便是教育。也就是说，教育非徒提高劳动者的技能，而又能增进物力的使用效率，甚至能发挥对其他生产要素，比如土地的替代作用。

为与劳动教育相配合，管子还主张对技术人才予以奖励。"民之能明于农事者，置之黄金一斤，直食八石。"⑦对精通农事者、善养牲畜者、懂得蚕桑者、通晓天时者、擅长治病者，都给予一定奖赏。

---

① 《国语·齐语》。
② 《国语·晋语》。
③ 《管子·小匡》。
④ 《史记·货殖列传》。
⑤ 邓云洲，张吉雄.《管子》教育经济思想初探［J］.教育与经济，1987（2）：40-43.
⑥ 范先佐.教育经济学新编［M］.北京：人民教育出版社，2010：121.
⑦ 《管子·山权数》。

3. 四民分业与专业教育

管子对曰："士农工商四民者，国之石民也，不可使杂处，杂处则其言吆，其事乱。是故圣王之处士必于闲燕，处农必就田野，处工必就官府，处商必就市井。"①

分工的出现是生产力发展的结果，分工的形成又能促进生产力发展。管子时期，社会分工已经出现，不同职业的劳动者"杂处"，"见异物而迁"②的现象较为普遍。以农业生产为例，一些诸侯国由于不是"相地而衰征"③，人们容易脱离农业，从事其他行业的"游民""移民"增多。为扭转"四民"杂处、分化、流动的倾向，防止相互干扰，管子主张四民分业而居。对于别业而居的目的，管子阐述得很清楚："民必知务，然后心一，心一然后意专，心一而意专，然后功足观也。故曰：力不可不务也。"④让四民明确自己的专务，一心一意去钻研，提高生产技能。因此，四民分业与其说是管子匡君之政治主张，不如说是重视经济功用之专业教育的主张。

首先，分业而居提供了技术交流切磋平台，为专业教育营造了良好的氛围。"今夫工群萃而州处，相良材，审其四时，辨其功苦，权节其用，论比计制，断器尚完利。相语以事，相示以功，相陈以巧，相高以知事。"⑤"群萃而州处"⑥形成良好的生产和流通环境。工匠与工匠在一起，他们谈论的事情是如何治器使之更为精湛，他们相互比较工艺技巧，相互展示功效诀窍，相互模仿学习，进行技术交流，既合作又竞争，能有利地刺激他们不断提高技术水平，形成技术绝活。这样的专业氛围对提高专业技能是大有好处的。

其次，分业而居有利于保证专业教育时间。"今夫农群萃而州处，审其四时，权节具，备其械器用，比耒耜谷茇。及寒击槁除田，以待时乃耕，深耕、均种、疾耰。先雨芸耨，以待时雨。时雨既至，挟其枪刈耨铸，以旦暮从事于田野，税衣就功，别苗莠，列疏遬。"⑦精耕细作需要分别四季、置备器械、

---

① 《管子·小匡》。
② 《管子·小匡》。
③ 《国语·齐语》。
④ 《管子·五辅》。
⑤ 《管子·小匡》。
⑥ 《管子·小匡》。
⑦ 《管子·小匡》。

击槁除田、待时而耕、深耕、均种、疾耰等，涉及方方面面的知识。因为长期分业而居，"少儿习焉""旦暮从事"，教育开展得早，从小就接受农业生产、工艺技巧、经营方法方面的教育，并且随时随地学习，长期耳濡目染本行业技艺，能收到"不肃而成""不劳而能"[①]的效果。

再次，分业而居有利于培养专业情感，不致见异思迁。从小向父亲、兄弟请教，在日常生活中学习，同行相聚的社会环境有利于学徒增进对本专业的情感，形成"其心安焉，不见异物而迁"[②]的良好的职业态度，对子弟形成稳定的职业观产生积极作用。"群居相染"重视家庭在职业教育中的重要地位，父子相承的传授方法得到保护。"工之子常为工""农之子常为农"[③]不仅有助于职业技能的提高，更有利于保持各行业均衡、协调发展。

最后，分业而居开展有针对性的教育有利于建立稳定的社会秩序。西周有国、乡、野行政区划，相应产生分居执业的士农之别，原则上"国"无农夫，"野"罕士人，森严的等级建制造成早期士农别居，工商之民则随着城市的出现及兴盛相伴而生。奴隶社会早期城市中的市场交换到西周定型为"日中为市"的制度。为便于商品交换，城市中会专设供人们交易的场所以互通有无，私营手工业者也是列肆而居，工商结合，分门别类，井然有序。在此基础上，管子将全国的行政区域明确界划为二十一乡，其中商工之乡六，士农之乡十五，使职业分工形成制度保障。"是故非诚贾不得食于贾，非诚工不得食于工，非诚农不得食于农，非信士不得立于朝。"[④]以"诚信"要求四民，这就不仅是职业技能的要求，而且已经上升到职业道德标准的高度。以此四民为"国之石民"，何愁百姓不富足，国家不强盛。

4. 教育的成本收益分析

一年之计，莫如树谷；十年之计，莫如树木；终身之计，莫如树人。一树一获者，谷也；一树十获者，木也；一树百获者，人也。我苟种之，如神用之，举事如神，唯王之门。[⑤]

---

① 《管子·小匡》。
② 《管子·小匡》。
③ 《管子·小匡》。
④ 《管子·乘马》。
⑤ 《管子·权修》。

首先，管子从"成本—收益"角度分析了教育投资的巨大经济效益。将投资的成本与收益相比较，栽种稻谷、树木不过是一年、十年的谋划，而培养人才却是百年大计。也就是说，投资教育的收益要远高于播种稻谷和栽种树木：谷物播种一次只能收获一次，果树栽种一次可收获十次，培养一个人才却能收获百次。从总收益看，人才培养的总收益是播种稻谷所获收益的百倍。同量的投入，教育能带来更多的产出，且收益是递增的。可见，对经济发展来说，没有什么比教育投资更为划算的了。

其次，管子揭示教育的长效性与多效性。教育是百年大计，与一年树谷、十年树木相比，教育培养人具有长效性、迟效性的特点；"百获"之教育比"一获"之稻谷、"十获"之树木具有多效性，即收益是多方面的。教育有助于塑造人的道德品格，更新思想观念，促进人的全面发展，提高国民的整体素质，这是经济增长与社会进步最强大的推动力。"朝有经臣，国有经俗，民有经产"[①]，经臣之培养、经俗之化变、经产之制衡都离不开教育对人素质的提高。正如《法禁》所言，"是故圣王之教民也，以仁错之，以耻使之，修其能，致其所成而止。"[②]

再次，管子还提出"终身"教育的观点。"终身之计，莫如树人"，教育是终身之事。教育的作用是慢慢展现出来的，这是教育这种"软科学"产生社会效益的特点。正是因为教育对社会创造的价值不像物质生产那样是有限量的，而是不可估量的，所以，兴学设教不可急功近利，短视当前，忽视教育的战略地位，而应该提高到建国君民的高度，把教育当作"王天下"的不二法门。管子的论断，已超越教育的政治价值和经济价值，全面地揭示了教育的社会综合效益。尤其是，管子将教育与当时广为诸子重视的农业生产相比较，得出教育更重要的结论，更是远超法家"农战"、墨家"躬耕"、儒家"焉用稼"的思想。

最后，管子首创量化论证方法。与其他诸子仅作模糊的定性判断不同，管子尝试用量化方法论证，除使用一获、十获、百获等包括成本收益分析在内的数量比较方法外，还使用统计方法，使分析更严密，论证更可靠。如

---

① 《管子·重令》。
② 《管子·法禁》。

《轻重二》中说："王国守始，国用一不足则加一焉，国用二不足则加二焉，国用三不足则加三焉，国用四不足则加四焉，国用五不足则加五焉，国用六不足则加六焉，国加七不足则加七焉，国用八不足则加八焉，国用九不足则加九焉，国用十不足则加十焉。"① 再如《国蓄》中说：天子应当以货币增加收入，诸侯以粮食增加收入。中等年岁的粮食，卖出一石加价十钱：成年男子吃四石，每月就有四十钱的税收；成年女子吃三石，每月就有三十钱的税收；小孩吃两石，每月有二十钱的税收。灾荒年月的粮食买进一石加价二十钱，成年男子每月就有八十钱的税收，成年女子六十钱，小孩四十钱，这样君主不用下令挨家挨户征税，只需掌握粮食的生产和储蓄，男女老少就没有不纳税的了……像这样的数据统计俯拾皆是。管子还用"权""数""轻重""轨"来为量化命名，使之上升到理论高度。尽管管子的量化研究尚未摆脱经验认识的局限，方法还比较简单粗略，并不十分科学，但与疏阔的议论相比，管子的论证无疑更具说服力。

5. 以人为本的资源论

夫霸王之所始也，以人为本。本治则国固，本乱则国危。故上明则下敬，政平则人安，士教和则兵胜敌，使能则百事治，亲仁则上不危，任贤则诸侯服。② 谨贤修伍则众，爵材禄能则强。③

管子最早提出"以人为本"的概念。"夫争天下者，必先争人"④的观念打破了"唯神论"把人或人的思想、智慧看作神启的观念，从唯物主义的思想出发给了人以更为科学的解释。这是从人的类本性来说的。管子还看到人作为人力资源的重要意义，从"治事"的角度来确证人的价值。"任力有五务，五务者何？"⑤ 管子说，君主择臣任官、大夫任官辩事、官长任事守职、士修身功材、庶人耕农树艺都是"务力"的表现，在靠发挥自己的能力才能获取衣食住行等物质方面，所有人是平等的，只有分工不同，没有职业贵贱之分。当然，尽管都是"任力"，但是力也有大小、强弱之分，这倒不是由个人的职

① 《管子·轻重二》。
② 《管子·霸言》。
③ 《管子·幼官》。
④ 《管子·霸言》。
⑤ 《管子·五辅》。

业分工决定的，而是由个人能力大小决定的。按管子的说法，人有贤愚、智不肖之分。所谓"君之所审者三：一曰德不当其位；二曰功不当其禄；三曰能不当其官；此三本者，治乱之原也。"①既然"爵材禄能则强"②，人才资源事关政平民安，那么，选用人才就不得不慎重。"明主之择贤人也，言勇者试之以军，言智者试之以官。试于军而有功者则举之，试于官而事治者则用之。故以战功之事定勇怯，以官职之治定愚智。"③贤与不贤、能与不能关键看能否经得起实践检验。选拔人才要注意程序公正，"使法择人不自举"④，不感情用事，不以权谋私，将真正德才兼备、学有所长的人才选拔出来，对于无能的人决不重用。"功未成者，不可以独名；事未道者，不可以言名。"⑤功名相称，"量材而授官，录德而定位"⑥，使"贤者食于能，斗士食于功"⑦。人才的来源可以依靠举荐，"举人则以为己劳"⑧"时举其强者以誉之"⑨，但最主要的要靠教育培养。"圣王之教民也，以仁错之，以耻使之，修其能，致其所成而止。"⑩

6."修其能"的科技教育

管子培养治术人才主张"修其能"，其中科技修养是重要的能力之一。有无科技修养是衡量一个人能否具备从政治国能力的重要条件。《牧民》篇开宗明义："知时者可立以为长，无私者可置以为政。审于时而察于用，而能备官者，可奉以为君也。"⑪可见，为政为君者都应通晓自然科学知识。管子科技知识的教育主要体现在《幼官》《地员》《度地》等篇。

《幼官》篇有我国较古老的十月太阳历的记录。《彝族天文学史》指出"《夏小正》和《幼官篇》所记的是同一历法，即十月太阳历。一个记录星象物候，一个记节气，正好互为补充。"《幼官》中的十方图包括本图和副图，

① 《管子·立政》。
② 《管子·幼官》。
③ 《管子·明法解》。
④ 《韩非子·有度》。
⑤ 《管子·侈靡》。
⑥ 《汉书·董仲舒传》。
⑦ 《管子·法法》。
⑧ 《管子·法禁》。
⑨ 《管子·侈靡》。
⑩ 《管子·法禁》。
⑪ 《管子·牧民》。

描绘的是太阳一年中运动的轨迹，据此安排农业生产和政事。《地员》篇则是关于土壤的学问。它将土壤分为渎田、赤垆、黄唐、斥埴、黑埴等五个大类，指出每一种类型的土壤适合种植何种作物，在此基础上将九州的土壤划分为九十个小类，"九州之土，为九十物。每州有常，而物有次"①，每一种土壤都有固定的特征，分上、中、下三个大等次，大等次中又可根据土壤性质划分若干小等次，每等有适合种植的经济作物。"尤令人惊异的是，《管子》传授农业知识，不囿于一般的技术经验，还能阐述科学理论，介绍有关生态学的知识。"比如《地员》记载了一个山地植物垂直分布的情况，包括一个小地区内植物分布的实例，很具有科学价值。《度地》则对先秦治水经验加以总结，揭示水的性质，根据水的特点将其分类，注重对水因地制宜地加以利用，主张专设水官，对治水的时间、工具、具体任务加以安排。《度地》还阐述有关开渠、筑堤的工程技术，将生产管理与工程技术结合，既有理论性，又有实用性。②

7. "经济教育"思想

管子一书由于是稷下先生托管仲所作，该书除了主要反映管仲的思想外，还融入诸子各家的思想。稷下先生们在稷下学宫开门授徒必有所本，管子一书便成了先生们实施教学的教材。按胡寄窗先生的说法，管子一书绝大部分是在言经济，因此，教学展开的过程就是管子经济思想的传播过程。所以，管子的经济教育思想也理应纳入其教育经济思想体系予以重视。

首先是农业生产方面的教育。管子重农，认为加强农业生产不仅有经济意义，还具政治、军事和文化意义。政治上重视农业，人们安乡重家，可杜绝"流民""移民"出现。民足国富，上下和顺，百姓安定，且"国多财而远者来"③。军事上，"兵之守在人，人之守在粟，故地不辟则城不固"，④战守都以经济基础为后盾，所谓"民事农则田垦，田垦则粟多，粟多则国富，国富则兵强，兵强则战胜，战胜则地广"⑤。农业发展还是社会教化的基础，设农

① 《管子·地员》。
② 王炳照，阎国华.中国教育思想通史（第一卷）[M].长沙：湖南教育出版社，1994：549.
③ 《管子·牧民》。
④ 《管子·权修》。
⑤ 《管子·治国》。

官，教农事，理农务，依等次人口核正配置土地田亩，施行授田制和均田制，从制度入手理顺生产关系，解决劳动积极性问题，从教育入手传授农业技能，解决生产率问题。

其次是市场调节的思想。管子建立了调节市场的轻重理论。一是价格理论。"夫物多则贱，寡则贵；散则轻，聚则重。"[1]商品价格的高低取决于商品供求，多则贱，少则贵，可以同时运用经济杠杆和行政手段改变市场上商品、货币的数量来平衡物价。当产品供过于求产生滞销时，国家进行收购储备；当产品供不应求物价上扬时，国家以低于市场的价格出售，通过调节，使贵贱相当。管子分析，"夫民有余则轻之，故人君敛之以轻；民不足则重之，故人君散之以重。"[2]它将这种平抑物价的方法概括为"以重射轻，以贱泄平"[3]的轻重论。二是货币论。管子认为"黄金刀布"是"民之通货"[4]，货币与商品具相反的轻重关系：

彼币重而万物轻，币轻而万物重[5]；国币之九在上，一在下，币重而万物轻，敛万物以应之以币，币在下，万物重十倍。府官以市横出万物，降而止。[6]

国家控制铸币权，通过调节货币流通量贱买贵卖，用货币来吞吐物质，"施轻重，与天下调"。三是国家垄断经营特殊商品。粮食兼有货币属性和一般商品属性，同货币一样具有一般等价物的作用。并且，作为生活必需品，粮食还是最重要的战略物资。"粟重而万物轻，粟轻而万物重"[7]，由国家经营粮食一样可以达到"以重射轻，以贱泄平"的目的；盐铁也是重要的战略物资，管子认为，国家对盐铁垄断经营，"官山海"[8]，在盐铁中加价的效果比直接抽税要好。四是税收调节。税率高低、征收的缓急程度也影响商品供求。管子主张"取于民有度"[9]，国家"求"之无度，百姓"供"之艰难，长久下去

---

① 《管子·国蓄》。
② 《管子·国蓄》。
③ 《管子·国蓄》。
④ 《管子·轻重乙》。
⑤ 《管子·山至数》。
⑥ 《管子·山权数》。
⑦ 《管子·山至数》。
⑧ 《管子·海王》。
⑨ 《管子·权修》。

势必破坏生产进而动摇统治基础。在税赋方面，管子提出"相地而衰征"①，即按土质、年景征税，宽限征期。相比直接征税，管子更赞同国家采用经营工商和轻重调节的办法获取利润。因为任何一种征税都会造成不良后果：田税伤农，房税毁屋。百姓莫不是"予则喜，夺则怒"，采取"见予之行，不见夺之理"②的办法更隐蔽，推行起来社会成本低。四是注重运用"号令"作用调节市场。"号令"也就是政策法规，以此调节商品供求，国家可从中获利，即"不求于万民而籍于号令"③。2000多年前，管子采用经济杠杆与行政手段相结合的方法展现出对国家经济进行管理的艺术，丝毫不逊色于后工业时代凯恩斯为应对危机挑战而提出的对国家经济进行宏观调控的思想。④

再次是生产性消费思想。管子像其他先秦诸子一样也是尚俭的。比如"取于民无度，用之不止，国虽大必危。"⑤但是他又不一概反对奢侈，认为在一定条件下奢侈消费具有促进生产的积极作用。"黄金者，用之量也。辨于黄金之理，则知侈俭。知侈俭，则百用节矣，故俭则伤事，侈则伤货；俭则金贱，金贱则事不成，故伤事。"⑥消费根据经济状况来定：国用过少，金价低，对举办事业不利；国用过多，金价高，商品贱，对资源不利。"不奢，本事不得立"，生产萎靡不振还强调节俭就导致经济发展动力不足，生产更加萎缩。对于这一点，《侈靡》中有一段精彩的论述：

> 巨瘞埏所以使贫民也；美垄墓所以使文萌也；巨棺椁所以起木工也；多衣衾所以起女工也。犹不尽，故有次浮也，有差樊，有瘞藏。作此相食，然后民相利，守战之备合矣。⑦

建造巨大的墓室、装饰美化墓地、制造巨大的棺椁、多制随葬衣物、烦琐葬礼仪式、广置殉葬物品都是奢侈性消费，但富人的消费却为建筑工人、木工、女工、雕工、画匠等群体创造大量就业机会，消费支出拉动经济发展，对手工业等发展起到推动作用。在救济穷困方面，管子一方面重视对百姓直

---

① 《国语·齐语》。
② 《管子·国蓄》。
③ 《管子·国蓄》。
④ 陈新岗.《管子》宏观经济思想的合理内核及现代价值［J］.管子学刊，2004（2）：5-8.
⑤ 《管子·权修》。
⑥ 《管子·乘马》。
⑦ 《管子·侈靡》。

接救济；另一方面"若岁凶旱水溢，民失其本，则修宫室台榭，以前无狗后无彘者为庸。故修宫室台榭，非丽其乐也，以平国策也"①，通过修宫室台榭等方式扩大富人的消费以帮助穷人开展生产自救，以消费促生产。这样的见识的确令人惊异。②

稷下先生在以管子一书为教材进行教学的过程中，客观上促成了管子经济思想广为传播，对后世产生了深远影响。仅从轻重理论看，在中国古代就至少经历了西汉桑弘羊、东汉王莽、唐代刘晏、北宋王安石等四次重大实践，对整个封建经济的运行起到了不小的作用，凡有所建树的历代改革家在提出经济改革措施时，总是或多或少受到管子思想的影响或启发，不唯概念直接沿用，在具体实施策略上也随处可见管子的身影。因此从较宽泛的角度看，当一种经济思想或负载思想的著作进入传播领域时，思想便有了教育属性。

管子的教育经济思想全面而丰富，比如还注意到教育对保育身体、提高劳动者的身体素质、在生命周期内延长劳动者的有效劳动时间等方面起积极作用。"教民樵室钻燧，墐灶泄井，所以寿民也。"③ 这比只是教民"耟、耒、耨、怀、铚、铦、叉、橿、权渠、缗絏，所以御春夏之事"的农业耕作技术要高明得多。管子在经济方面有诸多办法，在教育方面，也时有高明的论见，但最令人称道之处，在于非常重视政教合一的社会教育在国家综合治理中的地位和作用。管子将德法结合，将教育与管理结合，将移风易俗之教化与明确的行为规范结合，使之集中体现在基层单位"乡里"中，可谓当今乡规民约之滥觞。在社会教育方面，管子不只对"必先顺教，万民乡（向）风"的巨大威力有清醒认识，对"民情可得而舆"的社会心理也有深刻洞察，对百姓"四欲""四恶"④ 心理的把握与恩格斯把人的需要概括为生存、享受和发展三个层次的思想是一致的，与西方近代心理学家马斯洛提出的"需要层次论"也有相通之处。⑤ 如果说先秦诸子教育经济思想是皇冠，那么管子的教育经济思想无疑是这顶皇冠上最璀璨的"明珠"。

---

① 《管子·乘马数》。
② 陈新岗.《管子》宏观经济思想的合理内核及现代价值［J］. 管子学刊，2004（2）：5-8.
③ 《管子·轻重戊》。
④ 如"民恶忧劳，我佚乐之；民恶贫贱，我富贵之；民恶危坠，我安存之；民恶灭绝，我生育之。"（参见《管子·牧民》）
⑤ 王炳照，阎国华，徐仲林等.中国教育思想通史［M］.长沙：湖南教育出版社，1994：553.

六、其他诸子的教育经济思想

1.兵家的教育经济思想

春秋战国时期，群雄逐鹿，狼烟四布，战争峰起。一些军事家们快速崛起，不仅在战争中攻城守备，各展其才，而且形成丰富的军事教育思想理论，体现在《孙子》《吴子》《司马法》《尉缭子》《六韬》等军事理论著述中，其中也时有教育经济思想闪现。

兵家善战但不好战，或曰战是为了不战。他们提醒统治者要想巩固统治基础，不能穷兵黩武，要想"不战而屈人之兵"①最根本的是发展经济使国富民强，所谓"内修文德，外治武备"，"教百姓而亲万民。"②

既致教其民，然后谨选而使之。事极修，则百官给矣，教极省，则民兴良矣，习惯成，则民体俗矣，教化之至也。③

"教化之至"不是教民如何使用武力，而是"其富在于亟归，其强在于休民"④。生产力发展了，国家富强了，自然"诸侯说怀，海外来服，狱弭而兵寝"⑤。如达到圣德之至，自然不必大动干戈去攻城略地，战争也就失去了用武之地。战争的本质不是屠戮人民，而是"爱民"；并非"杀人"，而是"安人"，所谓"战道，不违时，不历民病，所以爱吾民也"⑥，也就是说，战争是不得已而为之的事，即使必须要打仗，也要重视教化，"以礼为固，以仁为胜，既胜之后，其教可复"⑦。立国治军必须以仁义为本，所谓"绥之以道，理之以义，动之以礼，抚之以仁。此四德者，修之则兴，废之则衰"⑧。兵家早期就摆脱了就战争言战争、单纯只讲谋略攻伐和策略取胜的狭隘思维，而是把战争当作一种全民动员的国家行动，从政治、经济、文化、教育之间相互关系的宏阔视野出发，思考战争的目的、战争的合法性以及战争在整个经济社

① 《孙子兵法·谋攻》。
② 《吴子·图国》。
③ 《司马法·天子之义》。
④ 《孙膑兵法·篡卒》。
⑤ 《司马法·仁本》。
⑥ 《司马法·仁本》。
⑦ 《司马法·天下之义》。
⑧ 《吴子·图国》。

会发展全局中的地位。"国虽大，好战必亡；天下虽安，忘战必危。"①兵家之教育首先在经济事功，"事极修"而"民兴良"，克敌制胜的攻伐谋略，永远只是有备无患或不得已而为之的次优选择。

2. 阴阳家的教育经济思想

阴阳家又叫阴阳五行家，司马谈《论六家要旨》将其列为战国时期诸子"六家之一"。侯外庐先生曾说"如果不理解阴阳五行学派的世界观、知识论和逻辑学，则对于自汉以下的儒家哲学，也不能够有充分理解"②。

阴阳家的代表是齐国人邹衍。他曾与淳于髡、慎到等一起在稷下著书讲学，《史记·孟轲荀卿列传》称其"迂大而闳辩"。邹衍的教育内容主要是阴阳五行学说，著述据说有《邹子》四十九篇，但均已散佚。通过《文选》李善注引《七略》可知，邹衍的五德是指"土德后，木德继之，金德次之，火德次之，水德次之"，并以金、木、水、火、土五行配五代："五德从所不胜。虞土、夏木、殷金、周火"，这为秦以水德灭周之火德，一统六国，建立统一的中央集权制国家找到了理论根据。不仅如此，据《史记》记载，邹衍五行教育的内容包括"通谷禽兽，水土所殖，物类所珍"等生产知识。邹衍明确要求将这些知识"施及黎庶"，让百姓都懂得阴阳之道，五行之序，行四时之教令，适时而作，以时而事。邹衍不仅意识到教育巨大的经济作用，而且还说"政教文质者，所以云救也"，把教育提高到兴利除弊的救国高度予以肯定在先秦诸子中是不多见的，中国最早的"教育救国论"概由邹衍肇端。

3. 纵横家的教育经济思想

战国时期，"邦无定交，士无定主"③。各诸侯国为了生存，或弱国结盟联合起来攻打强国，或与强国结盟攻打其他弱国，前一种生存策略叫"横"，后一种扩张策略叫"纵"。约纵连横现象的产生，既由战国群雄争霸的现实决定，也是一些处士、辩士直接推动的结果。这些接受过教育的策士们积极奔走于列国之间，他们巧舌如簧，智谋过人，唯富贵是取，唯权谋是尊。纵横家中最具代表性的当推苏秦和张仪。

纵横家们都拥有丰富的知识。《史记》《扬子》《论衡》均载苏秦和张仪师

① 《司马法·仁本》。
② 侯外庐等.中国思想通史（第一卷）[M]. 北京：人民出版社，1957：646.
③ 《日知录》。

从鬼谷先生。他们的主要工作是游说君王或者权臣。因为不像儒墨等诸子培养学生，进而影响政治经济，纵横家们并不要求塑造理想人格，也不需要确立做人原则，更不必履行道德义务，而是因时趁势，"论诈之变，而讳其败。言战之善，而蔽其患"，顺人之好，以利相说。约纵也好，连横也罢，完全依据统治者的利害得失之需，定计献策。他们朝秦暮楚，并无恒定的立场和是非标准，"以是为非，以非为是"①。在秦谈约纵，拉拢他国以分化瓦解同盟，到楚则谈连横，建立盟约以对付强秦。一切为游说对象服务，一切以政治权谋为中心，一切以策略计谋为枢机。

纵横家将知识转化为权变灵活的策略，"成于事而合于计谋"②，认为计谋可以决定一切，以此求取富贵功名。《战国策》记载苏秦初次游说秦王而不被采纳，资用乏绝，落魄而归，回到家里，"妻不下纴，嫂不为炊，父母不与言"，他痛下决心，"读书欲睡，引锥自刺其股，血流至足"，坚信知识可以改变命运——"安有说人主不能出其金玉锦绣，取卿相之尊者乎？"他学习的目的极为明确，就是以知识换富贵。当他再次游说赵国时，与赵王抵掌而谈，深受赏识，封为武安君，受相印，黄金万溢，富贵至极。路过家乡洛阳时，父母清宫除道，张乐设饮，郊迎三十里，妻子侧目而视，倾耳而听，嫂嫂蛇行匍匐，四拜自跪请罪，以至苏秦感叹道："嗟乎！贫穷则父母不子，富贵则亲戚畏惧。人生世上，势位富贵，盍可忽乎哉！"

从教育功能目的角度看，纵横家把知识等同于财富地位的思想不免使教育沦为权势的奴仆，"显得单调教条而毫无生机，甚至成了权势者的政治权力与纵横家的富贵势位之间某种'商品'式的等价交易，充满了论行结交以进行政治买卖的庸俗气息"③；若换一个角度，纵横家把知识谋略拿来当商品换取卿相富贵的做法无疑又极大地彰显了知识的经济价值。

4.货殖家的教育经济思想

货殖家即今天所说的商家，著名者有管仲、玄高、子贡、范蠡、白圭、吕不韦等。中国封建社会重农抑商的政策使得该学派在思想史中毫无地位可言。准确地说，货殖家的教育经济思想通过其经济教育思想体现出来。货殖

---

① 《史记·张仪列传》。
② 《鬼谷子·忤合》。
③ 王炳照，阎国华. 中国教育思想通史（第一卷）[M]. 长沙：湖南教育出版社，1994：478.

家们关于经营人才的培养、择人用人的条件和原则、经营决策的主导思想、经营致富的措施办法都是其教育经济思想的体现，即通过选择培养对象，确定教学内容，传授经营技能，使这些培养对象成为经营人才，实现致富目的。比如，货殖家培养对象的条件是"智、勇、仁、强"，培养的宗旨是习得"富家之学"或"治生之术"。范蠡提出"人弃我取，人取我与"的经营决策原则，在供过于求，价格下跌时买进；"贱下极则反贵"，当市场供需一旦出现供不应求时，行情必然发生变化，价格马上回升，这样趁机大量销售。白圭主张经营人才应按如下思路培养：具有政治家的权术谋略，把握军事家的战略战术，遵循法家的奖惩原则。他要求经营者"乐观时变"，"论其有余不足，则知贵贱。"货殖家们传学授徒以"待乏"和"积贮之理"为基本内容，经营致富的措施可概括为："务完物，无息币。""务完物"是强调商品财物的质量，销售时要保持完好。"无息币"是指不要让货币资金积压，要使其在不断周转中实现价值增值。要做到这些，必须首先"以物相贸易，腐败而食之货勿留"，其次"论其有余不足，则知贵贱"，再按"旱则资舟，水则资车"①的农产品经营贸易法则来规范经营行为。货殖家们还提出了一套预测办法来测定农业生产的丰歉，主张按年景收成来对粮食和农副产品进行协调经营。他们的预测不是直接以价格的变化为据，而是以支配价格变动的物质资料生产状况为据。胡寄窗认为他们的预测方法尽管不完全科学，但"至少在方法论上比现代商情预测者们更正确些"。至于范蠡"在贸易思想方面的贡献也表明他在这方面的天才表现绝不下于古希腊的哲学家，甚至在个别问题上接近了西方古典经济学的水平"②。

---

① 《史记·货殖列传》。
② 胡寄窗.中国经济思想史简编［M］.北京：中国社会科学出版社，1981.

第三章
争鸣与融合：先秦诸子教育经济思想比较

通过前一章的分析我们不难看出，先秦时期诸子的教育经济思想是极其丰富的。它们各异其趣，五彩斑斓，多有深造自得之语，时见精确不磨之论。若对其精微细密之处虚心披览，极意考求，就会发现，学派间、学派内、诸子间的教育经济思想时而曲畅旁通，时而格不相入，他们既彼此攻讦，甚至每欲除之而后快，但常常又不自觉地相互吸引靠拢，甚至突越藩篱，归于一途。一言以蔽之，诸子思想在争鸣中茁壮成长，在融合中走向成熟。

一、学派间的争鸣交锋

不同学派间诸子的教育经济思想不同。但值得注意的是，学派间教育经济思想的差异不是绝对的，而是相对的，并不存在学派间观点的绝对对立。学派划分只是便于简化分析。学派与学派之间、某一学派内部思想的共性与区别常在几微之间，彼此交织，难以截然画界。既存在不同学派中思想相近相似的情况，也存在同一学派中思想迥异的现象。这是研究诸子之间教育经济思想差异必须事先予以明确的。

总的来看，诸子的立场不同，教育经济思想也不同。诸子的立场包括了哲学立场、政治立场、教育立场、经济立场以及上述立场的综合。从哲学立场看，先秦诸子正逐渐摆脱宗教神学的束缚。人的命运始由神鬼等神秘力量主宰，渐为天人默契互通，终至主体意识觉醒，哲学认识上的变化使得先秦诸子对关乎人类自我实践的教育问题、经济问题产生浓厚的兴趣。总体比较来看，道家的哲学观是相对消极的。因此，道家的教育经济思想整体来看也是消极的。但消极不是低级，相反，道家哲学所达到的高度是各家难以企及的。道家哲学消极的背后是对现实的反思，这就同时赋予道家教育经济思想反思的特性；从政治立场看，诸子各家为解决现实问题，都提出了自认为可行的具体的主张。孔子站在贵族阶级立场上，讨论教育或经济问题的目的是为贵族阶级的统治服务。孔子关注教育与经济之间联系的根本目的还是在礼崩乐坏的时代重建作为统治基础之"礼"。尽管他不厌其烦地说"仁"，主张教育将人导向"仁"，但"仁"的具体落实还是"礼"。他也极力主张民富、国富，发展经济，但最终目的仍是"富而好礼"，为建立"礼"的社会秩序创造物质条件。教育→君子（仁）→经济→礼，这是孔子教育经济思想的逻辑；墨子是代表小生产者利益的，教育的作用是培养兼爱为义的"兼士"，"强力从事"使国富财足，百姓暖衣足食。虽然也强调教育上之所导，下之所驱，改善社会风尚的作用，但其主流还是突出教育兴利除害的社会经济功能。教育以经济作为目的而非手段，是孔、墨教育经济思想最大的区别。教育→兼士（"义"）→经济，这是墨子教育经济思想的基本逻辑。从教育立场看，各家都极力突出教育对经济的正向功能，道家则不然。道家不否定教育的经济作用，而是注意到"强为之教"的弊端，看到教育的权柄由于被统治阶级操纵、滥用，标榜为善的教育逐渐偏离了正常的航道，有将人导向罪恶深渊的危险，由此他倡导遵循自然之"道"、复归于朴的教育。事实上，"处无为之事，行不言之教"①，民自化自富，不是唯我是从、颐指气使、反复说教，而是因势利导、虚静淡泊、守雌贵柔，与其说是消极的不教，不如说是更高明、更积极的善教，反而起到潜在的经济效果。教育（不言之教）→经济（自化自富），这是老子教育经济思想的逻辑。从经济立场看，法家完全是站在国家统治立场，教育培养人不是目的，国富兵强，实现霸业才是目的。能法、耕战之士的培养都必须为此服务。教育（以法为教）→能法、耕战之士→经济（富国），这是法家教育经济思想的逻辑。货殖家则是完全站在个人发家致富的立场，他们也提出"智、勇、仁、强"的教育要求，但教育主要是传授"富家之学""治生之术"，目的明确，一以个人积累财富为目标。教育（治生之学）→商人→经济（自富），这是货殖家的教育经济思想逻辑。

---

① 《道德经》第二章。

对一些具体问题的探讨，诸子也有分歧。

1.关于教育收益

关于教育的收益问题，孔子是教育的个人收益与社会收益并重论者。儒家不反对个人以教育求取俸禄的行为，更主张教育培养君子，为国家经济发展服务，为建立"礼"的社会秩序服务；墨家主要是教育的个人收益论者。他不仅主张"教人耕"，对百姓进行广泛的从俭求富、利民生财的教育，让教育对个人直接"生利"，而且还把教育的功能放大到可以实现"兴利除害"的目的和实现世间太平、国泰民安的社会理想。以实现小生产者的利益为出发点，教育也同时收获了良好的社会效益；道家是教育的个人和国家"负收益"论者，即"有为"的、干涉的、扰民的教育不但不能给个人和国家带来经济收益，反而是有害的。不过，倡导"不言之教"则是另一番景象，不但民可自富，获得个人收益，国家也可以"为于未有，治于未乱"①。就老子而言，不是教育有无收益的问题，而是哪种教育能产生收益的问题；法家是教育社会收益论者。"尽地力之教"（李悝）、壹教（商鞅）、法教（韩非）主要是使国家财政收入增加，从经济上奠定称霸的基础，首要的不是藏富于民，而是藏富于国。

2.关于受教育机会

在个体的受教育机会方面，孔子声称"有教无类"，只要给一定的学费（"束脩"），就会对之施教。孔门弟子三千，提供的教育机会还是相对较多的。不过"束脩"也是一笔极大的开支，对于大多数人来说即使有教育需求，也无支付能力。孔门弟子中有不少穷人，孔子的教育虽带有慈善性质，但毕竟有限，维持庞大学生群体的衣食住行，一定的学费是不可缺的。当时官学式微，私学兴起，但像孔子如此大规模的私学不多，因此总的来看教育资源是稀缺的。孟子反对教育垄断、荀子"涂之人可以为禹"②明显延续了孔子"有教无类"的思想，孟子私学的规模也比较大，荀子也培养了不少学生。尽管他们都主张扩大教育规模，但提供的受教育机会终归有限。尤其对广大贫苦百姓而言，许多人只能勉强活命，甚至食不果腹，接受教育是不现实的。相

---

① 《道德经》第六十四章。
② 《荀子·性恶》。

比孔子贵族气质的教育，墨子为下层百姓提供了更多受教育的机会。史籍中没有墨子收取学费的记载，墨子及其弟子帮助诸侯国守城御敌有功后有无接受诸侯或大臣的馈赠也不得而知。可以肯定的是，墨子身体力行，在教学的同时和弟子一起亲自劳作，弟子们基本上过着半耕半读的生活。并且，墨子的弟子中少有子贡那样富有的学生，据此我们推测，墨子办学经费的主要来源是师生耕作的收获。从墨子的学生群体主要是下层子弟来说，墨子是真正彻底地贯彻了孔子"有教无类"的主张。法家"以法为教"的范围则更为广泛了，凡是国中之民，尽在教化的范围之内。只不过，法家政教一体的社会教育和孔、墨私学还是有所区别的。

个体的教育机会与教育供给有关，而在影响教育供给的因素中，师资状况具有直接的决定意义。孔子首开"次相传授"的先例，学生中一些各有所长者、贤者也时常做老师，承担一定的教学任务；墨家后期发展了"巨子"教学制度，以此解决师资短缺问题；法家"以吏为师"，官员身兼教师，既有利于扫除教育在政治、经济领域推行的制度障碍，保证了教育效果，使教育的社会作用最大化，又解决了师资问题，扩大了受教育的机会。

3. 关于"人力"

在经济发展的诸因素中，人是最基本的因素之一。一个国家或地区的人力资源状态，对于充分有效地利用物质资源，实现经济增长，都是极为重要的条件。[①]虽然还不具备"人力资本"概念，但先秦诸子已意识到，人的素质对于推动生产发展和经济进步起着重要作用。只不过，对人的素质构成中哪些因素对经济发展起主要作用，诸子存在认识上的分歧。儒家认为具备"仁义礼智信"的"君子"对国家政治、经济、文化会产生全方位的积极影响，"君子品格"对经济产生自上而下的组织动员效能，作用不可估量。也就是说，品德修养而非凝聚在劳动者身上的知识技能，是经济增长的主要因素；墨子关于人的素质的看法相对全面一些，除了道德品质，他特别强调人的生产能力——"厚乎德行，辩乎言谈，博乎道术"[②]。"厚乎德行"与儒家基本一致，"辩乎言谈"是为了适应墨家"上说下教"的需要而提出的语言能力方面

---

① 范先佐.教育经济学新编［M］.北京：人民教育出版社，2010：13.
② 《墨子·尚贤》。

的要求，"博乎道术"除了军事防御守备能力，最主要的是生产劳动技能和工艺技巧。墨子的"赖其力""强力从事"之"力"不是单纯指人的体力，还是道德修养、语言能力和生产技能三方面能力素质的综合。尤其值得一提的是，墨家对劳动者素质的要求还包括较高的科学素养和逻辑思维能力；法家对人的素质要求不亚于儒、墨。韩非发展了商鞅对人才"能法""耕战"的要求，提出"全大体"的素质理论："古之全大体者，望天地，观江海，因山谷，日月所照，四时所行，云布风动；不以智累心，不以私累己；寄治乱于法术，托是非于赏罚，属轻重于权衡；不逆天理，不伤情性；不吹毛而求小疵，不洗垢而察难知；不引绳之外，不推绳之内；不急法之外，不缓法之内；守成理，因自然；祸福生乎道法，而不出乎爱恶；荣辱之责，在乎己而不在乎人。"①这对素质的要求是比较高的，已经近似于"全面发展"了。韩非提出的人才标准中"智术""能法""耕战"是对知识及劳动能力方面的要求，"耿介"是对道德品质的要求；专致"治生之学"的货殖家除了对商业知识特别重视外，也对人的素质提出比较全面的要求："其智不足与权变，勇不足以决断，仁不能以取予，强不能有所守，虽欲学吾术，终不告之矣。"②"智勇仁强"是对一个商业经营者的全面要求。由此可见，关于"人力"的问题，先秦诸子已经进行了卓有成效的探索，并且形成了不同的看法，各有侧重。对"人力"的看法由单一"体力"向知识、技能、品德、观念、态度等"综合素质"的转变表明，先秦诸子尽管不能像当代教育经济学那样把资本理论推广应用到人力方面，将其作为资本的特殊样态加以研究，也没有把人力视为决定经济发展的内生变量并将其直接作为投资对象，更不可能对人的能力形成与发展的经济机制进行理论阐析，但是，他们已经意识到具有一定素质的人是对经济发展起决定作用的重要因素之一，作为一种稀缺有用的资源，凝聚在劳动者身上的知识、技能及其表现出的能力是有经济价值的。并且，这种能力具有在动态上发展与增值的可能性。先秦诸子虽然承认有"生而知之者"，但并不认为人的知识技能主要来自于先天遗传，而是"能征知"，即主要是教育培养和塑造的结果。这就极大地肯定了教育在保持人的发展与经济发展良性互

---

① 《韩非子·大体》。
② 《史记·货殖列传》。

动关系方面所具有的关键作用。

　　单就人的素质构成之一的智力因素来说，诸子的认识也有所不同。墨家对劳动者的智力素质的要求与我们今天所言"智力"的意涵最为接近，以"明""材"释"智"表明其认识论的唯物主义倾向。墨子智术教育既注重力学、光学、数理、几何等科学文化知识，也注重原理理解（如杠杆原理、斜面原理、滑轮原理）、知识运用（如用杠杆原理制作衡木担物、桔槔提水，用滑轮斜面原理制作可作战可运输的"车梯"）、方法总结（如实际观察法、科学实验法、实践操作法、抽象思维法）等科学素养的提高，还注重创造力的培养（如用木料制作飞鸢、负重的车輗）。墨家最早将"智"区分为"德性之智"和"闻见之智"，并细分为"亲知""闻知""说知"，极大丰富了"智"的意涵；老子认为智巧产生邪恶妄见，主张"绝圣弃智"。他反对具体知识形成的"智"，追寻超越的智慧，即洞察宇宙奥妙之"道"。他认为这种智慧不是为学日益所能得到的，反而要为道日损，是只有摆脱自然现实的知识才能获得的"大智若愚"的最高境界。货殖家也主"智"，将"智"置于选拔学生的条件和标准之首，以"权变"来解释"智"。货殖家认为，"智"除了天赋异禀，更在教育培养，核心是谋略，通权时变，把握时机，运筹帷幄，在商业经营中出奇制胜；法家韩非说"事智者众，则法败"[1]主要是反对儒、墨之智而并不是单纯反对"智"，反而把"智术"之士作为培养的目标："智术之士，必远见而明察，不明察不能烛私。"[2]"智"是洞透事理的远见卓识，是洞彻权私隐情的火眼金睛。"远见而明察"，非知识之广博则不能见识高远，非智识之卓异则不能明察秋毫；儒家之"智"则更多地具有"智德"的意义。

　　概括而言，除道家外，先秦诸子基本都主张积极地培养智识人才，尊重人才，彰显知识的价值。孔子、孟子、荀子都谈"智"，意涵有些微差别，这就涉及学派内部观点差异的问题。

---

[1]《韩非子·五蠹》。
[2]《韩非子·孤愤》。

二、学派内的歧见异说

《辞海》对"学派"的解释是"一门学问中由于学说师承不同而形成的派别"。之所以把某些人的思想划归为某一学派，是因为他们在一些主要问题的看法或见解上具有一致性。基本看法相同或相近，不能排除他们在一些具体问题、观点上的细微差别或歧异，甚至针锋相对。

如上所述，在儒家内部，对"智"的看法就不尽相同。孔子认为"自知""知人""知天命""知道"就是"智"，范围广泛；孟子认为"明是非"即"智"，智者关键在明白当务之急："知者无不知也，当务之为急"[①]；荀子则对"知"和"智"的细微差别作审辨："知之在人者谓之知。知有所合谓之智。智所以能之在人者谓之能。"[②]"知"是主体具备的知识储备和认识能力，"智"则是主客统一，即主体的智识通过客观物事表现出来的思维品质，突出智慧在实践中的可观测性。荀子还首提"智能"概念。这是儒家对"智"内涵的不同把握。"智"从何而来，儒家内部的看法也各不相同。孔子既认为有"生知"，更强调"学知"，通过持之以恒的学习向"智"靠拢，"好学近乎智"[③]；孟子发挥孔子的"生而知之"论，将其进一步内化为"心知"，"心之官则思""仁义礼智根于心"[④]，认为人天生就有"智端"，"智"非由外铄，"我固有之"，求则得之；荀子则完全是"外铄"论者，人"智能"的源泉在于"合"，产生于主体对客体能动的实践活动中，后天的学习、受教育是获得智慧的唯一途径。

事实上，儒家在一些具体的认识上互有差异，以下择要述之。

1. 对影响生产效能的道德素质的认识有异

思想道德素质是衡量人力资本发展水平的重要指标，思想道德素质是人的整体素质的重要组成部分。从生产过程和经济活动看，具有良好道德素养的劳动者，对经济增长和发展会产生巨大的正效应。在道德价值观上，儒家

---

① 《孟子·尽心上》。
② 《荀子·正名》。
③ 《孟子·阳货》。
④ 《孟子·尽心上》。

的基本认同是"内圣外王"，不过各有侧重。

孔子把"智"列为"三达德"之首，以"成人"为完美人格：

> 智仁勇三者，天下之达也；知者不惑，仁者不忧，勇者不惧。[①]

> 若臧武仲之知，公绰之不欲，卞庄子之勇，冉求之艺，文之以礼乐，亦可以为成人矣。[②]

完美的道德由智、仁、勇达成，通过艺、礼、乐表现出来。孔子特别注意知识在形成道德认识和道德价值观、规范人的行为、形成学以致用的能力方面所具有的价值。西方基督教的教育是教人成神，东方佛教的教育旨在将人导向"彼岸世界"，道家教人"遁世"，墨家教人技艺道术，法家教人耕战法势，儒家孔子则教人做真正的人。孟子在这个根本点上与孔子保持高度一致，不过，孟子的人格教育在继承中有更大的发展：

> 恻隐之心，仁之端也；羞恶之心，义之端也；辞让之心，礼之端也；是非之心，智之端也。[③]

> 富贵不能淫，贫贱不能移，威武不能屈，此之谓大丈夫。[④]

"四端说"是人格教育的出发点，培养"大丈夫"，进而实现"仁政"是人格教育的目标，调动每个人自身具有的人格力量是人格教育的动力，积极入世，在环境中自我存养、扩充善端是人格教育的基本途径。孟子对孔子的人格教育做了提升，使之由经验认识跃变为理论形态。孟子虽承认人人都有"良知""良能"，可道德品质的最终形成有赖教育获致，先师而后臣，就像商汤受教于伊尹，不劳而王，桓公受教于管仲，不劳而霸。孟子的道德价值观是建立在"良知""良能"的天赋本能基础上，荀子则相反。他说："人之生，不能无群，群而无分则争，争则乱，乱则穷矣。故无分者，人之大害也；有分者，天下之本利也。"[⑤]道德之所以必要由人的社会性决定。人是社会的人，是群体性存在，群体由个体构成，所以合群的前提是定分，必须制礼义，讲道德，调节人与人之间的关系。道德源自人类社会生活的需要，与礼

---

① 《论语·子罕》。
② 《论语·宪问》。
③ 《孟子·公孙丑上》。
④ 《孟子·滕文公下》。
⑤ 《荀子·富国》。

同根同源。孔子的礼是仁德的外在表现，荀子却把礼提高到道德本体的高度加以确认：

> 礼起于何也？曰：人生而有欲，欲而不得，则不能无求，求而无度量分界，则不能不争。争则乱，乱则穷。先王恶其乱也，故制礼义以分之，以养人之欲，给人之本。使欲必不穷乎物，物必不屈于欲，两者相持而长，是礼之所起也。故礼者，养也。①

"礼"是道德规范，"养"是物质经济，道德教育的作用不是压制人们的物欲，在于"导欲"，矫治情性，使之复归到合理的追求。道德教育应物质而生，礼的根源在自利本性，这种思路与霍布斯《利维坦》从功利出发探讨社会契约达成及国家产生的方式如出一辙。

简言之，孔子的道德价值观是"成人"式的完美人格，不以经济为唯一目的，而经济社会面貌的改善是劳动者道德素养提高的自然结果和必然产物；孟子自觉地将德、政结合，创造性地提出"仁政"，劳动者的道德素质与经济发展的关系更为直接、紧密；荀子干脆礼德同源，以物质经济之"养"来解释道德教育之"礼"。道德应经济生活而生又制衡经济，使人们的物质关系更协调。从孔子到荀子，道德价值观由内而外的轨迹较为清晰。

2.教育规范劳动者行为的方式有别

现代教育经济学理论认为，与劳动者有关的经济现象和成果都是劳动者行为的结果。劳动者的行为与经济活动有着紧密联系。劳动者的行为合乎规范，生产要素得到合理配置，经济活动的效果就好；反之，劳动者的行为不规范，体力和智力消耗就会下降，劳动的实际供给减少，对经济增长就产生不良影响。劳动力素质和才能对经济增长的贡献必须以劳动力的行为规范为前提。如果劳动力行为不规范，素质较高也不完全会成为经济增长的动因。②

法家提出适于时的"壹教"以统一国民的经济行为。商鞅说：

> 圣人之为国也，壹赏，壹刑，壹教。壹赏则兵无敌，壹刑则令行，壹教则下听上。……明教不变，而民知于民务，国无异俗。……明教之犹至于无教也。③

---

① 《荀子·礼论》。
② 范先佐.教育经济学新编［M］.北京：人民教育出版社，2010：107.
③ 《商君书·赏刑》。

教育使民知务，"壹"即统一行为，明确应该做什么和怎样做，各尽职守，知所适从。商鞅还着重指出统一教育对劳动者行为的规范作用："去无用，止浮学事淫之民，壹之农，然后国家可富，而民力可抟也。"①劳动行为规范的效果是生产能力得到提升、集中。

墨家以"法仪"技巧规范弟子的行为。他说：

百工从事，皆有法所度。②

百工为方以矩，为圆以规，直以绳，正以县，平以水……皆以此五者为法。③

"法"就是生产规范，从事生产和工艺制作要讲"规矩"。墨子教弟子许多生产技能，提升经济活动的效率，"使各从事其所能"④。与法家用"壹教"规范生产行为、墨家用"法仪"教育规范经济行为不同，儒家用"礼教"规范经济行为，按道德准则行事。不过在具体方式上，儒家内部有细微差别。

孔子重礼，不仅以仁释礼，还将礼的适用范围延展，以礼为教化手段，对百姓"齐之以礼"。礼的实质是道德规范，对经济行为的调节本质上是道德约束。尤其是对统治阶级而言，礼反对刑杀暴力，不允许其恣意妄为。礼的规范从长远看利于统治阶级，也为等级消费和经济剥削提供依据。孔子期待用"礼"的教育对社会各经济主体加以规约，从仁到礼的过程使得道德伦理和经济伦理合二为一。

孟子继承孔子对礼的看法，进一步明确"仁、义、礼、智"四端，使之成为道德要求和行为准则。孟子主要对统治者的行为提出要求：广施仁政，制民恒产，取民有制。"民贵君轻"思想指导下的礼更具民主意味。"夫义，路也；礼，门也。唯君子能由是路，出入是门也。"⑤礼之重要在于它是走向"仁义"的门径。上下都从义循礼，"劳心者"和"劳力者"各安其分，各守其职，社会就会安定繁荣。

荀子对礼的尊崇不亚孔孟，"人无礼则不生，事无礼则不成，国家无礼则

---

① 《商君书·农战》。
② 《墨子·法仪》。
③ 《墨子·法仪》。
④ 《墨子·节用中》。
⑤ 《孟子·万章下》。

不宁"①，礼是根本。一方面荀子强调礼是"治辨之极""强国之本"，另一方面又指出"法者，治之端也"②，将礼教与法教结合："礼义生而制法度。"③他注意到礼法结合才会对劳动者的经济行为产生良好的规范作用。"职而教之，须而待之，勉之以庆赏，惩之以刑罚"④，对不同职业的劳动者进行教育，礼教的顺导、须待必不可少，但庆赏、刑罚也不可或缺，两者结合使用方能对劳动者安于职守起到好的作用。所以荀子说：

> 故不教而诛，则刑繁而邪不胜；教而不诛，则奸民不惩……先王明礼义以壹之……爵服庆赏以申重之。⑤

隆礼与重法相结合，德治以法治为补充，既提前劝化，又施行威励，违法乱纪的事得到制止，百姓的一切行为包括经济行为得以规范，如此就能"明分职，序事业，材技官能，莫不治理"⑥。

3. 不同的人力存养之道

生产能力是附着在劳动者健康的身体之上的，智力发挥作用必须体力参与，保持人的身体健康意义重大。可以说，身体不复存在，身体所负载的人力资本也荡然无存。可见，身心健康在人的素质要素中处于基础地位。先秦诸子对身心健康的教育非常重视，形成了不同的养生之道。

老子尊法自然，道体无为，提出要想长生久视就必须"致虚极，宁静笃"⑦：

> 五色令人目盲，五音令人耳聋，五味令人口爽。⑧

见素抱朴，少私寡欲，神凝气聚，身体就健康了。庄子继承了老子清静寡欲、恬淡无为的养生思想，认为"形劳而不休则弊，精用而不已则劳，劳则竭"⑨，提出"形不劳""精不亏""守形长生"等养生理论。《吕氏春秋》也主张形神相安，节制欲望：

---

① 《荀子·修身》。
② 《荀子·君道》。
③ 《荀子·性恶》。
④ 《荀子·王制》。
⑤ 《荀子·富国》。
⑥ 《荀子·君道》。
⑦ 《道德经》第十六章。
⑧ 《道德经》第十二章。
⑨ 《庄子·外篇》。

圣人察阴阳之宜，辨万物之利，以便生，故精神安乎形而年寿得长焉。何为害？五味太过，五者充形则生害，此其一，乃饮食为害；七情太胜，过胜则伤神，乃情志为害，此其二；六淫太过，太过则伤精，乃六淫为害，此其三。知其三害而避之，使之无过。自然神安而形壮，年寿很长。①

《吕氏春秋》还倡导"动"，"形不动则精不流，精不流则气郁。"②稷下黄老的养生保健与医疗知识教育尤值一提。1973 年长沙马王堆汉墓出土的一批帛书中就有一些医书，包括《足臂十一脉灸经》《阴阳十一脉灸经》《导引图》和《五十二病方》。《五十二病方》中记载的病名有 103 种，药方达 300 种之多。这表明时人已摆脱神秘因素致病的迷信观点，对疾病的认识发生了质的飞跃，建立了唯物病因说。③健康教育并非道家黄老的"专利"，儒家对此也有丰富、深入的讨论，孔、孟、荀对健康教育的看法也是同中有异。

孔子敬畏人的生命，赋予身体、生命以伦理属性。他要求注意起居、饮食，注意劳逸结合，指出在不同年龄阶段，节制养生的重点不同。且看他的相关论说：

身体发肤，受之父母，不敢毁伤，孝之始也。④

处不时，饮食无节，劳逸过度者，疾共杀之。⑤

君子有三戒：少之时，血气未定，戒之在色；及其壮也，血气方刚，戒之在斗；及其老也，血气既衰，戒之在得。⑥

孔子提出"食无求饱"⑦、"食不言，寝不语"⑧等养生要求，还提出"智者乐，仁者寿"⑨的养生思想，以礼乐陶怡性情，以射御娱乐强身。孔子主张致中和，全保中庸之德，为人"忠恕"，待人"温良恭俭让"，不怨天不尤人，不贪利，"哀而不伤"等等，一切依于"仁"，调节各种矛盾，使人的身心始

① 《吕氏春秋·尽数》。
② 《吕氏春秋·尽数》。
③ 王炳照，阎国华，徐仲林等.中国教育思想通史［M］.长沙：湖南教育出版社，1994：544.
④ 贾龙标.儒家的养生思想及其现代价值［J］.河南师范大学学报（哲学社会科学版），2005，32（6）：76-78.
⑤ 《论语·雍也》。
⑥ 《论语·季氏》。
⑦ 《论语·学而》。
⑧ 《论语·乡党》。
⑨ 《论语·雍也》。

终处于宁静、和谐的状态，人就能健康长寿。这不仅是健康卫生知识的传授，还包括健康意识、健康态度的培养。

孟子注重"德"与"养"、"养"与"用"结合。他认为养身要从养心入手：

养其心，养其性，所以事天也。夭寿不贰，修身以俟之，所以立命也。①
养心莫善于寡欲。②

要想体健寿康，存心养性是门径。以德存养，身心就会健康。他提出"生于忧患，死于安乐"的命题，主张"必先苦其心志，劳其筋骨，饿其体肤，空乏其身"③，在酷劣的环境中对身心加以磨砺修炼。

孟子未停留在为养生而养生、苟且偷生的层面，强调养生的目的是要始终保持忧患意识，以健康的身体、坚忍的意志、浩然的气魄去承担起社会的责任，把"养""用"统一起来。孟子在奋进中激发生命活力的思想受到唐代药学家孙思邈的推重：

故养性之士，先知自慎。自慎者，恒以忧畏为本。……故养性者失其忧畏，则心乱而不理，形燥而不宁，神散而气越，志荡而意昏，应生者死，应成者败，应吉者凶。④

生命固然值得珍视，但当生命与道义发生剧烈冲突时，甚至不惜舍生以取义、杀生以成仁。在有所作为中珍视生命、养护生命，不碌碌而生，这正是孟子积极入世的生命哲学。

荀子突出运动对保持身体健康的重要性，称"养者而动时，则天不能使之病"⑤，注重动静结合。他反对"以己为物役者"⑥，认为欲望过重，追求物质享受，人的身体就易患疾病。用"礼"来节制欲望对身体健康是很有益处的。他特别重视"治气养生"，总结出"血气刚强，则柔之以调和"⑦的辩证法则。

4. 不同的人才取用之法

教育所培养的人才如果不能在政治经济生活中发挥作用就是对教育资源

---

① 《孟子·尽心上》。
② 《孟子·尽心下》。
③ 《孟子·告子上》。
④ 《谭宾录》。
⑤ 《荀子·天论》。
⑥ 《荀子·正名》。
⑦ 《荀子·修身》。

的浪费。教育资源的有效利用取决于两个方面的因素：一是人才的培养要符合社会要求，做到学以致用；二是社会要形成有利于才能充分发挥的机制，做到人尽其才。墨家倡公平的取才机制，最早喊出"虽在农与工肆之人，有能则举之"①的响亮口号。"合其志功而观"②也是从效果入手，讲究人才培养的质量，强调学以致用。法家明确提出"以功用为的彀"的教育主张，人才选拔要求"功当其事，事当其言"③，并"论之于任，试之于事，课之于功"④。在实践中检验知识，在实践中检验人才。儒家之教育也重"致功用"。

孔子的政治经济主张是德治德政，教育是道德教化，人才培养与德治的理想相适应。孔子教训问稼的樊迟，也是认为君子应竭尽所学，推行德治，以获四方之民，做到学以致用。若弃学务农，则是大材小用，浪费人才。

孟子带着"舍我其谁"的自信，"得天下英才而教育之"的目的就是培养学以致用的"大丈夫"。他们具有强烈的忧患意识，以天下为己任，"富贵不能淫，贫贱不能移，威武不能屈"，甚至可以为了国家民族利益牺牲生命，更明确地将学用结合。为做到人尽其才，他极力为分工辩护，主张脑力劳动者和体力劳动者各安其位、各尽其才。

荀子认为教育"最为天下贵"之处就是能对恶性矫枉而正、扰化而导，"使皆出于治，合于道"⑤。他认为社会对人才的需求是多方面的，农夫、工匠、商贾、君子都需要教育"积靡使然"的培养。人才取用关乎教育价值功能的体现，荀子为统治阶级提供了一整套取人、用人的办法。在选拔、取用人才方面，他提出"取人有道"。一是"急得"，国家层面把人才摆在战略首位予以重视，统治者急得人才，才能身佚国治，王霸可图；二是"慎取"，建立选拔标准——"知而不仁，不可；仁而不知，不可"⑥，德才兼备才行；三是"校验"，在应对接物中分时段观察考核，判别优劣，明定用弃，将真才选拔出来。在用人方面，他主张"用人有法"，有能则举，无能则废，内不阿子弟，外不隐远人。只要有才能，不问出身，都予启用。"论德而定次，量能而授

---

① 《墨子·尚贤上》。
② 《墨子·鲁问》。
③ 《韩非子·二柄》。
④ 《韩非子·难三》。
⑤ 《荀子·性恶》。
⑥ 《荀子·君道》。

官"，建立公平的用人制度，"皆使人载其事而各得其所宜"①，为人尽其才创造良好的制度环境。

三、思想上的吸纳融通

诸子教育经济思想非一家一人之言论，非一朝一夕之功力，经历了分化、融合的过程，既相互区别，又吸纳融通，其形成与发展是集众所为、积时嬗递的结果。诸子教育经济思想的分化与融合既有横向共时的，又有纵向历时的，是纵横交织、分合统一的复杂过程。

1. 分化深化

大体来看，诸子教育经济思想分化主要有三种类型：

第一类是创辟新说，墨家就是如此。墨子"学儒者之业，受孔子之术"②，但从孔学分化出来，创立了与儒家并列的显学——墨学，提出了许多与孔子极为不同甚至相对立的观点和主张。儒墨对峙扩大了教育涉及的领域，丰富了教育经济思想资料。墨家"教人耕者其功多"的思想弥补了孔子"焉用稼"思想的不足；强调纪律、意志、团结、吃苦等品质，丰富了劳动者的素质构成；突出工艺技巧、劳动技能、工具革新等方面的知识传授，大量增加科技知识，克服了儒家教学内容的局限。

第二类是同一学派思想的推进深化，最典型的是孔、孟、荀思想的发展演变。孟子的贡献主要是将孔子的教育经济思想进一步具体化，将"教"（教育）和"养"（经济）作为全部思想的总纲。荀子的教育经济思想比孔、孟更为精彩：他有孟子的分工论，但更强调"隆积"的教育对分工形成的意义，明确教育对人的生产技能形成具有决定性作用，注意到教育具有多方面经济功能，等等。这些均是孔、孟没有提出，或语焉不详、论之不深的。

第三类是后学脱离师承归附另一学派，韩非即是如此。韩非是荀子的学生，却成为法家集大成者，教育经济思想与荀子有很大差异。李悝和禽滑厘曾受学于孔子的学生子夏，前者成为法家先驱，后者成为墨家后学。墨、法

① 《荀子·君道》。
② 《淮南子·要略》。

本自儒学分化而成，而儒家后学亦有归于墨、法者。这就是既分又合，分化与融合交织错杂。

学术分化易于陷入一偏之隅，导致偏蔽、琐细。但分化即深化，恰是学术发展的必由之路。探讨愈具体而微、细致精深，也就愈加凸显学术观点之长短、学术识见之高下、学术思想之精粗。学术知识分化深化产生的丰富思想资料积累到一定程度，必然会由此及彼，走向融合与创生。或者说，分化本身为融合创造了条件。大体看，春秋末期到战国中期，诸子的教育经济思想以分化为主，而战国后期至秦始皇统一中国，则以融合为主。

2. 融合互通

诸子教育经济思想的融合互通也有三种形式：

第一种形式是以某学派思想为主吸收、摄取其他学派思想的营养，形成"主辅"式融合。荀子的教育经济思想就是其例。荀子的教育经济思想主要是以儒家为主干，在教育对生产、消费、交换、流通等经济各个方面的影响，经济与教育之间唇齿相依的关系，经济发展状况与人心教化效果的关联，劳动者的素质结构等方面，荀子与孔孟基本是一脉相承的，或直接沿用，如"仁""义""忠""孝""惠""慈""智"等概念，或变而用之，如"礼""养"，或有所发展，如"儒""君子""圣人"等。在发挥儒家重礼思想前提下，他还吸收法家思想，儒法并用，思想更多包容气质，教育经济思想更开放多元，广度和深度上都超越了孔孟儒家。

第二种形式是学派支脉的江汉朝宗形成"分聚"式融合。韩非对法家思想纠谬补偏的收拾整理便是其例。李悝由儒入法，以法代礼，"尽地力之教"[①]"先富有而后推让"[②]的观点虽不免"贵诈力而贱仁义"[③]，但强调以顺导风化为先，仍保有儒家思想残留；商鞅则冷峻寡情得多，"壹教"的主张赏罚严明，一断于法，毫无商量的余地。这是儒家分化的一派，还有以重"术"之申不害、重"势"之慎到为代表的道家分化的一派。韩非则将礼、法融为一体，将法、术、势冶于一炉，使法家的教育经济思想演进到新的高度。如将老子之"抱朴"的"不言之教"变为"抱法"的"以法为教"，将墨子的

---

① 《汉书·食货志上》。
② 《史记·平准书》。
③ 《史记·平准书》。

"道术"发展为"智术"、"赖其力者生"变为"劳而富"，将荀子的人性恶变为"喜利畏罪，人莫不然"① 等。

第三种形式是诸多学派的百川归海形成"集成"式融合。稷下管子学派对诸子思想的杂博贯综、众采兼合即是其例。管子非管仲一家之言，而是杂集成书。② "章道以教，明法以期，民之兴善也如化，汤武之功是也。"③ 言汤武是儒家的传统，论天道是道家的气象，举明法是法家的主张，仅此一句就足见管子思想之驳杂。"然则得人之道，莫如利之；利之之道，莫如教之以政。"④ 从语言形式上看，将"得人"归之于"教育"，这是典型的儒家路数；从逻辑推衍的过程看，引"利"入"教"，教育得人以"利"为中介又分明彰显的是墨家、法家的功利色彩。管子强调"全身"之道在于四体固、九窍通，精气充足，才能健康。以精气统德，"饰德"养心。人只有"皮肤裕宽，耳目聪明，筋信而骨强"，才能"履大方，鉴于大清，视于大明"⑤。就是说身体健康对智力发展有着正面影响。"去欲则宣"⑥ "定心在中，耳目聪明，四肢坚固"⑦，"德"对"体""智"也会产生影响。三者互相作用，和谐发展。管子将道、德、智、法结合，创立德位相匹、功禄相当、能官相称的"德""功""能"三结合的人才结构观。单就道德而言，礼义廉耻"国之四维"的提法就不只是兼采众说，而是有所创生了。另外管子的卫生教育、工艺制作技术教育、科技与自然知识教育等都极大丰富了教育经济思想的内容体系，也成就了管子先秦教育经济思想"集大成"之地位。

3.共同论域

相比诸子间的争鸣交锋、诸子学派内的歧见异说，我们更关注诸子教育经济思想的吸纳共通。这是因为相比哲学、教育、经济等认识上的差异，诸子在教育经济思想方面有不少共通的地方，达成了许多惊人的共识，形成相对集中的论域：

①　《韩非子·难二》。

②　王炳照，阎国华，徐仲林等.中国教育思想通史［M］.长沙：湖南教育出版社，1994：581.

③　《管子·宙合》。

④　《管子·五辅》。

⑤　《管子·内业》。

⑥　《管子·心术》。

⑦　《管子·内业》。

（1）义利之辨：先秦教育经济思想的起点

研究先秦教育经济思想，必须首先考察教育家们对义和利的看法，这直接影响到人们对先秦教育经济思想有无的判断。人们倾向于认为儒家"罕言利"或"重义轻利"，以此先入之见来审视儒家的言论，难免认为儒家少有教育经济方面的论述。其实，这是一种误解，包括儒家在内的先秦诸子对教育和经济关系的洞悉，正是以对义利关系的深刻辨察为起点展开的。孔子并不反对利，认为富贵是每个人的现实追求，义利非矛盾对立，而可以兼得，是否合义是决定是否求利的唯一标准；孟子从富与仁的关系入手，强调薄赋税、分乐凶、明公私，取民有制以使民富，民富了需防止"为富不仁"，因此，必须"设为庠序学校以教之"①；荀子对儒家义利思想作了深入拓展，把义提到国家制度高度，认为义本质上是一种大利，人们的本性是出于一己私利，私利往往有损于群体之大利，需要义来调节，而教育就能将人导向义，使个人和群体的利益得以兼顾；墨子更是建立了以利为核心的德育功利原则，认为义之重要在于它可利民，认为义是"天下之大器"，只有施教以义，才能使饥者得食、寒者得衣、乱者得治。

义既是内在的道德要求，又是外在的行为规范，内容不同，精神要义一致。利的内涵也很丰富，既有政治、经济、社会利益之别，也有个人利益与群体利益之分，教育最大的价值在于循义求利，使志功合一、义利合一。

（2）先富后教：经济发展与教育发展的关系

早期的思想家们通过确定"富"和"教"的先后顺序来考察教育和经济的相互关系。孔子"庶、富、教"不是一个随意为之的简单排序，而是一个逻辑严密的有机整体：先有一定数量的人口，人口多起来后就使他们富裕，富了之后就需对其进行教育。从"庶"到"教"，人的发展既是出发点，又是归宿，完成了从数量到质量的提升。人处于核心地位，既是前提，又是目的；经济发展既能解决人的基本生存问题，保有人口规模，又为教育发展创造条件；教育提高人口质量，同时为经济的进一步发展提供智力支持。先富后教并非孔子的一孔之见，管子"民殖""民富""民有礼"②思想即与之合若符契。

---

① 《孟子·滕文公上》。
② 《管子·匡君》。

孟子认为，实现王道的根本途径就是靠经济和教育，先经济后教育。经济先行，为教育提供条件。经济发展了，物质生活水平提高了，教育必须及时跟进，否则，礼制混乱，仁义不修，经济发展的成果难以久存。这显然是对孔子"庶、富、教"思想的继承。荀子进一步将富教并举，认为"不富无以养民情，不教无以理民性"①，两者不可偏废。

经济发展好坏不仅为教育提供物质基础，而且还可以通过物质方面的影响间接作用于人的心理，为教育的顺利开展创造有利的心理条件。如管子"仓廪实，则知礼节；衣食足，则知荣辱"②、墨子"凶饥存乎国……士不入学"③、韩非"以古之易财，非仁也，财多也；今之争夺，非鄙也，财寡也"④。孟子认为"经界既正""乡田同井"就能"百姓亲睦"。⑤随着物质水平提高，人们精神追求的层次得到相应提升，孔子举住房为例，"始有"时是"苟合矣"，"少有"时是"苟完矣"，"富有"时是"苟美矣"。⑥从"始有"到"富有"，人们精神追求的层次也由"合"到"美"，越来越高。

（3）禄在学中：教育给个人带来收益

在现代教育经济理论看来，教育不只是消费，更是一种生产性投资，早在先秦时期，教育思想家们就认识到教育能给个人、社会带来多方面的收益。首先，教育能给个人带来收益。"三年学，不至于谷，不易得也"⑦反映当时士人普遍的求学目的是求职干禄。"学也，禄在其中矣"⑧表明接受教育确实能给个人带来经济收益。荀子认为君子"虑之易知""行之易安""持之易立"⑨，更直言大富大贵的唯一途径是学习。

教育能直接提高人的生产经营能力。墨子教会弟子掌握一定的生产技术；管子把提高劳动者生产能力的教育统称为"劳教"，称"劳教定而国

---

① 《荀子·大略》。
② 《管子·牧民》。
③ 《墨子·七患》。
④ 《韩非子·五蠹》。
⑤ 《孟子·滕文公上》。
⑥ 《论语·子路》。
⑦ 《论语·泰伯》。
⑧ 《论语·卫灵公》。
⑨ 《荀子·正名》。

富"①；货殖家将学生培养成懂得谋略权变、有胆识善决断、具备职业道德、富有经营技巧的经营人才，教学生掌握经营理论原则，以此支配自己的商业行为，达到"积著""治生"即赚钱致富的目的。教育还能涵养为个人职业发展所必需的综合素质，使"君民化变而不自知"②。孟子认为"士"无恒产却有恒心的原因在于教育；荀子认为人学而能，隆积师法有化性起伪的功能，对各行各业都有效；墨子的理想人才兼爱正义、刻苦简朴、守纪奉公、善于言谈而又精通农业、手工业生产技能，综合素质高，这样的"兼士"必须通过教育培养。

（4）一树百获：教育的多效性、长效性和迟效性

管子认为相比其他投入，教育投入尽管收效较慢，但给个人带来的收益更大，对社会的贡献也更大，并且，教育投资不会带来边际效益递减，具有长效性、递增性。

教育具有多效性。教育能齐集人心，淳化民风，其于经济的最大作用在于使制度的功能得到最大限度的发挥。先秦诸子提出的一系列治国理政的方略无一例外都以教育作为重要支点。如管仲"德有六兴，义有七体，礼有八经，法有五务，权有三度"③的治国方略，有效实施的基本前提在于"教训习俗者众"。墨子认为"天下有义则治，无义则乱"④，义的实现有赖教育发挥作用。儒家提出"大同"思想也是主张以礼教来收拾人心。

教育通过培养政治人才间接作用于经济，"学者非必为仕，而仕者必如学"⑤。政治管理人才虽不像农夫、商贾、工匠那样精于各种行业的专门技能，但他们具有的管理知识却能使各行业得到健康发展。掌握生产技能的人只能支配具体事物，而精于治术之"道"的人则能全面支配事物。政治人才对经济发展不但不可或缺，而且所发挥的作用往往比纯技能人才还要大，这在生产力水平总体低下的古代体现得尤为明显。

教育还能在一定程度上促进个人纵向流动，缓和社会矛盾。荀子主张根

---

① 《管子·侈靡》。
② 《管子·八观》。
③ 《管子·五辅》。
④ 《墨子·天志下》。
⑤ 《管子·大略》。

据受教育状况确定个人在社会阶层序列中的位次，发挥教育的流动功能。从汉代太学招收极少的寒门学子开始，直到隋代大规模地以射科取士，世袭门阀制度被打开缺口，越来越多的下层子弟才得以通过教育跻身上层社会，教育发挥流动功能慢慢由理想变为现实，而这一思想首肇其端的则是荀子。孟子把接受诸侯王优厚的供养看作是一种教育垄断行为，认为它与商业中的垄断行为相似。如按商业垄断征税的逻辑，教育垄断行为无疑也应征税，这无疑是极为超前的看法了。

在管子眼中，教育发挥经济作用是全方位的，体现在劳动者生产力提高（"力"）、社会化程度增强（"群"）、个人或群体财富聚集（"财"）、社会地位提升（"埶"）、健康状况改善（"寿"）等诸多方面。

教育还具有迟效性和长效性。孔子认为，教育发挥作用不是一蹴而就的，需要过程累积。他发现办教育、做学问"譬如为山，未成一篑，止，吾止也；譬如平地，虽覆一篑，进，吾往也。"[①] 荀子也指出"不积跬步，无以至千里。"[②] 要持之以恒，尤其是教育投入要持续不断追加，产生规模累积效应，这样才不致前功尽弃。韩非指出当时社会读书求学的功利倾向，认为之所以出现"中牟之民弃田圃而随文学者邑之半"[③] 的现象，是因为"修文学"者虽"无耕之劳"却"有富之实"。在韩非看来，"利之所在民归之"[④]，经过教育筛选，受教育者能获得可视见的爵禄，因此时人趋之若鹜。而荀子则主张办教育不能只短视当前，急责效验，认为教育的魅力正在于能给个人、群体、国家带来更为长远的利益，教育以及靠教育建立起来的诗书礼乐、仁义道统"为天下生民之属"，是一项累次渐进、作用显现迟滞、"长虑顾后而保万世"的事业。[⑤]

（5）四民分业：专业分工、专业教育与古代职业教育发轫

专业分工思想的出现是人类文明的一大进步。生产力的发展必然导致社会分工的出现，社会分工带来生产关系的变革又会进一步解放生产力，促进

---

① 《论语·子罕》。
② 《荀子·劝学》。
③ 《韩非子·外储说左上》。
④ 《韩非子·外储说左上》。
⑤ 《荀子·荣辱》。

生产力的发展和社会进步，这是人类历史发展的必然规律。对此，先秦思想家们均有精辟洞见。管子认为君子"食于道"，小人"食于力"；韩非子认为术业有专攻，"工人数变其业则失其功"①；孟子对劳动者做出了"劳心"与"劳力"的区分，肯定脑力劳动者虽不直接进行物质生产，需要物质生产者供养，但他们对社会生产不可或缺甚至更为重要。从社会大生产的角度看，每个人既是生产者，也是消费者，个体以自己的劳动为社会做贡献的同时，通过等价交换获得消费品，使自身的生产力得以存续、保持。诚如荀子所言："故百技所成，所以养一人也。而能不能兼技，人不能兼官。离居不相待则穷，群居而无分则争。"② 个人的消费品靠各行业生产，一个人不可能兼通各种技艺，这就既需分工，又要合作。

专业分工是生产力发展的结果，分工一旦形成，又有利于开展专业教育，提高劳动者的生产技能，如此又能进一步促进生产力发展。基于对专业分工和专业教育的认识，先秦诸子形成了早期职业教育思想。管子曾说："民不足于食，皆以其技能望君之禄也"③"民守其职而不乱"④。荀子批评职业无分，肯定"职而教之，须而待之""安职则教，不安职则弃"⑤，"人习其事而固，人之百事，如耳目鼻口之不可以相借官也"⑥，"守职""安职"揭橥职业态度、职业精神，"须待"表明职业教育的规律，"习事""技能"开显职业教育的本质特征，以此观之，先秦诸子的职业教育思想已初具雏形。

（6）顺民而教：导向利的教育与劳动力的存养、使用

"顺教"是顺遂百姓保全自我的逐利本性，因势利导而实施的生产生活教育。商鞅的"因民而教"⑦、孟子的得民心之"善教"就是顺教。管子说得很明白："民恶忧劳，我佚乐之。民恶贫贱，我富贵之，民恶危坠，我存安

---

① 《韩非子·解老》。
② 《荀子·富国》。
③ 《管子·国蓄》。
④ 《管子·宙合》。
⑤ 《荀子·王制》。
⑥ 《荀子·君道》。
⑦ 《商君书·更法》。

之。民恶灭绝，我生育之"①，"必先顺教"② 才能最大限度调动学生的积极性，教育的有效性、实效性才有保证。墨子教导弟子"利人乎即为，不利人乎即止"③，认为"利人多，功又大"④，荀子建议政教习俗应"相顺而后行"，都是主张教育要从有利于受教育者的前提出发。孔子认为"因民之所利而利之"就能"惠而不费"⑤，商鞅也赞成实施顺教可"不劳而功成"。这些提法表明早期的教育思想家们已开始把投入与产出关系纳入教育研究领域加以考量，晓悟到施教的原则就是让老百姓去做于己有利的事，这样国家才能用最少的教育投入取得最大的成效。

顺教需顺其时。孔子认为"择可劳而劳之"就能"劳而不怨"，⑥ 可见，"劳"有可劳和不可劳之分，关键就在时机的把握，时机把握得好，才能让百姓劳作而又不生怨恨。时机把握和时间安排对各行业都重要，对农业而言更是如此。管子认为，把土地折算分租，分户经营，就能"使民知时"⑦，"教民以时"⑧ 才能厚民养、致民利，"力地而动于时"才能"国必富"。⑨ 荀子"应时而使"、墨子"以时生财"也是提倡因时制宜地开展教育。

顺教要尽地力。法家先驱的"尽地力之教"、管子的"务地利"、荀子的"田肥以易则出实百倍"⑩ 皆是其例。

顺教需度民力，即根据劳动者的劳动能力状况实施教育。先秦诸子普遍认识到劳动力的重要性，如韩非子"使民以力得富"⑪、墨子"强力从事"⑫、孟子"劳力者食人"、邓析"养物而物我为用者，人之力也"⑬，等等。肯定劳动力能创造物质财富，这样的认识是很可贵的。先秦诸子中，对劳动力关注

---

① 《管子·牧民》。
② 《管子·版法》。
③ 《墨子·非乐上》。
④ 《墨子·非乐下》。
⑤ 《论语·尧曰》。
⑥ 《论语·尧曰》。
⑦ 《管子·乘马》。
⑧ 《管子·形势解》。
⑨ 《管子·小问》。
⑩ 《荀子·富国》。
⑪ 《韩非子·六反》。
⑫ 《墨子·非乐上》。
⑬ 《列子·仲尼》。

最多、阐述最深透的莫过于管子和荀子。《管子》一书二十余处论及劳动力，朴素而深刻：劳动力创造生活必需品，人类靠此才能生存繁衍；劳动力是人自身具有的能力，不能与人须臾分离；劳动力单独不能发挥作用，必须与劳动对象结合起来才能创造物质财富。管子认为劳动力的培养使用需注意以下三个方面：一是重民力。"欲为天下者，必重用其国，欲为其国者，必重用其民，欲为其民者，必重尽其民力。"①一国百姓的劳动力是"为天下"之大计，必须重视。二是量民力。民力有大小、强弱、盛衰之别，因此需量力而行。管子说："量民力，则事无不成"②"善治其民，度量其力，审其技能，故立功而民不困伤"③。荀子也说，以利来畜养民众，"度人力而授事"④，根据劳动能力大小来施以教育，安排任务，那么民众就能胜任，就会获利，反过来又为畜养民众创造了条件。三是爱民力，主要是"用力不可以苦""民力不可殚"⑤，不能轻易兴师动众，使民过劳，这就会导致民力衰竭。教育不仅从静态角度为劳动力的存养、使用创造有利的外部环境，通过劳动力的节约使用来促进社会总生产力提高，而且教育还动态地直接作用于劳动者本身，带来劳动能力的变化、提升。对此，荀子看得比较真切："百姓之力，待之而后功。"⑥即教育使劳动者的劳动力由可能变为现实，甚至能直接改变劳动力形态，促进个体生产力的提高。这使顺教不只停留在顺应层面，而迈向化变的高度。

（7）壹教则富：制度的教育、经济功能

按制度经济学的观点，制度发挥经济功能离不开教育，不仅制度的形成需要教育参与并发挥作用，制度一旦形成，本身也具有教育功能。古代政教合一、官师合一制度的最大优势在于教育与政治合体形成壹教，这导致教育缺乏独立性，一定程度上阻碍教育专业化发展，但同时却为教育赋权，使教育得到权力支持，教育作用易于最大化。

壹教使民知务，思虑纯一。商鞅反对国家大政方针朝令夕改，主张"教

---

① 《管子·权修》。
② 《管子·牧民》。
③ 《管子·形势解》。
④ 《荀子·富国》。
⑤ 《管子·乘马》。
⑥ 《荀子·富国》。

有所常"，如此"上作壹"则民心不贰。管子坚信，人们必须认识到各有专务，才能思想统一，专心致志，才能功业有成。"心一然后意专，然后功足可观。"①荀子也要求"君子壹教，弟子壹学"②，农、士、工、商各自专注于本行业知识、技能的学习，社会总的生产力就能提高。

壹教还在于统一制度安排。经商者囤积居奇，谋取暴利，而农民终年劳作却难以养活自己，管子的破解之道是从制度入手，让"四民交能易作，终岁之利无道相过"③，四民即使互换职业，他们每年的收入也无法互相超过，如此形成公平的收入政策，"民作一而得均"④，使各行业收入均衡，达到保护农业又不损害其他各业发展的目的。荀子也持"农农、士士、工工、商商一也"⑤的观点。管子提出国家应平准物价、统一市场。当民间物质供过于求或供不应求时，国家应相应低价买进或高价售出，这样国家不仅有"十倍之利"，而且物质财货的价格也可得到调节、稳定。如果国家不注意调剂贵贱过分的现象，游商就可得到几十上百倍的利益，百姓就不安于农事，贫富差距将越拉越大。韩非子"壹教于法"⑥、孟子"通工易事"⑦、孔子"均无贫"⑧、荀子"一则多力"⑨都是强调壹教，注重制度对经济发展的作用。

（8）节用裕民：节俭教育产生经济效用

经济学的研究表明，来自节俭的储蓄不仅可以推动经济发展，而且是可持续发展的有利因素。孔子说"奢则不孙，俭则固，与其不孙也，宁固"⑩，过于奢侈和节俭都不可取，比较而言节俭更重要。荀子强调"务本节用则财无极"⑪，施以节俭教育，形成全民节约之风习，"节其流，开其源"⑫，就能实

---

① 《管子·五辅》。
② 《荀子·大略》。
③ 《管子·治国》。
④ 《管子·治国》。
⑤ 《荀子·王制》。
⑥ 《韩非子·解老》。
⑦ 《孟子·滕文公上》。
⑧ 《论语·季氏》。
⑨ 《荀子·王制》。
⑩ 《论语·述而》。
⑪ 《荀子·性恶》。
⑫ 《荀子·富国》。

现"上下俱富"的美好图景。开源节流的思想意蕴丰富：一方面，要广开投资渠道，加大投入力度，增加收入，扩大增量；另一方面，要厉行节约，减少支出。同时人力、物力的节约又为扩大再生产积累了新的资本。在韩非子看来，奢侈浪费的直接后果是致使家庭贫困，"侈泰则家贫"①。管子也持相同看法："审度量，节衣服，俭财用，禁侈泰"②是治国的急务，如果国家不重视节约用度就会带来贫困；他还敏锐地意识到：作为计量财用的工具，如果"辨于黄金之理"③，就会懂得奢侈和俭省的道理。"俭则伤事，侈则伤货；俭则金贱，金贱则事不成，故伤事。侈则金贵，金贵则货贱，故伤货。"④用度过大、金价过高会导致"货贱"，对资源不利；太过俭省，用度过少导致金价过低，对举办事业不利。因此，要懂得"知节知量"。对国家经济的健康运行来说，这显然比只强调节俭更为重要。先秦诸子中，最重节俭的莫过于墨子。他说"用不可不节""凡费财劳力不加利者不为"⑤，节用不等同于悭吝，墨子主张的俭省是针对不能带来产出的投入而言，认为这一部分劳力、财力的消耗是无价值的，他还把俭朴从个人品德修养层面提高到治国安邦的社会公德高度予以重视，认为"节于身，诲于民，是以天下之民可得而治""节俭则昌，淫佚则亡"⑥。

（9）智者倍功：知识的经济价值

孟子说"物之不齐，物之情也"⑦，万物包括人具有"不齐"的属性，其表现之一就在拥有知识技能的差别。《韩非子》有"主卖官爵，臣卖智力"之说，智力可以像商品一样出卖是对知识经济价值最简洁的描述。孔子把自己比作一块待价而沽的美玉，正等待识货的商人将自己卖掉，反对只做"系而不食"的匏瓜。荀子索性对知识的产出加以量化："今是土之生五谷也，人善治之，则亩数盈，一岁而再获之"⑧，善治能力使生产力成倍增长，管理知识产生了

① 《韩非子·六反》。
② 《管子·八观》。
③ 《管子·乘马》。
④ 《管子·乘马》。
⑤ 《墨子·辞过》。
⑥ 《墨子·七患》。
⑦ 《孟子·滕文公上》。
⑧ 《荀子·富国》。

经济价值。管仲反对游商囤积居奇获利，认为有伤农本，但却赞成良工优价。齐桓公曾问管仲如何招揽良工巧匠，管仲认为可以出三倍于一般工匠的价钱，良工巧匠就将不远千里不请自来。这颇有几分早期劳动力市场的意味。由于良工学习技能付出了更多学习时间，消耗了更多物质资本，还牺牲了机会成本，且生产能力更强，所以作为补偿，他们理应比普通工匠获得更多报酬。管子认为同样的土地，具有管理知识、自然科学知识的人能获得更多收入；同样的财产，有智识的人善于收罗积聚。[①]智愚之别除先赋差异，更在于后天学习受教育的不同。齐桓公向管仲请教理财之法，管仲认为应创设尊重知识的氛围，凡是百姓中擅长农事、善养牲畜、善种瓜果蔬菜，精于园艺、医术、天文地理的人，都要设立黄金一斤、值粮八石的奖赏，这同样是倡扬知识的经济价值。

既然知识具有重要的现实价值，对其加以总结、传播理所当然地成为古代教育题中的应有之义。从知识教育的视角看，古代教育偏重伦理、管理等"治术"知识的传递不假，但也绝非没有自然科学知识教育的一席之地。以《考工记》为例，该书是由齐国稷下先生撰写，专门训练工业生产管理官员的教材，是当时工业生产制作经验的总结。《考工记》不仅传授工艺制作技术，明确"工有巧"的工艺准则，制定便于生产管理监督、简易实用的工艺流程和规范，还提出"智者创物"的著名论断，高度评价了工匠的创造性，充分肯定了知识的价值。

（10）爵材禄能：人才使用的功利原则

"国有贤良之士众，则国家之治厚；贤良之士寡，则国家之治薄"[②]，墨子专著《尚贤》一章强调尚贤使能是国家兴衰治乱之根本，关系到百姓的切身利益。管子也大力提倡"爵材禄能则强"。荀子重视"量能而授官"，认为如果"知者不得虑，能者不得治，贤者不得使"，就会"上失天性，下失地利，中失人和"[③]。

修身齐家治国平天下是从道德原则出发确立的理想人才的标准，但只有

---

① 《管子·地数》。
② 《墨子·尚贤上》。
③ 《荀子·正论》。

对人才取用政策进行顶层设计，才能根本保证多出人才、出好人才。墨子代表劳动者的利益，认为举贤应不偏不党，只要对国家有利，就可"富之贵之，敬之誉之"[①]；管子认为得人之道莫过于"富禄有功以劝之"[②]；韩非子提倡"厚其爵禄以尽贤能"。[③]孔子说："举善而教不能，则劝"[④]；孟子强调"贤者在位，能者在职"[⑤]；荀子认为"尚贤使能之为长功"[⑥]……凡此都是从功利原则出发，制定有利于国家公平选才的公共政策。

---

① 《墨子·非攻上》。
② 《管子·版法》。
③ 《韩非子·六反》。
④ 《论语·为政》。
⑤ 《孟子·公孙丑上》。
⑥ 《荀子·君道》。

第四章
先秦诸子教育经济思想的特征

通过对先秦诸子教育经济思想进行分流派梳理和比较，我们可以得出一个基本结论：诸子教育经济思想是丰富的，表现之一是"多"。各家各派均有论述，即使是容易被人忽视的道家学派，稍作勘掘，也会有意外之喜。表现之二是"异"。对教育与经济的关系，各有立场，各有主张，异彩纷呈。表现之三是"同"。不唯同一学派师承，即使是不同学派，在教育经济思想上也形成了相对集中的论题和共同的论域，为我们进一步讨论诸子教育经济思想的特征奠定了基础。

一、实用理性：先秦诸子教育经济思想的总体特征

有人认为，与西方先哲追求"真"不同，先秦思想家们的旨趣是追求"善"。[①]"真"即客观规律之本质真相。对于包括宇宙在内的客观事物运行规律的探查，诸子并不反对，甚至取得的成果并不比同时期古希腊逊色，比如墨家在自然科学领域里面所取得的巨大成就。但先秦诸子对知识的把握主要是朝向人事的，诸子的智慧也主要是日常生活之智慧，这与西方认知领域范畴的纯逻辑思辨智慧大为不同。"求真"主要与实事结合，为实事而"求是"，主要探求那些对解决现实问题有实际帮助的知识。知识的价值不在知识本身，而在对人们生活的改善。即便是名家的纯逻辑学和辩证术也是工具性的。《公孙龙子》说："公孙龙疾名实之散乱，欲推是以正名实而化天下。"他本人也

---

① 陈颖．"实用理性"——对中国传统文化"实践理性"误解的辩驳［J］．学理论，2008（22）：48-49.

称自己并不是一个为辩而辩、逞口舌之快的人，而是用"辩"来正"已散乱之名实"。针对当时社会上子弑父、臣弑君等伦常扫地的现象，名家期待通过理顺名实关系，实现拨乱反正，仍是突出解决现实问题。

所谓"实用理性"，首先指的是一种理性精神或理性态度。① 理性精神并非从来就有，有一个发展的过程。理性意识的产生与人们对"天"和"天命"看法的演变息息相关。在早期人类文明漫长的历程中，自然宗教一直主导着人们的物质生活和精神世界。殷商时期，人们对自然的尊崇未减，但已经加入了统治阶级的意志。地上的王权与天上的主宰神"帝""天"相呼应，如殷商卜辞中"帝令雨足年，帝令雨弗其足年"②，进而发展为"天命玄鸟，降而生商"③，王权统治者商之贵族，就是"帝"或"天"之子，一元神的"帝"便兼有了上天与祖先的双重身份。人事的一切均交由"帝"或"天"来决断，同时取得这种神秘力量的佑护，并以天帝之子的身份确立统治地位的合法性，这就是占卜在商朝重大政治、经济、军事活动中占有极重要地位的原因。武王伐商建立周朝，情况有所改变，周朝以附属小国的身份取商而代之，迫切需要一个新的解释机制来为新王权的正当性做辩护，这直接导致"德"和"以德配天"论的产生——强大的商朝之所以覆灭是因统治者无德，弱小的周为何能崛起是因统治者有德。新解释机制的建立需要在价值信仰层面做细微的调整，比如《尚书·康诰》"惟乃丕显考文王，克明德慎罚。闻于上帝，帝休"，上天已不能单独主宰人事，"民之所欲，天必从之"④，"以德配天"的实质是"德配祖先"。应该说，由完全以"天"为意志的一元神到天帝、祖先具有同等地位的二元神，人们尊奉的对象多了祖先这个中介，与天（帝）神实际上渐行渐远了。即便如此，在周朝早、中期，人们依然是尊天的，主张"天""人"一致，只不过"天"更多地蜕变为信仰，在实际生活中真正起决定作用的是人。"帝"因人事而存在，必须参考人事的行为作判断，人格神拥有的决断权力在实际运作中交由人来自主完成，以天命为中心就变成以人为中心。人的力量、作用、精神得到极大地凸显。随着人主体意识的觉醒，理

① 李泽厚.新版中国古代思想史论［M］.天津：天津社会科学院出版社，2008：28.
② 郭沫若著，中国社会科学院考古研究所编辑.卜辞通纂［M］.北京：科学出版社，1983.
③《商颂·玄鸟》.
④《尚书·泰誓》.

性精神也不断发展，突出的表现就是开始对天产生怀疑、不满、责难甚至是诅咒、完全失去信心，[①] 这可从先秦百科全书《诗经》的一些描述得到佐证，如 "天降丧乱，饥馑荐臻"[②] "浩浩昊天，不骏其德"[③]，等等。

中国的理性精神解脱于巫史传统，神性的消退与理性精神的滋生是此消彼长的关系。先秦诸子教育经济思想的实践理性特征正是建基于理性精神的崛起。毫不夸张地说，如果人们的精神世界总是笼罩在宗教神力控制的阴云下，那么诸子百家争鸣的思想解放运动就断然不会出现。正是精神领域的变化带来主体意识的觉醒和理性意识的彰显，赋予先秦诸子重建意识形态的使命，由此酝酿的思想解放的种子日益壮大，终于在春秋战国这一大调整、大变革时代喷薄而出，闪耀出群体的智慧光芒。

对先秦教育经济思想的理解，不可完全用今天已有的概念或者是理论去套用、评述，否则就容易犯以今律古的毛病。在考察他们的教育经济思想时，需要我们带着两副 "镜头"、从两个视角进入：一副是 "微焦" 镜头、微观视角，条分缕析，作言论剖分，比较异同，这是之前两章我们已经做过的工作；另一副是 "广角" 镜头、宏观视角，全其大体，作整合汇通，显示特征，这是我们后几个章节要做的工作。做好后一方面的工作尤其需要我们具有摆脱当前理论限制的勇气，带着 "教育与经济相互关系" 这一基本命题以 "解释学的视角" 重新进入文本，与文本背后的精神世界进行 "对话交流"，了悟诸子思想的总体脉络而不是满足于只言片语的稽索。这种阐释看上去仿佛游离甚至远离于我们要探讨的主题，但是现代阐释学理论启示我们，不离文字又超越文字的 "视域交融" 和 "精神共振"，可以更好地接近教育经济思想 "原意" 或 "本意"。

1. 儒家的道德理性

孔子生活的时代，氏族统治走向末路，所谓 "民恶其上" "民散久矣"[④]。氏族国家之间的兼并战争导致一些氏族贵族阶层失去世袭地位，他们或沦为

① 王长华，杨克飞，易卫华. 从《诗经》看先秦理性精神的发展和演变 [J]. 河北师范大学学报（哲学社会科学版），2002，25（6）：63-68.
② 《大雅·云汉》。
③ 《小雅·雨无正》。
④ 《国语·周语》。

平民，"降在皂隶"①，生活日益困顿，或另谋他图，经营工商，以土地私有为基础攫取财富，一跃成为新兴阶级。"巨室"为保有经济上的更大利益必然要获取政治权利，对外兼并扩张，周礼的统治基础彻底崩毁，"齐之分""晋之夺"，群雄纷起，战乱频仍。孔子建立仁学体系正是为了应对这种前所未有的混乱局面，期待重新建立起礼的规范。礼并非孔子的首创，孔子的独特贡献是建立"仁"的结构。孔子的仁学结构包括了血缘基础、心理原则、人道主义和个体人格。以孝悌和爱有差等为起点，以亲子血缘为基础，这是人们易于做到的。孝悌形成纵横两条纽带："孝"是事上亲下，扩而充之为忠君爱臣；"悌"是兄友弟恭，扩展为人与人的相处之道，行为的正当性以日常伦常为心理基础，是亲子之爱的自然延伸，它不需要宗教禁欲，也没有原罪意识。人的情感不是建立在对外在神秘力量的崇拜上，而是消融在生活中。带着正常的情欲，积极地参与世俗生活就是人生最大的意义。因此，从一开始，孔子就带领人们远离了轻视现实人生的悲观厌世情绪和舍弃世俗生活的宗教出世观念。由此，从"亲亲"到"爱人"，从有差等的爱到"泛爱众"就是很自然的事情了。"老吾老以及人之老，幼吾幼以及人之幼"②，人道主义的原则也就建立起来了，由内而外的结构和导向对个体提出要求，与之相应，个体人格塑造也就是"君子"人格，被推到了前所未有的高度。

孔子儒学的思维模式是极具实用理性特征的。首先，它肯定了人欲望的合理性、正当性，并不像后期儒家那样主张禁欲，不必扼杀欲望，只是用理智来加以引导、满足、节制；其次，不需要神启和外在律令帮助，不服从非理性权威，"不语怪力乱神"③，自我即可完善，自我即可完成救赎；再次，"君子"人格的建立并不是神圣不可攀的，而有着普遍的心理基础，也就是从人人具有血缘认同开始，再推而广之，易于施行。孔子的仁学结构具有极强的包容性。儒一分为八，分化出来的观点后来又逐渐为儒学的母体结构所吸收。子思、孟子一派尽力延展仁学中的血缘心理因素，向内发展，突出人道人格，发展为仁学正统；向外发展，重视治平之端，"归仁于礼"，强调礼法并用，发展成荀子的思想；将"法"单方面演化到极致就导致法家的出现；从箪食

---

① 《左传·昭公三年》。
② 《孟子·梁惠王上》。
③ 《论语·述而》。

瓢饮、颜回之乐的个体人格完善又发展出了道家庄周学派；墨子则将儒家的"爱有差等"推向"泛爱"的极端，宣扬"爱无差等"……不仅是诸子思想，其后包括佛教思想也能溶解其中。孔子的仁学结构还具有很强的稳定性。儒学在中国延续了两千多年，遭遇各种思想的冲击，但一直是封建社会的思想主干不是没有原因的。儒学思维模式用理性引导实践、规范情感的特征不能不说起到了关键作用。恩格斯说的"在一切实际事务中……中国人远胜过一切东方民族"[①]正是这种实用理性的表现。

孔子建立的仁学结构不是纯粹知识思辨的产物，不是满足于一种理论的悬想，也不是要弄清社会的本质是什么，而是要找到一种方法体系重新构建社会秩序，让现实生活变得更好。换言之，孔子的知识观不关心实体事物及概念，而是致力于"关系""功能""效用"。孔子一生到处游说是坚信仁学能够在变革社会中发挥实际作用，尽管当时处处碰壁，但在其后漫长的封建社会，它却实实在在地发挥了巨大作用，渗透到生活的各个方面。

之所以不厌其烦地分析仁学结构及其理性精神，是因为孔子所有的思想都是溶解在这个总体结构中，教育经济思想也不例外，它脱胎于这个结构、彰显了这种精神。在此结构中存在两个重要的维度：一是个体人格的完善必须依靠教育，二是对人的心理原则中情欲的肯定包括了物质经济。由此，教育对经济的必要性就有了两个向度：

一是向外扩展，以个体人格完善为起点的经世济民的道路。以君子为中介，教育得以发挥巨大的社会功能。君子上承下引的作用使人们得以更好地组织起来，不是依靠外部强制的"刑""政"力量，而是依靠"仁""礼"。仁学结构内在地暗含了教育的社会功能，现实展开过程就是教育实现经济功能的过程。从这个意义上说，教育和经济几乎是不可分离的一个事物的两端：一端是君子品格，另一端是现实经济。君子品格对个体提出了社会性的义务和要求，在认识论上便强调教育和学习，获取历史与现实知识，君子人格的特性要求君子不待外求而本然地致力于民生经济。

因此，孔子的品格到经济是自然流畅的过程。毋宁说，他的教育经济思想是一种"道德经济思想"或"品格经济思想"。在教育对经济发生作用的方

---

① 马克思，恩格斯．马克思恩格斯全集（第十二卷）［M］．北京：人民出版社，1965：190.

式中，孔子在人的素质构成方面放弃了生产技能的传授，坚定地选择了影响知、情、意、行诸方面的品质因素，认为这些要素对现实人生的影响更大。孔子并没有主观上刻意突出"士"，贬低"农"，而是在职业分殊的分工要求下，将"士"与"农"对财富的贡献进行比较，从而选择"士"作为教育培养的主要对象。由此可见，孔子是教育效益论者。也就是说，教育对君子人格的培养比传授生产技能对经济产生的作用更明显，教育对管理人才的培养比教育直接培养一线生产人才对经济的作用更大。以今天的眼光审视，提高劳动者的道德素质实际上已经成为人力资本投资中重要的一个方面，其作用并不比直接提高劳动者的生产技能要小。事实证明，一个消极怠工的技术高超的劳动者倒并不一定比一个生产效率较低但热情较高的劳动者生产的产品多。同样，一个道德沦丧的劳动者人力资本存量越大，也许对经济的伤害也越大。孔子的选择，很难说没有意义，很难说不是理性的选择。这是从生产力方面看的。从生产关系方面看，孔子主张"从周"，对新出现的经济因素和生产力发展所作出的回应似乎具有一定的保守倾向，从根本上看是站在贵族统治阶级立场的原始氏族的遗风，但是他在调整人们之间关系包括人们彼此之间的经济关系方面所作出的努力是很值得肯定的。道德对生产关系的调整是多方面的，不仅自由民要遵循义的准则，更重要的是对统治阶层的约束。如此调整在当时虽比不上法家、兵家的主张更适合经济上的兼并和新阶层的崛起，但是长久来看，法家、兵家的主张毕竟是权宜之计，得天下可，守天下难。秦的快速灭亡即是明证。而孔子的儒学主张倒是呈现出强大持久的生命力。这意味着，道德经济更适合封建中国的国情。考虑到教育对道德的强力参与甚至对道德起决定作用，因此道德经济的本质就是教育经济。

二是向内深化，以个体物质利益有节制的满足为目的的以义制利的道路。这是儒学为人们辟出的第二条道路。对不义之利，孔子没有明确讲，根据文献，至少有以下方面：一是私室聚敛，如孔子对冉求帮助季氏搜刮民财的攻讦；二是偷窃盗抢，如"小人有勇而无义为盗"[①]；三是与民争利，如孔子认为臧文仲的小妾"织蒲"就是夺百姓的财路。利有个人之利、集体之利，统治阶级之利、百姓之利，眼前小利、长远大利，以义制利是高度理性的选择。

---

① 《论语·阳货》。

个体自觉接受"义"的规范，在人与人的交往中，尤其是经济交往活动中建立互信，降低了交易成本，进而降低国家对经济的管理成本，确保经济活动在良好的环境中进行；个人也得到了实惠。这种实惠既来自"义"对财产所有权的保护，还来自于"义"对统治阶级过度征敛和与民争利的限制。[①]这颇类似于现代博弈论，"义"是个人与集体之间、统治阶级与被统治阶级之间利益博弈的结果。

氏族制的一套到孟子生活的战国时期已完全不见踪影。仅从字面看，春秋时期"礼坏乐崩"，虽然"毁坏""崩塌"，但是"礼"和"乐"毕竟还在，这从《左传》等史著中看得比较真切。即使是战争，诸侯国还是遵从一定的礼的规范。到孟子生活的战国时期，"礼"就只剩下"仪"的躯壳，流于形式，毫无内容可言。以"仁"释"礼"更行不通，于是孟子将"仁""政"结合，内和外，人格修养与外在事功更加具体明确地统一起来了。"仁政"在经济上是恢复井田，政治上是尊贤使能，军事上是反对刑杀，社会结构上是守望相助。若再作进一步概括、提炼，就只剩下经济和教育了。"仁政"内容的第一个方面是"经济"无疑，后三个方面则无一不由"教育"来决定。以"仁"给"政"命名赋予了政治伦理价值的性质，其价值目标全依赖教育才能得以实现。换言之，教育和经济统合在政治中，不仅内在于政治结构中，而且在政治目标中得到全面展现：

得天下有道：得其民，斯得天下矣；得其民有道：得其心，斯得民矣；得其心有道：所欲与之聚之，所恶勿施尔也。[②]

政归于民，民归于心。"得民心"就是"与欲""勿恶"，归根结底是关心老百姓的现实生活。一是从经济上入手，满足百姓的物质生活所需；二是从教育入手，满足百姓的精神需求。"教"和"养"彼此贯通，"教"不离"养"，"养"不离"教"。"教"和"养"之两端完全朝向现实而不是虚空的理想，透射出高度的日用观念和理性精神。为论证人皆具有不假思索的"良知""良能"，孟子举小孩坠井的例子：人们见到坠井的小孩施以援手并非出于功利目的，而是人之所以为人而具有的与生俱来的先赋善性。统治者也概

① 石世奇，郑学益.中国古代经济思想史教程［M］.北京：北京大学出版社，2008：34.
② 《孟子·离娄上》。

莫能外。"不忍人之心"①与政治的联姻就会结出"仁政"的硕果。这纯粹是人皆具有善端的自然扩展，关键在意识到善端的存在，并且积极地保护其不受各种私欲的遮蔽，主动作为。学习受教育就是起后天培育作用，避免善性掩埋。孟子对封建士人产生过长远影响的"浩然之气"，如他自己所说是"集义所生"，根本是认知、行动两方面理性凝聚的结果。②孟子发展孔子仁学结构中的"心理原则"，道德理性植根于"恻隐之心"等感性经验，不是康德式超验的"绝对命令"，而是"礼义之悦我心，犹刍豢之悦我口"③，是理性与感性的洽和联通，体用不二。道德自律是自然而然的选择，历史使命和责任感也是自我使命、自我担当。"良知"的自律而非"神意"的他律，主体自我选择而非屈从外在权威的宗教献身，这是孟子全部思想的精髓，也是孟子教育经济思想的精髓。

在荀子的教育经济思想中，"礼"是一个重要的概念。孔子从氏族传统中继承礼，对其作出"仁"的解释，着意于礼的心理基础。荀子是"礼自外作"，礼是人作为群体的类的要求，来源于人的社会性。人是群体的人，没有礼的尺度，群体就无法维持。内在的道德需要通过外在的规范来确认、保证。循此逻辑，"礼"的状况怎样？为何社会"无礼"？如何从"无礼"到"有礼"就是不得不回答的问题。这就自然突出了人性恶的讨论和学习教育的重要。

> 大天而思之，孰与物蓄而制之；从天而颂之，孰与制天命而用之；望时而待之，孰与应时而使之；因物而多之，孰与骋能而化之。④

荀子从"建国君民""化民成俗"的社会功能出发来论述教育的地位和作用，从社会需要和人生价值的实现来设计和安排教育内容，这使得他的教育经济思想始终在理性的轨道上运行。荀子的教育经济思想建基于他的哲学思想，要求了解和重视与人事相关或能用人事控制和改造的自然。"明天人之分"即自然界的客观规律必须遵循，"制天命"不是目的，"制天命而用之"才是目的所在。客观规律必须为我所用才具有价值，人的主动作为与对规律的把握又须臾不可分离，这就在世界观上坚持了唯物主义，透射出强烈的实用色

---

① 《孟子·公孙丑上》。
② 李泽厚. 新版中国古代思想史论［M］. 天津：天津社会科学院出版社，2008：44.
③ 《孟子·尽心上》。
④ 《荀子·天论》。

彩；在具体的方法论上，他相信教育对劳动者素质提升、生产工具革新、劳动对象条件改善都会产生积极影响，相信劳动者能够生产出足够的消费品以满足合理需要，所谓"可以相食养者，不可胜数也"①。荀子强调认识的经验性与实用性，他说"知之在人者谓之知，知有所合谓之智"，又说"能之在人者谓之能，能有所合谓之能"。②人与生俱来认识事物的能力是知觉，通过后天努力学习受教育并在具体的物事中体现出来才是智慧。人处理事物的潜能与事物相适合才叫才能。论知不离事、论能不离用，荀子认识论上的实用理性色彩极为鲜明。

　　荀子论教育重实际功用和社会效益与他丰富的教育实践经历密不可分。齐国的稷下学宫是齐国经济发展的产物，是教育与经济良性互动的结果。稷下学宫奉行兼容并包的方针，在教育方面具有强烈的实用倾向，强调教育要有裨现实功用，为经济社会发展培养人才。荀子在稷下"三为祭酒"，被尊为"最为老师"，是当时学术思想的领袖，他的教育思想兼综各家，大量吸取了墨家、道家、法家中冷静理智和重实际经验的思想养料，使儒学重人为、重社会的传统得到了很大的充实，代表着当时先进生产力的发展方向。在此思想指导下，荀子培养了不少人才，知名于世者就有韩非、李斯、陈嚣、毛亨、浮丘伯、张苍等，这些人活动于社会各领域，对经济社会发展做出了实际贡献。

　　2. 墨家的工具理性

　　墨子的教育经济思想基于劳动决定生存的事实，解决生存问题是人类面临的首要课题。或者说，对生存的理性认识是人类最大的理性。在墨子看来，人禽之别首先不是有无"礼"，"今人与此异者也，赖其力者生，不赖其力者不生"③，只有努力劳动人才能生存，社会才会存在。把劳动作为人禽之别与马克思历史唯物论的见解暗合。墨子虽没有直接提出"劳心""劳力"概念，但专作《尚贤》一章即表明对脑力劳动的重视："王公大人用吾言，国必治"④，肯定脑力劳动的功效大于直接从事体力劳动："一农之耕分诸天下，不

①《荀子·富国》。
②《荀子·正名》。
③《墨子·非乐上》。
④《墨子·鲁问》。

能人得一升粟"，"不若颂先王之道，上说王公大人"。① 墨子无论是教人耕还是育人才，均指向生存命题，将百姓从"饥者不得食，寒者不得衣，劳者不得息"的现实状况中拯救出来。即使是道德也是建立在利的基础上："今有人于此，入人之场园，取人之桃李瓜果者，上得且罚之，众闻者非之，是何也？曰不与其劳，获其食，以非其有所聚之故"②，剥夺他人对劳动成果的所有权就是不"仁义"的。道德仁义不再是价值本体，而成了获得功利的工具。

墨子教育经济思想的核心是兼爱交利。"兼相爱"不以儒家情感心理为基础，转而寻求外在物质利益的支撑，具有"背周道而用夏政"的远古渊源。墨子预设人性是自私的，自私心能转化为"与人共利的自私"，"兼以易别"，不相爱和自爱自利可以转化为兼相爱、交相利，③ 互惠互恕透射出的是一种高度的经济理性。④

理性主义一直是经济学的灵魂，经济学中的理性体现在两个方面：一是自利假设，人的自利本性是一切经济行为的出发点；二是效率原则，经济活动中的人具有以最小的成本达成最大收益的效率倾向。经济活动内嵌于社会生活中，经济人同时是社会人，自利理性只能解释部分经济行为，对于经济活动中客观存在的非竞争、非效率的行为则解释乏力。20 世纪 80 年代以来的"新经济社会学"对制约经济行为的互惠性作了深入探讨，这是对经济理性的新尝试。在新经济社会学家看来，经济行动是社会行动的一种特定类型，具有社会性，经济制度本质上是一种社会性建构。⑤ 由于经济活动嵌入在社会结构中，为社会结构网络制约，并提出规则期待，因此，经济行为是朝向互惠性的。互惠互恕决定经济行为过程并保证个体利益实现和收益最大化。新经济理性精神在 2500 年前的墨子那里就完成了中国化的表达，这不能不令人叹为观止。

若我先从事乎爱利人之亲，然后人报我爱利吾亲乎……投我以桃，报之

① 《墨子·鲁问》。

② 《墨子·天志下》。

③ 王讚源.墨子［M］.台北：东大图书公司，1996：163.

④ 李文波.从墨家"兼相爱，交相利"看经济行为的新理性：互惠性与互恕性［J］.南昌大学学报（人文社会科学版），2002，33（2）：29-31.

⑤ Mark S. The Sociology of Economic Life［M］. Westview Press, 1992.

以李，即此言爱人者必见爱也，而恶人者必见恶也。①

投桃报李的互惠行为是小生产劳动者的交换观念向道德价值规范层面的扩展。行动者因为是社会人，经济行为因为是社会行为，所以必须遵守相应的社会规范，这是自利的前提。纯粹利我不利他的行为是不存在的，即使存在也会因为"亏人以自利"而遭到社会规范的钳制而变得无利可图，不但不能实现利益最大化，反而会亏人亏己。很明显，墨子的道德理性具有工具理性的功利倾向，社会道德价值规范植根现实功利的土壤。兼爱利他的同时满足自利需要，正如经博弈后各方利益得到平衡，经济与社会两方面的目标得到兼顾。给人帮助正是期待他人回报，利人即利己，义即利，一旦违反，行动者和他人的互动关系就被破坏，经济行为就会遭遇失败。②换一个角度，墨子的这种对象 – 工具思维还一脉相承、各有侧重地灌注到墨家后学的巨子身上。从墨学后期分化的辨墨、仕墨、侠墨看，③辨墨语言的逻辑化、仕墨器物的规矩化与侠墨人伦行为的法仪化正是工具精神的具体表现。④墨子的教育是"兼爱教育"，经济是"兼爱经济"，以此为线索来审视墨子思想体系的三大支柱我们会发现："非命""节用"是重视生产，"兼爱""交利"是突出教育，"天志""尚同"是强调制度，前两个方面是主要措施，后一个方面是基本保障。可见墨子的教育经济思想本然地具有工具理性特征。

3. 道家的反思理性

老子的史官身份几乎是可以确认的：

道家者流，盖出于史官，历记成败存亡祸福古今之道，然后知秉要执本。⑤

老聃为柱下史，多识故事。⑥

以其职业多识前言往行，五千文非玄谈者，乃世事深刻归纳。⑦

这些研究不约而同地提到史官身份与理性特征的关联，正因老子做过"柱下史"，对历史兴亡和祸福之变有深入思考，更能以史为鉴地看待时事，

---

① 《墨子·兼爱下》。

② 朱国宏. 经济社会学 [M]. 上海：复旦大学出版社，1999.

③ 邢兆良. 墨子评传 [M]. 南京：南京大学出版社，1993：91–103.

④ 丁为祥，文光. 墨家科学理性的形成及其中绝 [J]. 自然辩证法研究，2005，21（11）：98–103.

⑤ 《汉书·艺文志》。

⑥ 章太炎. 訄书 [M]. 沈阳：辽宁人民出版社，1994：20.

⑦ 欧阳哲生. 傅斯年全集（第二卷）[M]. 长沙：湖南教育出版社，2003：286–287.

更冷静客观，对利害得失把握得更精准。

老子继承兵家的冷静、理智、谋略，将"以正合，以奇胜"[①]的军事辩证法发展成"君人南面之术"[②]的政治辩证法。因强调矛盾中柔慈的一面，人们常认为老子消极，其实老子是积极的，只不过不盲目积极，贵柔、守雌、无为，正是对客观实际冷静思考后的相当理性的抉择。君主如果处为居有就不能占其远大。为、有是暂时的，只有无、不为才极其广远，才与君主的地位匹配，而不会被各种"器""实"制约。以"无""道""虚"为本看似空洞，实际是总揽全局。不显示强大，而隐藏才能、韬光养晦、以退为进、以守为攻，才能长久保存自己，始终立于不败之地，很像兵家的"诡道"，但将兵家用于战争的智慧泛化为处理一切事务的生活智慧。不讲情感、不露声色、清醒理智、善于隐藏，示弱是为了夺取最后的胜利。无怪乎有学者评价老子思想的"实质不外一个装字"[③]。

老子教育经济思想的主干是行不言、无为之教以实现民自化、自富，这也是"君人南面之术"重要的一部分，是由"道"及"术"的具体化。为什么要施行不言之教、无为之教，仍然是因为现有教育存在诸多问题。看起来是"有""实""器"，满满当当，要求这个，规定那个，教人仁义智巧，实际上顾此失彼，反倒将人引向用智巧来行不仁不义之事。简言之，不是将人变好，反而使人变坏，将人引向"不知足"的"大祸""大罪"境地。教得多，干扰多，效率低。为得多，刑政繁，扰民甚。只有"不言之教"才是合自然之道的教育，看似放任的教育创造了宽松的经济环境，人们根据自己的意愿开展经济活动。不言之教和有为之教的差别类似于市场经济与计划经济的区别，前者是放任式地自发进行，后者是干预式地讲求控制。

"一般人常以为老子思想是消极的、厌世的或出世的，造成这种误解是由于对他的重要观念望文生义所致——其实'无为'是顺其自然，不强做妄为的意思。"[④]老子不言之教的教育经济意义体现在两方面：从"术"的层面看，采用无为之教，国家可以实现大治，贵族可以保持富贵，百姓可以繁衍生

① 《孙子兵法·法势》。
② 《汉书·艺文志》。
③ 张舜徽．周秦道论发微［M］．北京：中华书局，1982：12．
④ 陈鼓应．老子注释及评介［M］．北京：中华书局，1984．

息；从"道"的层面看，采用无为之教，是对自然和人生秘密的洞察。"道法自然"的生态智慧①让我们想到恩格斯——"我们统治自然界不像征服者统治异民族那样，决不同于站在自然界以外的某一个人，相反，我们连同肉、血和脑都属于自然界并存在于其中"②；"如婴儿之未孩"的少私寡欲、返璞归真让人看到黑格尔式的沉思——"婴儿式的天真，无疑地，有其可歆羡和感人之处，只在于促使我们注意，使我们知道这天真谐和的境界，须通过精神的努力才会出现的，在儿童的生活里所看见的谐和乃是自然的赐予，而我们所需返回的谐和应是劳动和精神的教养的收获"③。老子的理性是反思理性、超越理性，如果我们承认教育经济学是一门科学的话，"科学所造成的各种结果不能用科学本身来根治"④。教育与经济离得太远或走得太近，教育领域不讲效率或只讲效率，教育培养人才不顾市场或只看市场，教师只讲奉献讲义务或只讲权利讲回报，等等，对这些教育经济学研究的基本问题的思索，不能只从单一学科本身来进行，正像"科学技术的日益发展，越来越需要一种强大的道德约束机制，以使科学技术从征服自然的错误宗旨上扭转到使人与自然协调的轨道上来"⑤一样，教育经济学的发展也需要理论觉醒和反思超越，使教育经济协调发展。这就是老子教育经济思想的价值所在。

4. 法家的实践理性

与儒、道、墨以天下为旨归相区别，法家直接服务诸侯国，政治哲学实践理性倾向更突出。法家实践理性首先体现为"理性"概念的建立和极其重视客观规律，所谓"因事之理则不劳而成"⑥。法家"理"涵养天地之理、必然之理、度数之理、事理、义理等，⑦是法度实践的保障，具有时变性、公器性、平易性和功利性。法度的客观性、明公私之分、循名督实均是实践理性的具体体现。

① 董光璧. 当代新道家 [M]. 北京：华夏出版社，1991：126.
② 恩格斯. 自然辩证法 [M]. 北京：人民出版社，1984：305.
③ 黑格尔. 小逻辑 [M]. 北京：商务印书馆，1981：90.
④ 汤因比，池田大作. 展望二十一世纪 [M]. 北京：国际文化出版公司，1984：39.
⑤ 汪天文. 老子生存理性的现代诠释 [J]. 求索，2008（7）：91-93.
⑥ 《韩非子·内储说右下》.
⑦ 许建良. 法家"理"的实践透视 [J]. 武陵学刊，2014（5）：1-8.

法家说："人莫不欲富贵全寿"①。"富贵"是指财富、地位，"全寿"是指生命、健康。法家"利益人"的人性认识避开了人性善恶的争端，直接从实际生活指出人们行为的导向。"民喜农而乐战"②的原因是"其家必富，而身显于国"。

商鞅在秦推行的变法是政治、经济、文化较为全面的变革，尤以"壹教"先行，作为实施变法的前奏。但是，教育的革故鼎新也受到"圣人不易民而教""法古无过"等保守思想的挑战，商鞅予以有力回击："前世不同教，何古之法。"③从伏羲、神农、黄帝、尧、舜直到文王、武王，无不是"各当时而立法""因事而制礼"，教育以时而定，各顺其宜，各便其用。当时最大的"时宜""事变"是诸侯纷争、民贫国弱。那么，教育的变革就应该引领社会变革，不拘泥，不法古，合于"时""势"——

苟可以强国，不法其故；苟可以利民，不循其礼。④

也就是说，教育不以因循为据，而以强国利民为准则。韩非之所以强烈反对儒家教育，根本点在于认为儒家总是述先王功绩，不着眼当前，他说：

今世儒者之说人主，不言今之所以为治，而语已治之功；不审官法之事……而皆道上古之传誉，先主之成功。⑤

韩非批判儒学"无用"有失偏颇，如前所述，儒家也极重实用，不过他反对陈说，要求教育与社会变革相适应的观点是极具实践理性精神的。

有一点需要明确，法家"一轨于法"并不像一些评论家认为的只是自上而下、由统治阶级建立法度标准以制约人们的思维和行为，而是具有功能主义的期待，即人们追求私利的动机产生了一种潜在的功能，起到整合群体强化共享观念的意义。或者说利益集团通过共享观念来达到目的，为它的功利性目标获得合法的舆论外衣，这一过程也同时强化了人们共享的观念基础。⑥由此看来，建立法度不是目的，让法度成为共享观念才是法家的初衷。

之所以确认先秦教育经济思想具有实用理性是将其与宗教理性、逻辑思

---

① 《韩非子·解老》。

② 《商君书·壹言》。

③ 《商君书·更法》。

④ 《史记·商君列传》。

⑤ 《韩非子·显学》。

⑥ 周雪光.组织社会学十讲［M］.北京：社会科学文献出版社，2003：136.

辨理性相比较而得出的结论。与宗教理性相比，中国的思想家们总是积极入世的。儒、墨、法自不待说，就是被诟病为消极避世的道家也通过强烈的反思、超越精神，形成了以退为进、全养生息的另一种"积极"，在社会事务中彰显出巨大的实际功能。东西方各种宗教面对苦难的人生选择超越的精神解脱虽也是理性运思的结果，却造成灵与肉的分离，肉体永远不能达到精神意念中的彼岸世界，一面是精神的超脱欢愉，一面是肉体的斋戒苦行，不寻求改变现实，也无力改变现实，往往滑向消极避世。先秦诸子对世俗人生不离不弃，责之深因爱之切，远离是为更接近。

　　一切不离世俗，在寻常日用中即可得安慰，先秦诸子的这种实用理性精神在与古希腊思辨理性的比较中表现得更为明显。"道"在先秦教育经济思想中是一个重要的母概念，其他具体的观点都是在"道"的母体中生长出来的。最有代表性的是道家之"道"和儒家之"道"。道家之"道"体现了先秦理性认知的最高水平。道家以"道"为中心建立宇宙本体论哲学。"道生一，一生二，二生三，三生万物。"①"道"是"无"，是普遍原则，无形无象，万物之源。老子对宇宙本体的认知不是知识性的，不是要作真与伪、本质与现象的辨析，而是以"道"为母体引申出"守雌""远祸"的人生智谋。这与古希腊思想家从逻辑中溯源自然世界的原初物有着本质的区别。前者确立"道"的无上地位是为人世行动提出规则和依据，后者探索"水""火""气"是直接朝向理性认知本身，获得"宇宙本源究竟是什么"的普遍知识。在古希腊，哲学是从泰勒斯把水当作万物本原这个命题开始的。②以此为起点，阿那克西米尼的气本原、毕达哥拉斯的数中心、阿拉克萨戈拉的种子论、德谟克利特的原子说都在理性思辨的进路中展开。代表古希腊哲学最高成就的柏拉图"理念"论的出现，则标志着对纯粹知识的追求和逻辑抽象思维水平达到顶点。儒家孔子也重"道"，"朝闻道夕死可也"③。不过，他的"道"是"德性之知""中庸之道"④。与古希腊知识相对于伦理的优越性、先在性不同，孔子的知识论建立在伦理基础上，与实用事务纠缠在一起。

① 《道德经》第四十二章。
② 黑格尔.哲学史讲演录（第一卷）[M].北京：商务印书馆，1983：186.
③ 《论语·里仁》。
④ 易三艳.先秦哲学与古希腊哲学中的理性主义精神之比较[J].船山学刊，2006（2）：212–215.

先秦的实用理性精神与农、兵、医、艺的实用教育不无关联。因此，我们与其说是实用理性特征向教育经济思想的渗透，还不如说是诸子实用理性精神的形成受到了教育经济思想的许多滋养。这也部分地解释了古希腊哲学成就卓著，而教育经济思想欠发达的原因。古希腊求真爱智慧，享受自然知识带给人们洞察宇宙奥秘、摆脱蒙昧的求知乐趣，诸子求善爱人，享受伦理知识带给人们透析人生奥妙、获得世间幸福的价值满足。

总之，先秦诸子的教育经济思想具有在理论上朝向实际，在行动上朝向实践，在效果上朝向实用的总特征。"理论上朝向实际"是说诸子的教育总是往观历史，正视现实，应现实人性而生，应现实发展而变，培养实用人才，解决实际问题；"行动上朝向实践"是说诸子都不只是空发议论，而是躬行践履。孔子困于陈蔡、孟子游说诸侯、荀子稷下设学、墨子上说下教、老子为道日损、李悝地力之教、商鞅主持变法、韩非壹之农战……无不积极奔走，执着于将自己的治国方案陈于上、敷于政，避免言论束之高阁；"效果上朝向实用"是说诸子的方案都产生了实实在在的功用。儒家思想在当时遭冷遇，但成了其后封建社会的主导思想。历次农民起义，推翻旧王朝，建立新王朝时总是扛起墨家兼爱尚同的旗帜，行侠仗义的精神也总能给人心灵抚慰。道家思想在山河残破、百废待兴时显示出强大力量，总能为新兴王朝休养生息、走向鼎盛赢得时间。贵柔守雌的智慧也渗透进国人的血液，形成含蓄内敛、避祸远殃、保全身体的生存智慧。法家为诸侯欢迎采用，凭此富国强兵，同时与儒家一起，形成外儒内法的意识形态结构，在整个封建时期长久稳固地占据思想统治地位。

二、先秦诸子教育经济思想的具体特征

先秦教育经济思想具有非宗教性。道家教育经济思想中流露出一定的"遁世"情绪，但也明显异于宗教的"出世"思想。改革社会和改善人生是先秦诸子教育经济思想共同的出发点和归宿。

1.整体性

先秦诸子的教育经济思想具有整体性特征，总是对教育经济关系从整体上进行把握。我们理所当然地要对诸子的教育经济思想分而析之，加以过滤

淘漓与深入发掘。同时我们无法也无须将其完全剥离，因为这样做不但会导致思想支离破碎，漏掉看似无关反而最具光芒的精华，而且会让诸子的教育经济思想被过度"解构"而变成牵强附会的臆说。

（1）内容整体

"大凡在思想史开端的时候，各家的思想大都无所不包，从哲学到政治，从修养到教育，并没有专门化，也不可能专门化。"① 中国古代教育经济思想与哲学、教育学、经济学、政治学、伦理学、史学等混同在一起。以管子为例，管子全书76篇，政治（如《立政》）、经济（如《轻重甲》）、军事（如《兵法》）、法律（如《法禁》）、伦理（如《制分》）、天文（如《四时》）、地理（如《度地》）、教育（如《弟子职》）……无所不包，可谓百科全书。即使分类也只能粗略进行，篇与篇之间并不是截然画界，剖然若符，有明晰的"分水岭"，像《牧民》篇，很难将其划归某一类别，而是哲学、教育学、经济学、政治学、伦理学思想尽寓于中。其他诸子著作也莫不如此。

（2）关系整体

诸子教育经济思想的整体性特征体现为政治、教育、经济一体化。政治与教育化归一潭，政治与经济冶于一炉，教育与经济融为一体。在政治、教育、经济三者的相互关系中，除了政治和教育作为上层建筑受经济基础决定、制约并反过来能动地作用于经济，对经济发展产生影响外，政治与经济，政治与教育，教育与经济彼此作用，互相影响，呈现出较为复杂的相互关联。任何教育中都有政治、经济、文化等其他社会因素近乎天然地"介入"或"加盟"。② 同样，政治、经济、文化在各自发挥作用时也需要其他因素介入。在先秦时期，三者之间的关系还具有一定的特殊性。比如，在政治与经济之间，先秦时期"政治权力经济"的特征就比较明显。③ 更直观地说，就是从政治到经济的单向性倾向比较突出。在微观层面，权力渗透进经济的各个方面，对经济的影响巨大。经济对政治的影响更主要的是在一个较长的时间段从宏观层面体现出来。这是我们不能简单套用马克思关于经济基础与上层建筑关系经典学说的特殊之处。这里，我们重点讨论一下先秦时期教育与政治的特

---

① 杜国庠. 先秦诸子思想概要［M］. 北京：生活·读书·新知三联书店，1949：6.
② 吴康宁. 教育究竟是什么——教育与社会的关系再审思［J］. 教育研究，2016（8）：4-12.
③ 黄敏兰. 全面认识中国古代社会的政治权力经济［J］. 史学月刊，2011（3）：21-25.

殊关系，以此管窥教育、政治、经济之间复杂的联系。

　　教育就其本质而言，是政治性的。[①]这种说法看起来把教育的功能窄化了，但其合理性在于揭示了一个基本事实：作为人类社会实践之一的教育，总是与政治捆绑在一起，这是阶级社会的本质特征之一。凡教育领域中涉及决策、管理的地方，就可见到政治的身影。在不同的政治制度和体制中，教育与政治关系的实际状态是不同的，我国古代的教育直接的就是政治。[②]

　　"天下所极重而不可窃者二：天子之位也，是谓治统；圣人之教也，是谓道统。"[③]王船山所言"治统"即政治，"道统"即教育。夏有校，殷有庠，周有序。商周时期，政治系统与文化系统是融为一体的。"周礼"就是政教融合的产物。

　　庆廷之教，则有专官；司徒之所敬敷，典乐之所咨命；以至学校之设，通于四代。司成师保之职，详于周官。然既列于有司，则肄业存于掌故。其所习者，修齐治平之道。而所师者，守官典法之人。治教无二，官师合一，岂有空言以存其私说哉？[④]

　　章学诚考证发现，学校起源于政治，学在官府，"治教无二，官师合一"。换言之，官吏即教师，教育即政治。到春秋战国，学术下移，私学勃兴，私学的教师并不一定从政，具有独立性，原有的政教、官师开始分离。政府官吏不再担任教师，这一职能被具有独立社会地位的士所取代。[⑤]不过这只是形式上的。"学者所习，不出官司典守、国家政教。"[⑥]私学所走的仍然是学习仕进的道路。整个封建时期，尽管从汉武帝大兴太学，使儒家官学化、官吏儒生化，到东汉党锢知识分子"以天下是非风教为己任"[⑦]，再到魏晋知识分子以道自任，开启道统与政治权威对峙拮抗的源头，[⑧]教育与政治表面上看若即若

① 瞿葆奎.教育学文集：教育与教育学［M］.北京：人民教育出版社，1993：874.
② 聂晓光.教育的政治性与非政治性——关于教育与政治关系的再思考［J］.前沿，2009（11）：142-145.
③ 王夫之.读通鉴论［M］//船山全书：第10册，长沙：岳麓书社，1996.
④ 《文史通义·原道中》。
⑤ 惠吉星.论中国古代的政教合一及其冲突［J］.长沙理工大学学报（社会科学版），1996（4）：106-110.
⑥ 《文史通义·原道中》。
⑦ 《后汉书·党锢列传》。
⑧ 袁弘.后汉纪·卷二十一［M］.上海：商务印书馆，1912.

离，但本质上仍然紧密相连，隋以后封建科举进一步强化了教育以至仕进的人才管道。

人的社会性决定了以人的培养为存在依据的教育的社会性，这并不与教育培养具有独立精神个体的人相矛盾，而恰恰是以此作为基础、前提来进行的。教育的政治印记正是教育社会性的体现。先秦时期的教育尤其如此。不管官学的以吏为师，还是私学的以师为吏，教育从来就无法从政治中完全分割出来。孔子提出学优则仕的政治意味极为浓厚，个人的道德修养要通过政治上有所建树体现出来，德治论根本落脚点在教育。孟子从修身出发走向治平，荀子从治平的要求强调修身，墨子要求弟子"入国必择务而从事"，法家以吏为师，官吏都是教师，臣民都是学生，整个社会就是一所巨型学校。政治靠教育保持统治长久，教育靠政治赋予权力以完成价值目标。

没有脱离教育的政治，更没有脱离政治的教育，教育与政治的关系如此，政治与经济、教育与经济的关系亦然，不仅是两两之间的关系，而是多方参与、彼此渗透、融为一体。政教合一不是纯粹在教育和政治两个领域内展开，经济、文化等莫不参与其中，无法分割。教育走向政治，发挥社会整体功能。稍作追问，教育占用的社会资源从哪里来，到哪里去？教育服务哪些人或哪些阶层？哪些人可以获得教育机会，哪些人被排挤在教育门槛之外而在经济活动和社会生活中处于不利地位？教育传授什么内容以及以什么作为人才培养的规格、形成怎样的价值观？等等，这些教育经济学研究的基本问题均是政治性的。现实中各种因素的整体性关联必然会在诸子的教育经济思想中反映出来。这使得先秦诸子讨论教育经济问题也都是从整体着眼，教育与经济发生联系也是整体联系。

以荀子为例。荀子考察教育问题政教合一、官师合一，强调学校教育、家庭教育、社会教育是一个统一的整体，对教育功能的认识也着眼整体，既注意它们之间的区别，又注意其紧密联系。荀子认识到教育能提高劳动者的劳动能力，教育培养的人才走向仕途能发挥上承下引的作用，"诗书礼乐之分"的良好文化生态有利于风俗淳化，可见教育发挥经济功能途径不一，既可直接作用于经济，又经由政治、文化间接影响经济发展。教育通过作用经济、政治、文化的某一方面对其他方面产生影响，经济、政治、文化的发展反过来又制约教育的发展，这使得它们之间具有相互关联的复杂性。此外，孔子

"庶、富、教"的社会整体理想，墨子"上说下教"生利的教育，孟子"仁政"的教育和经济乐园，荀子隆礼重法教育的政治、经济效果，商鞅"壹教"整同教育政治经济，都是从进行社会规范的整体统治立场出发来建构自己的教育经济思想体系。韩非的"农战"既是政治主张，又是经济政策，同时是施教内容。尤其值得一提的是管子的"一体之治"。在《管子·牧民》篇中，有如下论述：

> 民恶忧劳，我佚乐之；民恶贫贱，我富贵之；民恶危坠，我安存之；民恶灭绝，我生育之。

管子"民之所欲，因而予之"思想与马斯洛"需要层次论"和恩格斯生存、享受、发展三层次思想相似相通，[①] 教育具有佚乐、富贵、安存、生育的功能，形成社会教化的"一体之治"，由此，基层编户制度、四民分业、群居相染形成了一个功能整体，并以"版法"的形式得以确立。

（3）思维整体

整体思维体现为一种系统观，即思考问题时不是陷于琐碎的局部细节，而是注重全其大体，从宏观上把握构成整体的局部、要素之间的关系，考察要素的层次、结构。思维上整体的系统观可类比中医：

> 在中医眼里，人体绝不是一些器官的机械组合，也不能用简单的因果关系来一一加以解释，人体是一个复杂、生动、和谐、有序的生命系统，它有其协调、共生、循环、反馈的辩证规律。因此，尽管中医在诊断和治疗的手段方面还只停留在经验直观的水平上，因而不能与西医相提并论。但其所包含的哲学思想却不乏高明与深刻之处，甚至使西医望尘莫及。[②]

孔子说"道之以政，齐之以刑，民免而无耻；道之以德，齐之以礼，有耻且格"[③]，"在政治、教育、道德这三者整体化的过程中，教育是道德政治化、政治道德化的中介枢纽。"[④]孔子提出"足食""足兵""民信"的观点和"庶富教"的思想，有意识地将教育、经济、政治、军事、文化诸方面纳入一定的

① 王炳照，阎国华，徐仲林等.中国教育思想通史［M］.长沙：湖南教育出版社，1994.
② 陈炎.阴阳辩证——试析中国古代的思维结构［J］.天津社会科学，1991（6）：55-60.
③ 《论语·为政》。
④ 中华孔子研究所.孔子研究论文集——从方法论谈孔子教育思想的古为今用问题（毛礼锐）［C］.北京：教育科学出版社，1987：238.

关系模式中加以讨论，表明他具有整体思维的特征。孔子以"仁"作为他全部思想大厦的统领正是这种思维整体性的具体体现。正如孔子所言，"君子务本，本立而道生。"①这个所谓的"本"就是"仁"。"仁"是"体"，其他都是"用"，一切悉归于"仁"。鉴于"仁"无所不在的地位，其他概念均是其"务本及末"的推衍，这就显出了他"仁学"思想的结构和层次。在"仁"的统帅下，"仁"与"义"一体两面，"圣"与"王"内外结合，"孝"与"悌"纵横交错，"智"与"情"相互制约，"文"与"行"、"忠"与"信"相对而成，"温良恭俭让"并辔而行。循此来看，孔子的教育经济思想也脱不开"仁"的统领：孔子的教育是"仁"的教育，孔子的经济是"仁"的经济，孔子的政治也是"仁"的政治。"仁"的教育之"本立"，"仁"的君子政治、"仁"的经济成效就自然显现出来了。这就是"本立而道生"。

老子整体思维的特征更为突出。老子的"道"是一个整体：

有物混成，先天地生。寂兮寥兮，独立而不改，周行而不殆，可以为天地母。②

"道"超感官经验，不可视见又无处不在，"无状之状，无象之象"③，只可意会无法言传，具有宇宙和微观意义上的无限性。由于宇宙万物是由"道"统摄的连续不可分的浑然整体，既不能被经验感知到，又不能采用逻辑认知去界定，只能以直觉思维把握整体对象的方式去"体道"。老子提出"玄览""静观"的思维方式，其本质是一种直觉思维。④老子意识到条分缕析的方式有将认识对象切割、碎片化的危险。分析越细密，前见和主观参与的成分就越多，得出的结论离整体对象和本质真实更远。因此，有必要抛弃思维定式，运用直觉把握的方式。直觉把握就是对事物非逻辑性的整体反映，采用类似于顿悟的方式完成对对象的理解。直觉思维较少依靠概念、判断、推理在时空的连续性中把握事物，而是通过象征、取譬、摹状、暗喻等方式进行类比、夸张，对事物的性状情貌加以形象化的描绘，激发人们运用联想获得抽象认识。比如：

① 《论语·学而》。
② 《道德经》第二十五章。
③ 《道德经》第十四章。
④ 姚休.《老子》整体思维方式初探［J］.宁波大学学报（教育科学版），1991（3）：85–88.

昔之得一者，天得一以清，地得一以宁，神得一以灵，谷得一以盈，万物得一以上，侯王得一以为天下正。[①]

老子避开对"一"作概念界定，从具体的物事入手，描述其"得一"的积极效果，明确"一"之功用，进而由"用"及"体"地展开联想和想象，获得对"一"的认识。无法正面界说则干脆从反面入手，"正言若反"，通过否定达到肯定，摆落有限、偏狭、相对、瞬变，接近无限、完整、绝对、永恒。老子"通过否定实现肯定"不肢解的整体智慧具有教育经济学意义：施行无为的教育、无为的政治，"烹小鲜"一样不抄动翻搅，不作干扰始终保持完整，就能以无为的最小成本代价赢取民自富的最大收益。

2.辩证性

与西方采用形式逻辑在探知宇宙真理时产生快感、论辩战胜时产生乐趣、抽象沉思时产生满足大为不同，先秦诸子虽并不反对以"真理"形态存在的"知识"和在思维空间展现的"智慧"，但更关心知识、真理、智慧在现实日用中解决实际问题时所体现出的价值。在中国的思想家看来，辩证的价值不在运用精确的概念做语言游戏，而在切实日用。不是"体"的抽象，而是体用结合、不离人事，这是古老中国辩证思维的特质。在思考教育经济问题时，先秦诸子也熟稔地将其作为思维工具贯穿始终。

（1）与古希腊形式逻辑相比较

李约瑟说："当希腊人和印度人很早就仔细地考虑形式逻辑时，中国人则一直倾向于发展辩证逻辑。"[②] 这种看法是比较有见地的。西方的形式逻辑有着较为发达的古希腊传统。苏格拉底较早地运用概念及命题进行分析，在论辩中明确了定义、反驳、归纳、推理等逻辑思维的工具。其后，柏拉图揭示"理念"的含义，尤其强调在概念与概念之间建立清晰的边界，厘清种概念与属概念，将概念在思维中切分，"直到无法再分为止"[③]，以保证在同一范畴内逻辑上无矛盾。亚里士多德在继承前人思维成果的基础上，将古希腊数学中的抽象概念引入逻辑思辨，创立"三段论"，甚至尝试在推演中使用词项变元

---

① 《道德经》第三十九章。

② 李约瑟.中国科学技术史（第3卷）.北京：科学出版社，1978：337.

③ 柏拉图著.柏拉图全集（第2卷）[M].王晓朝译.北京：人民出版社，2003：201.

和命题变元，将逻辑工具应用于道德世界，[①]由此奠定他"西方形式逻辑之父"的地位。应该说，由古希腊先贤开创的在言说和思维中讲求概念清晰、论证严密、逻辑一致的传统，对后来西方世界的意识形态和实践领域均产生了较大影响，并直接推动了西方社会科学和自然科学的发展、演变。

以此审视西方当代教育经济理论：人力资本理论把资本推及至人力，筛选理论把教育当作能力甄别的信号，劳动力市场划分理论中次要劳动力市场在教育作用的部分失效，社会化理论中教育对劳动者非知识个性特征产生影响，以及教育内生增长理论的若干模型、社会资本理论的纳入、新制度经济学理论的引进，等等，无不打上形式逻辑的印记。新理论总是力图进行逻辑上的完善，使之更为严密，既保持逻辑的前后连贯，又在原有理论的缺口中寻求突破，建立新的体系，产生新的缺口，再得到新理论要素的填充，不是简单回归原点，而是从原点出发的螺旋上升，逻辑演变的轨迹比较清晰。比如，虽然都得出教育提高劳动者收益的结论，但对教育究竟是提高劳动生产率、作为筛选信号、帮助劳动者跨越市场分层的"鸿沟"，还是增强与社会适应程度相关的综合素质，不同的理论存在分歧。新观点的提出总是希望对原有理论在逻辑论证中的某些不足进行纠偏和补正，以此推动理论扩展、深化。这些理论在观点上针锋相对，但在理论体系和逻辑论证上始终都是保持一致的。

（2）"和而不同"的整体辩证观

与此相反，中国的传统思维讲究辩证性。孔子讲究权宜变通，在《子罕》中提出"未可与权"之"权"的概念。"权"要求根据不同的情况灵活机动地应变，不是固守教条，一成不变。"毋意，毋必，毋固，毋我"[②]可以当作孔子对"权"的解释。拒绝主观臆断，不自以为是，一切从实际出发才能获得正确的判断，采取正确的行为。他的许多言论、看法，比如肯定人各有长、主张因材施教、对"问政"的不同回答，都体现了在认识上力求克服片面、避免一刀切的辩证态度。除了从整体上全面地把握事物的各个方面，孔子还注重事物的矛盾性。像"君子周而不比，小人比而不周"[③]就是在"周"

---

① 苗力田.亚里士多德全集（第8卷）[M].北京：中国人民大学出版社，1997：466.
② 《论语·子罕》。
③ 《论语·为政》。

和"比"的对立中把握"君子"与"小人"人格上的差异。这样的例子还有如"惠而不费，劳而不怨，欲而不贪，泰而不骄"①等，不胜枚举。孔子没有将"矛盾"绝对化，标举凸显矛盾是出于认识事物区别性特征的需要。除此之外，孔子更多注意到矛盾有条件相互转化，如"泰而无礼则劳"②。更重要的是，在处理事物的矛盾斗争时，孔子引入了"和"的概念。这意味着事物之间存在矛盾对立的两个方面，可是它们并不是要"斗争成毁"，以矛盾的一方战胜另一方为终结，而是有机融合，"和而不同"③"和实生物"④，在对立面之间取得某种均衡，达到矛盾的统一。这就赋予了中国古代的辩证法区别于"分"的"整一""和合"的特点，不是"无可无不可"的折中骑墙态度，而是避免片面，直面事物本来面貌的理性精神。庶、富、教三者统一就是"和而不同"思想的反映，求学与干禄、谋道与谋食、七教与民本、得与义、政与教等显示教育经济思想两两对举的概念或命题，都揭示双方相互区别又彼此推动的辩证关系。

不独孔子，先秦诸子都善于建立一些既彼此区别又相联系的概念或命题。比如：

孔子——惠与费、劳与怨、欲与贪、泰与骄、威与猛、亲与疏、己与人、教和杀、均与贫、和与寡、安与倾、远虑与近忧、小利与大事、耕与馁、学与禄、忧道与忧贫、谋道与谋食、庶富教、得与利、义与利等；

孟子——羡与不足、多与寡、轻与重、长与短、良与莠、士与农、劳心与劳力、治人与食人、善政与善教、民财与民心等；

荀子——义和利、智和愚、一和分、群和分、富和教、顺和导、性和伪、开源和节流等；

墨子——贵与贱、大与小、爱与恶、利与害、强与弱、众与寡、富与贫、诈与愚、厚与薄、有能与无能、有义与无义、费与劳、节与海、强本与节用、强力与不强、治与乱、饱与饥、暖与寒、宁与危、德行言谈道术、本原用等；

老子——救与弃、智与迷、静与动、成与缺、盈与冲、智与愚、巧与拙、

---

① 《论语·尧曰》。
② 《论语·泰伯》。
③ 《论语·子路》。
④ 《国语·郑语》。

辩与讷、有与无、难与易、长与短、高与下、前与后、翕与张、弱与强、废与兴、取与予、抑与举、无为与自化、无事与自富、无欲与自朴、损与补、有余与不足、名与身、身与货、得与亡、为学与为道、日益与日损等；

韩非——事与世、备与变、名与实、仁与鄙、争与乱、是与非、高与下、薄与重、智与力、仁与法、功与亏、养与用、用与利等；

管子——荣与辱、忧劳与佚乐、贫贱与富贵、危坠与存安、灭绝与生育、智者与愚者、巧与拙、势备力、地满与人满、肃与成、劳与能、轻与重、固与危、教与治、德与位、功与禄、侈与俭、勇与怯等。

凡上概要胪陈就足以看出辩证思维在诸子论证中的普遍性。诸子都善于将概念相对并提，从逻辑上加以阐析，在对立统一的关系中把握其内涵，揭示其丰富的教育经济思想。这种言说方式见微知著，简明深刻，体现出诸子教育经济思想的广度和深度，具有较强的包容性和张力，也赋予这些教育经济思想朴素辩证法的意味。

（3）"过犹不及"的生活辩证法

有学者认为中国的辩证法始于兵家的传统。[1]兵家率先对纷纭复杂的社会事务加以冷眼静观。兵家重视战争，战争实际上是生活的全面反映，是政治、经济、文化、军事各种力量的角逐博弈。大到把握敌我双方的宏观态势，小到抓住稍纵即逝的战机，兵家需要从各种由复杂现象结成的"网"中拨除迷雾，撇清枝节干扰，快速抓住主要矛盾，果断抉择。敌与我，生与死，强与弱，攻与守，众与寡，进与退……矛盾两分法以其高度概括、简单有效的特点成为思维方式的首选。究其来源，这不是如古希腊智者们在语言思辨中获得的矛盾概念，而仍然是从现实生活中无处不在的矛盾和生活经验中简化概括而来，并且，也仍然是从功利实用角度去运用。兵家军事斗争的辩证法推而广之就发展成了政治、生活的辩证法，在道、法以及稷下学说中均有反映。老子的对立项中特别强调"柔""雌""无"的一面，已经将矛盾对立转化成了一种保持优势、以退为进、留有余地、以柔克刚、积蓄力量夺取最后胜利的生存智慧。事实上，孔子"执用两中""扣其两端而竭"的辩证法也

① 李泽厚. 新版中国古代思想史论［M］. 天津：天津社会科学院出版社，2008：69.

"不是明晰思辨的概念辩证法，而是维护生存的生活辩证法"[1]。孔子的辩证法讲求"过犹不及"，突出"度"的重要性，也是从现实经验中得来的智慧。"中""和"就是使矛盾双方渗透、互补，通过自行调节以保持机体和谐，在动态平衡中保持结构的稳定。除儒、道外，法家"事异则备变"，抓住"耕战"的主要矛盾，墨家"同异交得"及"三表法"，都不同程度体现了辩证智慧。

先秦诸子主观上都想"以其学易天下"，并不为思想而思想，[2]无不提出主张以切时用，名为政治主张却并不停留在权力、专制、统治的疏浅层面，否则真成凿空之论，"政，正也"是先秦诸子对政治特性的共识。如何使政治有效，一是从精神入手，解决教育问题是前提；二是从物质入手，解决经济问题是基础。政治的最简化无外乎教和养，不只孟子，孔、荀、墨、韩非莫不如此，政治主张都可化约为教育与经济两方面，他也就是在教育和经济间如何求得平衡的问题。或突出教育多一些如儒家，或突出经济多一些如墨、法。在极重视教育的儒家内部，孔子的教育成分尤甚，孟子则教养各半，荀子对经济稍偏重些。从运思总体特点考察，先秦诸子在教育和经济之间都保持了"致中和"的张力，突出教育和经济动态均衡、互为条件、相互转化，这正是生活辩证法之智慧的体现。

辩证思维赋予先秦诸子的教育经济思想在形式与内容两方面以"全纳"的品质和"超越"的气概。在形式方面，"两两对举"语言精练，既将复杂的关系简明化，避免认识上的模糊，便于人们迅速把握主要矛盾，又将复杂丰富的内容高度"压缩"，为进入解释语境后的解读行为提供了丰富的原材料。原本丰富的教育经济思想资源得到最好的储存，可以在多开端的解读环境中保持"不失真"。在内容方面，西方历时单向的"因果"逻辑推理易于将人们导向超验的彼岸世界，与此不同，辩证思考建立了一种共时双向结构，使得先秦时期的教育经济思想植根在经验的世俗生活之中，始终在理性的轨道上运行，远离"过度"：教育没有成为纯粹的精神消费，总是朝向社会生活；经济也未成为脱缰的野马，总是接受"义"的羁绊，在伦理的规约下回到教育

① 李泽厚.新版中国古代思想史论［M］.天津：天津社会科学院出版社，2008：75.
② 杜国庠.先秦诸子思想概要［M］.北京：生活·读书·新知三联书店，1949：6.

的怀抱，仿佛一幅美妙的画卷：教育经济并辔而行，相偎相携。

3. 人本性

先秦诸子教育经济思想中的人学意义浓厚。诸子关注教育、经济问题本然地指向人：教育本身不是目的，教育是"为人""成人"的教育；经济本身不是目的，经济是为了满足人的物质需求，解决人的生存困境。同时，以"人"为中介，教育与经济建立起直接或间接的联系。在先秦教育经济思想中，"人"最终没有蜕变为工具，仍是价值性存在，不仅教育要直接为其服务，经济也自觉接受伦理约束，向"人"靠拢。先秦教育经济思想的人本性特征体现为人既是逻辑起点，也是价值终点。

（1）教育与人的主体意识觉醒

人的意识的觉醒有一个较为漫长的历史过程。远古时期的人性屈服于神性，在鬼神威权的笼罩下，人的主体意识被压抑钳制。人性的微光只能借助女娲补天、夸父逐日、后羿射日、精卫填海等神话传说中超自然的力量偶尔闪现；到了奴隶社会，人的主体意识开始逐渐挣脱神意的束缚，有了生长的空间。"夏道遵命，事鬼敬神而远之"①，夏朝尊天命敬鬼神的同时，已经开始有意无意地同天命鬼神保持一定的距离，渐渐地向人靠拢了，所谓"近人而忠焉"②；商朝因袭夏礼，保持中有微妙的变化，尊天的同时将祖先一并神化为"帝"。统治者有意利用神性的隐秘力量，将重大的政治军事活动交由卜筮来完成，以获得神启佑护和道义支持。王权的神化赋予了鬼神完成人事的工具性，人的实际地位得到提高；周朝从殷商覆亡的现实中深感"天命靡常"③，"天视自我民视，天听自我民听"④，"民之所欲，天必从之"⑤，人性力量已取得对天命鬼神的压倒性优势；到春秋战国时期，"天道远，人道迩"⑥，人事对天命已取得决定性胜利，在终于摆脱原始宗教牢笼的禁锢后，人本主义喷薄而出，这一时期的思想家、行动家们出于对个体命运的忧患意识，对人的本性、人的欲望、人的生存等问题展开深入探讨，由此建立了以人为中心

---

① 《礼记·表记》。
② 《礼记·表记》。
③ 《诗经·大雅》。
④ 《尚书·泰誓》。
⑤ 《尚书·泰誓》。
⑥ 《左传·昭公十八年》。

的各家学说。从这个角度看，先秦思想史也是人学思想史。

诸子教育以人为目的。孔子的教育是人生教育，是"知人"教育，是使人的生命价值不断提高的教育，是"人道"而非"天道"的教育，是学而为人、终身不止的教育，是教人做人、使人完善的人格教育，是人不离群、积极入世的教育，是"修己安人""修己以安百姓"的教育。孟子不只继承孔子的人本主义教育，而且把孔子的人格教育从经验形态发展至理论形态。他从人性善的四端出发，将人具有"心官之思"的理性精神作为人与动物的主要区别，明确教育的目标就是"教人做人"。墨子最关心下层百姓，"有力者疾以助人，有财者勉以分人，有道者劝以教人"生出的正是一个得"国家百姓人民之利""以安生生"的理想世界。① 老庄教育反思社会对自然人性的戕害，更关注个体自我人格的完善和生存智慧。人本思想中自然主义的精神光芒独具，远早于西方启蒙思想家卢梭和人本主义思想家罗杰斯关于"教育使人自由表现本性"的看法。法家教育因"不别亲疏，不殊贵贱，一断于法"② 往往背上不道德的恶名，③ 其实不然，只讲人格教育，依靠道德榜样示范来建立秩序，作用缓慢且不一定奏效，法家才另辟蹊径，基于"人性自为"的本性，站在社会管理立场，主张确立一个客观、公正的价值标准，以"他律"的规范来重新构建社会秩序。这个价值标准就是"法"。以法为教也并不排斥儒家的"仁""义"，不过"仁""义"的地位从属于"法"，类似于马克斯·韦伯"职位权威"对"身份权威"的取代。法对所有人具有约束作用的同时也保护绝大多数人的利益不受侵犯，法教的本质是利人的，正如商鞅所说"法者所以爱民也"④。

先秦诸子的教育思想之所以达到高峰正是人的主体意识觉醒的结果。虽然诸子有关人性的看法各不相同，比如孟子是"性善"论者，荀子是"性恶"论者，墨、法是人性自利论者，道家则是自然人性论者，但他们都无一例外地肯定教育对人性具有顺应、扩充、改造的作用，都提出"理想人"的设想，都把教育当作是塑造完美人格的途径，或"性相近，习相远"（孔子），或"染

---

① 《墨子·非攻下》。
② 《史记·太史公自序》。
③ 于树贵．法家伦理思想的独特内涵［J］．哲学研究，2009（11）：36-42．
④ 《商君书·更法》。

于苍则苍，染于黄则黄"（墨子），或"积靡使然""化性起伪"（荀子），或"为之于未有"（老子）。

（2）经济的伦理特征

人既是经济发展的条件，又是经济发展的目的。孔子把一定数量的人（"庶"）摆在首位，既明确人是经济发展的前提条件，又以"教"即人的素质提高为最终归宿。从"数量的人"到"质量的人"，经济之"富"和教育之"教"都是紧绕"人"来进行，这充分体现孔子"人是终极目的"的思想。孔子的马厩失火，不问是否伤到马，而问是否伤到人正是其一贯"重人"思想的体现，仁学即人学。在孟子的理想乐园中，"教""养"所依靠的也是人；荀子的思想中，人像水可以载舟，亦可覆舟；墨子主张人无贵贱之分，"十大纲领"一言以蔽之，唯利人而已。

先秦诸子比较重视研究经济运行的客观规律，但较少让"市场""契约"等外在力量对经济活动主体进行规范，却经常宣扬"良知"，突出"反省"，强调"正义"，运用道德力量引导参与经济活动的人们形成利他、和谐的经济关系。在经济活动中，起决定作用的往往不是经济利益原则，而是道德伦理原则，不是市场规则，而是道德准则，不是外在约束，而是内在自觉，不是他律，而是自律。以义制利是诸子经济思想中不变的主题，由此生发出关于均平、惠民、节用、薄赋、轻税、役时、权重等许多极富中国特色的经济思想。先秦诸子思考经济问题时特别关注"应该"还是"不应该"的规范分析问题，[①] 特别关注经济活动的主体及目的，总是让伦理原则凌驾于经济原则之上，人在经济活动中具有绝对优先的地位。

（3）"教育""经济"联袂对生存困境的"双重拯救"

先秦诸子教育经济思想的人本性特征突出地体现为他们谋求改变人的生存现状的强烈使命意识。一方面，如前所述，在神性对人性的此消彼长中，人的主体意识和理性精神已经取得"制天命而用之"的绝对胜利。武王伐纣，以周代商，更意味着"民本"思想在实践层面获得巨大成功。"周礼"是早期人的主体意识和理性精神制度化和物化的成果。然而春秋战国时期，维系人与人关系的"周礼"开始崩毁，精神世界失范，急需新的价值规范来填补

① 石世奇，郑学益.中国古代经济思想史教程［M］.北京：北京大学出版社，2008：10.

"礼坏乐崩"给人们带来的心灵"空窗";另一方面,周王朝式微,诸侯为争夺霸权展开激烈角逐,连连战争对生产造成极大伤害。新经济因素出现,生产工具革新,生产力进步带来的经济增长被战争耗损、抵消,物质匮乏,不少百姓在死亡线上挣扎,这是物质世界的失范。可见,从生存状态看,春秋战国时期的人们面临精神世界和物质世界的双重失范。诸子意识到,把人从精神世界的困境中解救出来,教育最为有效;把人从物质世界的困境中解救出来,经济最为有效。应该说,诸子都设想了对"双重失范"采取"双重拯救"的方法和措施,前述各具特色、异常丰富的教育经济思想正是从这两个方面开出的"药方"。但究竟从何切入,各家所见不同,互有偏重:儒家孔、孟仁义先行,侧重"精神世界"秩序的重建;墨、法以利为先,侧重"物质世界"秩序的整顿;儒家荀子礼法并重,主张双重救赎;道家老、庄无为,追求双重超越。

先秦诸子的教育经济思想中随处可见人性的关怀、人欲的肯定及对生命的尊重。教民、安民、利民、富民的人本主义思想侈大其光。

总之,诸子的教育经济思想交相参印、彼此证发、互济相足,呈现出实用性、整体性、辩证性、人本性等共同的特质气韵。首先,先秦诸子讨论教育经济问题实践倾向明显,突出学以致用,重视教育裨助于个体生存、生产力发展、国家繁荣稳定的实际功用,普遍认为教育是既求义又有利的事业。改革社会和改善人生是先秦诸子教育经济思想共同的出发点和归宿。其次,先秦诸子多从整体入手,所讨论的教育包括学校教育、社会教育、家庭教育,政教合一、官师合一。教育不仅具有经济作用,还具有政治作用、社会作用,这些作用彼此联系,互为条件,互相制约,不可分割,具有复杂性和关联性。再次,先秦诸子反对孤立、静止地看待教育经济问题,而是建立诸多对立统一的概念或命题,对之加以关系辩证。最后,这些论析无论是从维护统治阶级利益出发,还是从"农与工肆之人"的利益出发,总是指向人,强调教育对人的改变、塑造,具有强烈的人本性特征。

第五章
先秦诸子教育经济思想形成的动因

　　雅斯贝尔斯认为，公元前 800 年到公元前 200 年是奠定人性精神基础的时期，是人类发展的"轴心时代"。[①] 在中国，"轴心时代"正是百家争鸣的时期。诚如王国维先生所说，"中国政治与文化之变革，莫剧于殷周之际"[②]。诸子教育经济思想诞生于这一大调整、大变革的社会全面转型时期，因此研究诸子教育经济思想，不能不回到历史情境中，从经济、政治、文化宏观层面和个体微观层面入手分析教育经济思想产生的条件。

一、经济引发：生产力发展促成教育与经济"联姻"

1.经济发展要求教育获得相应发展

　　《汉书·食货志》《韩诗外传》《孟子·滕文公上》对"井田制"都有记载。"乡田同井"是土地公有制的产物，"井田制"下土地被划分为面积相同的条块，分公田和私田，耕作者彼此协作耕种，先公后私，公田收获归公，私田的收获则为耕作者所有。西周实行"井田制"，周天子将土地分封给诸侯，诸侯又将土地分封给卿大夫。随着卿大夫势力的扩张，土地所有权逐渐下移，卿大夫掌握的土地越来越多，甚至超过公室，土地开启私有化进程。随着生产工具的革新，耕作者在耕作公田和私田后，仍有余力者就去开垦荒地，"夏后氏五十而贡，殷人七十而助，周人百亩而彻"[③] 正是劳动生产率提高

---

① 雅斯贝尔斯.历史的起源与目标 [M].北京：华夏出版社，1989.

① 雅斯贝尔斯.历史的起源与目标 [M].北京：华夏出版社，1989.
② 《观堂集林》卷十。
③ 《孟子·滕文公上》。

的表现。到了春秋战国时期，铁质农具的出现使得劳动生产率大幅提高，耕作能力已经超过"百亩"，更多的荒地被开垦出来。这对原有的生产组织形式提出了挑战，"井田制"束缚了生产力的进一步发展，生产关系的变革迫在眉睫。公元前594年，鲁国宣布实施"初税亩"，用土地租税的办法取代实物地租和劳役地租，对这些新开垦的土地进行征税，实质上肯定了土地私有的合法化。到战国，诸侯国掀起开阡陌、废井田的变法热潮，允许土地兼并、买卖。生产实践也证明，"以其常正（征），收其租税，则民费而不病"①，土地私有制的建立，新生产关系的确立，极大地解放了生产力。与束缚在"井田"之上的"庶民"不同，战国时分地收取租税的方式让自耕农、佃农和庸客拥有更多劳作自由，生产积极性更高，社会生产力得到进一步发展。

正如马克思所说："人们按照自己的物质生产的发展建立相应的社会关系，正是这些人又按照自己的社会关系创造了相应的原理、观念和范畴。"②生产关系变革引发经济基础的变化势必会在上层建筑中有所反映。经济的发展要求教育、文化也有所发展。由于生产关系的变革，北方燕之琢蓟，赵之邯郸，魏之温、积，韩之荥阳，齐之临淄等地不仅农业经济快速发展，工商聚集之地的城市经济也迅猛发展，黄河中下游地区成为当时的经济中心。与之相应的是，经济的集聚地也成为教育的轴心区。有人统计，当时北方地区的教育名人共有26人，占统计总数29人的89%。③孔子施教的地区在鲁（今山东），其讲学游学的足迹也主要是在北方陈、宋、曹、郑、蔡、卫等地。墨子在宋，荀子在赵，等等，都在黄河流域。人口、政治、文化、经济各方面都对教育产生影响，但是最为根本的、具有决定性影响的仍然是经济。经济的发展为教育发展提供坚实的物质基础，影响教育发展的规模、速度，最典型的例子是齐国的稷下学宫。稷下学宫在齐国都城临淄出现绝非偶然，正是经济发展的产物。稷下先生们在此聚众授徒，各种观点云集荟萃，学术氛围浓厚，一时蔚为百家争鸣之势。一方面，稷下学宫之所以在临淄而不是其他地方，是因为当时的临淄是政治、经济、文化中心。另一方面，稷下的"祭

---

① 《墨子·辞过》。
② 马克思，恩格斯.马克思恩格斯全集（第4卷）[M].北京：人民出版社，1956：144.
③ 转引自熊志伟.中国古代教育轴心南移现象及其经济动因[J].教育与经济，1993（2）：56-61.

酒""博士""讲师"们都接受齐王优厚俸禄的供养。齐王从经济上礼遇稷下先生并非仅为博得"尚贤"的虚名，而是诸侯国经济发展对教育培养人才强烈需求的表现。稷下先生及其弟子们所从事的也并不是"清谈玄虚"、空疏无用之学，而都是利国富民之学，讲学育才完全以治国平天下为要旨。可见一方面，经济为教育提供物质基础的同时对教育提出要求；另一方面，教育也通过培养人才对政治、文化施加影响，为经济发展做贡献。

2. 技术进步使"教人耕"成为必要

"获麟以后迄于秦始，实为中国变动最剧之时代"[①]。这场巨变由生产力发展直接推动，得益于生产关系的调整，更直接来源于技术的革新，以生产工具的革命性变化为动力，生产关系的变革如"井田制"的衰落，也肇端于生产技术的进步。

战国时期冶铁技术已出现并广泛应用于生产工具，这可得到多地出土文物的证明。南方的吴楚、西方的秦、东方的齐鲁、北方的燕赵，铁器无处不在。铁除了应用于生活如鼎、杯、盆、盘、针、刀、锥等器具外，还大量应用于农业生产和手工工具如铲、锸、镬、锄、镰、耙、犁、铧、凿、锉、斧、锤、钻等。辽宁一处战国时期燕国遗址中出土的铁器达80多件，铁质农具就占了85%，[②] 这表明生产工具的革新最晚在战国甚或在春秋及以前就全面展开了。春秋战国时期，牛耕也逐步推广开来。如孔子有一学生姓冉名耕，字伯牛。《韩非子·外储说左下》记载了一个晋国的大力士叫牛子耕，《孟子·滕文公上》里更有"（许子）以铁耕乎"的问答，加之河南辉县出土的"V"形犁，足证牛耕在战国推广的事实。

铁对生产工具的意义被恩格斯称为在历史上起了"革命作用"的各种因素中"最后者"也是"最重要者"。与铁质农具和牛耕推广相伴随的是生产技术的革新和进步。一是深耕熟耘。"深殖之度，阴土必得，大草不生，又无螟蜮"[③]，深耕勤耕具有改良土壤、涵养水分、去除杂草、消灭害虫等多重功效。二是辨土地所宜。"相高下，视肥墝，序五种，省农工"[④]，"土地所宜，五谷所

① 梁启超.饮冰室文集之七［C］.北京：中华书局，1989.

② 王增新.辽宁抚顺市前屯、洼浑木高句丽墓发掘简报［J］.考古，1964（10）：529-532.

③ 《吕氏春秋·任地》。

④ 《荀子·王制》。

殖，以教导民"①。也就是察别土壤性质，选择适宜栽种的作物。三是多粪肥田。《吕览·季夏记》中记载了"沤肥"的技术工序："烧薙行水，利以杂草，如以热汤，可以粪田畴"，即割草、烧灰、灌水、沤烂、成肥。还有"粪种"的技术，用动物骨头或牛羊粪便与种子搅拌后下种。四是复种。或一年收获两次，或采用轮种技术，"今兹美禾，来兹美麦"②，每块地上每一年栽种不同的农作物以抵抗病虫害和提高单产。五是畦种。对难以平整的土地，根据干湿情况，或采用弃干就湿的"低畦栽培"，或采用弃湿就干的"高畦栽培"，各因所宜地进行农业种植。六是疏密有致，保持合理间距。"慎其种，勿使数，亦无使疏"③，播种适量，尽量密植以提高产量。同时，适时"间苗"，"长其兄而去其弟"④，植株间距、行距合理安排，既不过密影响通风和植株的营养吸收，又不过疏浪费土地资源。七是根据不同作物生长发育的特点按季节、按时耕种、收获。

当今农业生产已经进入机器化时代，牛耕犁地已经逐渐淡出人们的视野，但在一些落后地区，传统耕作方式仍持续地发挥作用。确切地说，整个封建时期小农经济的耕作方式与春秋战国相比并无本质差异。由此反观上述由生产工具推动的生产技术的进步在当时确实是革命性的，整个封建时期经济生产活动的样貌在春秋战国时期即已初具雏形。对于习惯原始"刀耕火种"生产方式的百姓来说，新的生产工具和生产技术应用于农业生产并非易事。至少在普及之前，因为新工具"会用"和"不会用"造成生产群体的分化和生产率的差异是客观存在的。影响农业生产产量的因素比较复杂，劳动者的劳动态度和劳动时间、土地的肥沃程度、气候条件都对产量产生影响。在这些因素中，劳动生产率的高低对产出的影响尤为显著，而是否使用新的生产工具以及新技术运用的熟练程度与劳动生产率直接相关。"不告之以时，而民不知；不道之以事，而民不为。"⑤新工具使用和新技术推广对"乡树之师，以遂

---

① 《吕氏春秋·春秋记》。
② 《吕氏春秋·任地》。
③ 《吕氏春秋·任地》。
④ 《吕氏春秋·辩土》。
⑤ 《管子·乘马》。

其学"① 提出了客观上的要求。"教人耕"与"自耕"收益区别明显,"教人耕者其功多"。② 除了让少数的"智者知之""巧者能之"③ 外,新工具、新技术推广普及的重点和难点,是通过"渐"(渐进)、"顺"(顺导)、"靡"(磨砺)、"久"(熏染)、"服"(适应)、"习"(熟练)的教化,让"愚者"和"拙者"也"修其能",提高劳动生产率。

3. 多元的经济结构决定多样的人才结构

农业生产方面,铁器的使用提高了劳动生产率,促进耕作水平提升。私有制出现激发了农业生产的活力,增强了个体劳动者劳动的积极性。大型水利工程的修建,比如孙叔敖修芍陂、西门豹引彰水治邺、李冰修都江堰、郑国开凿郑国渠,也为农业大发展创造了客观条件。春秋以前实行"工商食官"制度,国家设置"工正""工师"掌管手工业,④ 设置"贾正""市正"掌管商业,手工生产和商业由官府垄断,产品和商品主要供统治阶层享用,而不是以交换为目的。随着生产力的发展,"工商食官"制度瓦解,官府的工艺技巧流落民间,个体私营手工业生产开始繁荣,⑤ 矿冶铸造、玉器琢制、煮盐、漆器、陶器、纺织、印染、木器、车船、玻璃、皮革、制骨等达到较高水平。⑥比如冶炼技术方面不仅熟练掌握失蜡铸造法,而且还熟练运用锡焊、铜焊、榫卯铸孔等多种焊接工艺。漆器制作精美,种类繁多,饮食器具如杯、盘、樽、豆、俎、卮等,乐器如鼓、瑟、笙等,还有各种兵器、车马饰品,应有尽有。纺织技术发达,锦、绣、帛、绢、缣、绮、纨、罗、绦等分类精细,质地精良,有朱砂红、橘红、粉红、绛红、茄紫、浅绿、淡黄、金黄等各种颜色。由于个体经济的兴起和商品经济得到发展,一些工商业城市形成并迅速繁荣起来。《战国策》记载,齐国的都城临淄"甚富而实","临淄之途,车毂击,人肩摩,连衽成帷,举袂成幕,挥汗如雨"。城内有 10 条交通干道,7

---

① 《管子·君臣下》。
② 《管子·君臣下》。
③ 《管子·乘马》。
④ "工正""工师"所属的"百工"中应该包括手工业奴隶,如《墨子辞过》"女工作文采,男工作刻镂"中的"男工""女工"当是工奴无疑。
⑤ 如《考工记》载"粤之无镈也,非无镈也,夫人而能为镈也",郑注曰"言其丈夫人人皆能作是器,不须国工",人人能作器表明官府垄断式微,个体手工业兴盛。
⑥ 魏明孔.中国手工业经济通史·先秦秦汉卷 [M]. 福州:福建人民出版社,2005.

条大道，宽 10 米至 20 米。可见城市规模宏大，市场繁华。① 楚国郢都也是西通巫巴，东连云梦，桓谭《新论》描述其"市路相排突，号为朝衣鲜而暮衣敝"。一些私商游走于城市之间，从事商业经营活动并迅速致富。《史记·货殖列传》中所载的猗顿、巴寡妇清等都是其例。

由于经营工商能迅速致富，一些地方甚至出现工商业与农业争夺劳动力的现象。因为担心更多人放弃农业去从事工商业，动摇农业的基础地位，所以，一些有识之士开始呼吁制定"重农抑商"政策以巩固农本。抑制工商不是取消工商，而是使农业和工商业保持一定比例，协调发展。"重农抑商"的呼声实际上反证了当时工商业的发展水平。可见，相比之前单一的农业经济，春秋战国时期人们的经济交往更为频繁，经济活动更为复杂，各行业的联系也更为紧密。经济的多元化必然要求人才培养的多元化。在"工商食官"制度下，从事手工生产和商业经营的技能主要由官府的"工师""贾正"传授，随着"工商食官"制度的消亡，传授工商技能的使命只能由职业教育来完成，除家庭父子相授外，私学中的"老师教学生""师傅教徒弟"便成了一个重要的途径。不只是单一的"教人耕"，传授农业生产的技能技巧，经济体量的增大和经济结构的变化还对工商业者的培养和管理复杂经济活动的"士"的培养提出相应的要求，培养"国之石民"的职业教育也应运而生。

总之，诸子初步建立了与经济相适应、以人才需求确定人才供给的基本原则。需要明确的是，这里所说的"经济"既指客观真实的经济，又包含诸子对现实经济的主观判断，教育经济思想也是建立在这种判断的基础上。总的来说，对经济的不同看法、不同的经济立场影响人才培养目标的确立。

孔子代表了新兴地主阶级的要求，但他并不认为要对经济进行彻头彻尾的革命，而是相对保守的改革，主要是对人们之间经济关系的调整，使之符合礼制的要求，礼制建立后，人们之间的各种关系，包括阶级关系、经济关系理顺了，生产才能得到最有效的组织，各种生产要素才能得到最优配置，管理形成合力会产生综合效益。以此判断为基础，儒学提供的教育主要是为社会培养仁义之士，以政治人才为主。

① 中国社会科学院考古研究所.新中国的考古发现和研究 ［M］.北京：文物出版社，1984.

孟子"提出巩固和扩大私有财产权力范围的恒产论，把小私有者阶层也网罗到反旧贵族领主斗争的阵营之内"①。孔孟之间的出入基于一个客观现实：商品经济得到发展，人们之间的经济关系较以往更为复杂，与此适应，"在个人财富方面不能不把伦理的限制放松一些"；同时，贵族统治集团的压榨、战争的耗费、官僚机构的臃肿，"对国家财富的伦理要求不能不加紧一些"②，无论放松加紧，不外乎要使封建的伦理道德规范有效地对财富发挥制约作用。新兴地主阶级出于经济利益的需要，对脑力劳动者和体力劳动者给予同样的重视。脑力劳动者是新兴阶级自身，主要是生产的管理者；体力劳动者是自由民，主要是生产的直接参与者。基于对经济发展新特点的认识，孟子的人才观是管理人才和生产人才并用，但更强调管理人才的培养，突出精神品质的物质力量，有限的教育资源主要还是应用于"治术人才"培养，依靠他们建立"仁政"的制度环境。生产人才究竟应具备怎样的技能，教育能否在培养劳动者的生产技能方面有所作为并不是孟子关注的焦点。因此尽管突出了生产人才，但却没有拿出明确的培养方案来。

荀子注意到客观经济规律本身所起的不以人的意志为转移的巨大力量。"圣人经济"彰显道德的经济力量，但不能只强调"士"的作用，在强调"士"的作用时不能只突出"德"的一面，还要注意农、工、商的作用，还要注意具体的"术"的一面。组织生产不能只靠"仁""礼"的主观伦理制约，还要"法"的客观规范，定职定分。用心专一、锲而不舍、去塞除弊、学以致用的教学原则，闻、见、知、行的教学过程不仅对君子教育有效，而且对农夫、工匠、商贾都有效。基于此判断，教育要隆礼、重法相结合，培养多规格、多层次的人才。教育也因此更为平民化，成了社会各阶层，尤其是广大平民百姓改变自己命运的武器。

墨子深刻认识到，百姓不能把改变现状的愿望寄托给王公大臣，因为强凌弱，暴欺寡，富虐贫，贵傲贱的现实正是"天下之士君子之去义，远也"③所造成的。改变命运必须靠底层人民鼓而进于义，更重要的是，经济问题的解决最直接的还是从经济本身切入。百姓只有充分占有物质财富，才能改变

---

① 胡寄窗.中国经济思想史［M］.上海：上海财经大学出版社，1998：499.
② 胡寄窗.中国经济思想史［M］.上海：上海财经大学出版社，1998：232.
③ 《墨子·天志下》。

命运，教导他们强力从事才是治本之道。由于他的经济理想是自下而上的，因此他的人才思想也是自下而上的，直接从事生产的"事力"者是第一位的，"教人耕"提高生产能力最重要。墨子虽不否认"上说王公大人"对经济发展所起的作用，但也不主张专门培养这一类人，而是全部从"兼士"中产生，甚至直接从"农与工肆之人"中产生，"有能则举之"。所以墨子主张培养的人才兼爱正义，刻苦俭朴，守纪奉公，辩乎言谈，可从政为仕；勤于从事，长于生产，技艺精湛，各有专长，可农可工；甚至精于器械，懂得筑城，擅长守备，智勇双全，可讲武从军。"兼士"可谓"全才"。

法家韩非的耕战论与商鞅的农战论一脉相承，在对经济的看法上，韩非也与商鞅如出一辙，都是"把耕战作为基本的国策，动员全国力量进行耕战，以刑赏作为驱使人民进行耕战的手段，以及严厉堵塞耕战以外的一切获得名利的途径，实现'利出一孔'等等"①，与此相应，法家要求培养"循令而从事""案法而治官"的人才。

先秦诸子已经开始比较自觉地思考人才培养的效用问题。在先秦诸子理想社会的"拼图"中，经济始终是不可或缺的"组块"，人才效用最大化便不得不首先回答教育培养哪种类型的人才对社会的贡献更大。对此各有所异的回答也就形成了互不相同的教育经济思想。

二、政治促发：士阶层是教育与经济建立更紧密联系的纽带

诸子是以士的身份登上历史舞台的，作为一个独特阶层的士是在春秋战国这一特定的历史时期形成的。可以说，没有士阶层的出现，很难有诸子丰富的教育经济思想。

1.政治转型与士阶层的出现

对于士的起源，学者们展开过许多讨论。从语源上看，士在春秋以前就早已经产生了，而且是古代贵族阶级中最低的一层，地位仅高于庶民。《左传·桓公二年》中晋国的大夫师服说：

故天下建国，诸侯立家，卿置侧室，大夫有贰宗，士有隶子弟，庶人工

---

① 赵靖.中国经济思想史述要（上）[M].北京：北京大学出版社，1998；169.

商各有分亲，皆有等衰。

公食贡，大夫食邑，士食田，庶人食力，工商食官……①

这说明士的地位介于大夫与庶人之间，有着严格的等级限定。有学者认为，在孔子以前，只有武士，文士是孔子之后才出现的。②可以肯定的是作为知识阶层的士在春秋战国时期才大量出现。

西周实行血缘分封制，在开创成、康盛世的同时，也内在地创造了否定自身的因素。层层分封造成权力分割，血缘关系疏远，并且随着人口增加，土地短缺的矛盾日益突出。中央王朝与各分封宗主、大宗与小宗之间的利益冲突越来越不可调和，血缘宗法制度的经济基础开始动摇。随着土地私有化进程展开，以分封制、井田制为核心的经济基础的土崩瓦解势必带来政治领域的深刻变革，原有家国同构的宗法血缘政治开始向地缘郡县政治转变，"以血缘关系为主体的国家不得不让位于以土地所有来确认其成员的地主阶级的封建国家"③。地缘郡县制与血缘宗法制度的最大区别在于新的政治体制是一种官僚政治。士阶层正是官僚政治的产物，是社会阶层流动的结果。

一方面，宗法血缘政治的逐渐解体形成一种"推力"，将原有的上层贵族从统治阶层"推"出去，"降为皂隶"。《左传·昭公三年》中叔向感叹晋公室衰落时说：

虽吾公室，今亦季世也。……栾、郤、胥、原、狐、续、庆、伯，降在皂隶。杜预注曰：八姓，晋旧臣之族也；皂隶，贱官也。

生产力发展引发的诸侯国的内部斗争此起彼伏，政争中失败的贵族则沦为士庶以至皂隶。

另一方面，各诸侯国逐渐向地缘政治转变。编户齐民形成严密的户籍制度，以地缘为特征的乡里制度逐渐确立，一些地方还开始出现了地域性的政治制度——郡县制，并向中央集权的全国性的郡县制过渡。新的官僚政治的

---

① 《国语·晋语》。

② 比如顾颉刚先生在《武士与文士之蜕化》一文中认为古代只有武士，文士是在孔子殁后才出现的，因此，文士由武士蜕化而来。此说从者众。不过也有不同观点，比如余英时先生在《士与中国文化》中认为，作为文士的知识阶层自有兴起的时代背景，文士并非从武士蜕变而来，自有礼乐诗书的文化渊源。本书采纳余氏的观点。

③ 李国钧，王炳照．中国教育制度通史［M］．济南：山东教育出版社，2000：98．

建构需要新的力量作为支撑，以维持国家机器的良好运转，这就产生了一种"拉力"，为士这一新阶层的产生提供了良好的条件。并且，在社会经济结构和政治结构的全面转型中，原有固化的等级结构即使没有被打破也出现一定程度的松动，社会阶层的流动性增强，又为庶人提供了上升的管道。由此，在社会的分化改组中，士阶层因为恰处在"贵族与庶人之间，是上下流动的汇合之所，士的人数不免随之大增"[①]。可见，士的形成主要有两条途径，一条是上层贵族的下降，一条是下层庶民的上升。

2.政治需要士走"学而仕进"之路

一些学者指出巫史形成中国知识分子的原型，但是真正以成熟的知识分子形象登上历史舞台的则是士。虽然士有武士、策士、学士、隐士、侠士、术士之别，并且质量良莠不齐，甚至不乏鸡鸣狗盗之徒，但总体看，士大都是接受过教育的知识分子，具有一定的使命意识和责任担当。客观地看，士的知识分子特征是由其特殊的生存状态决定的。如上所知，士主要有两个来源渠道：等级制瓦解，贵族沉降，一部分士从没落的贵族阶级中游离出来，他们的身份地位发生变化，最为关键的是，他们失去了分封制下赖以生存的土地；从庶民上升而来的士也面临相同的问题。尽管庶民从来就没有土地，凭劳力耕作，缴纳赋税，获得劳动成果以养活自己，但一直与"田"保持着紧密联系，不论是失去土地的贵族，还是离开土地的庶人，他们在进入士这一阶层后面临的首要问题是生存问题，而向政治靠拢，与政治权力相结合则是解决生存问题最为便捷的选择。反过来看，他们之所以或被动或主动地进入士的群体，也应政治所需，士的产生可谓因时所致，应时而生，"士"与"仕"具有天然的同一性。

管子认为争夺天下"必先争人"[②]，"争人"不仅是增加人口、兵力，最关键的是争夺人才。自春秋开始，诸侯之间的争霸战争愈演愈烈，各国谋求统一，在内部建立起独立、完整的政治机构。随着诸侯坐大，周王室对诸侯国的约束控制越来越弱，各国实际上开始以独立国家的身份开展内政外交，政事由简而繁，迫切需要充实大量从事具体事务的官僚。士人因为拥有知识见

① 余英时.士与中国文化［M］.上海：上海人民出版社，1987：12.
② 《管子·霸言》。

解和处理政事的技能，渐为统治者青睐，在内政、外交、军事方面帮助统治者出谋划策。从实际效用看，士也确实发挥了巨大的作用。《史记·仲尼弟子列传》载："子贡一出，存鲁，乱齐，破吴，强晋而霸越"。齐国重用管仲，魏国重用子夏、田子方、段干木，鲁国重用公仪休，秦国重用商鞅，燕国重用郭隗，韩国重用申不害，郑国重用子产……"六国之时，贤才之臣，入楚楚重，出齐齐轻，为赵赵完，畔魏魏伤"①并非夸张之词，而是当时士人在政治生活中产生巨大影响的真实写照。因此，礼贤下士就不是知识分子"国有贤良之士众，则国家之治厚；贤良之士寡，则国家之治薄"②的自我标榜，而已切实转化为各国君主的实际行动。比如战国时魏文侯首开纳贤养士之风气，李悝、吴起、西门豹、乐羊等士人都到了魏国，受到魏王重用并担任官职，甚至出现李悝、张仪等"布衣卿相"。

　　士人不事生产却荣登高位进一步刺激了士人群体的扩展，以至产生"中牟之民弃田圃而随文学者邑之半"③的社会轰动效应。一方面，新的政治格局对士人的教育培养提出强烈需求；另一方面，士人也在功名的诱惑下，"学而仕进"，主动对接政治需求。士人摆脱了土地的束缚，具有人身自由和相对独立性，他们并不隶属于哪个政治集团，可以在各政治权力之间自由地游走，"士无定主"，但是因为生存的需要，他们又不得不归附某个势力集团，出卖自己的知识以博取功名，获得俸禄。连孔子都承认自己并非是系而不食的瓠瓜，而是待价而沽的"美玉"等着合适的"买主"。诸侯与士人以"知识"为中介建立起如同商品般的交换关系：士人出卖知识获取功名利禄，诸侯支付俸禄爵位购买知识。"士之仕也，犹农夫之耕也"④，士的身份逐渐职业化，走的是一条"学而优则仕"的功利之路，即以知识换取职位，用智慧赢得财富。知识的经济价值得到了前所未有的体现和放大。这在战国的策士冯谖、苏秦、张仪等人身上体现得最为明显。

　　3.政治权力（"政统"）与士的使命担当（"道统"）

　　士人与政治"合拍"、由"士"走向"仕"是士人阶层的理性选择。然

---

① 《论衡·效力篇》。
② 《墨子·尚贤》。
③ 《韩非子·外储说左上》。
④ 《孟子·滕文公下》。

而，作为知识分子的价值并不在于向政治委身妥协，变成政治的"寄生虫"，而恰恰是具有相当的独立性：独立地选择诸侯国，独立地选择职业，独立地构建、传播自己的学说和思想体系。士的相对独立既来自相对宽松的政治环境，也源自知识分子固有的使命担当。对政治，士阶层抱持谨慎的态度：一方面，他们离不开政治，这是由其并不直接从事物质生产劳动，而以精神生产的脑力劳动为主的特性决定的。他们的知识和智慧，只有依托政治的中介才能发挥价值。另一方面，"知识分子之所以为知识分子却另有更主观方面的凭藉"①，所不只是他们的知识和思想，更重要的还在于其拥有的为其他阶层所不具备的理想和抱负。

孟子有一段"恒产"与"恒心"的论述：他将士与民进行比较后指出，总体看，"恒产"对"恒心"是起决定作用的，也就是物质对精神起决定作用。尤其是对普通百姓来说，有一定的恒产，教化容易施行，人心就容易统一。但孟子同时指出，在"四民"中，唯有一个群体与众不同，那就是士，他们即使没有恒产也仍然可能保持"恒心"。这种"恒心"或坚定的信念就是"道"。由于士阶层中有一部分人来自旧等级制度中最末一层官吏，他们掌管礼乐祭祀，天子失官以后，这些人流落民间为士，自然地承担起重整礼乐的责任，以道自任，"士不可以不弘毅，任重而道远"②，所以"中国知识分子从最初出现在历史舞台那一刹那起便与所谓道分不开"③。先秦诸子虽对"道"的看法不同，"道"的内涵各异，但对"道"的坚守是一致的。士具有身份上和精神上的独立和自由，拥有"道"的权威，以此为凭借，他们甚至可以与诸侯的政治权威分庭抗礼。这就不能不牵扯到"道统"和"政统"的关系问题。理性权威意义的"道统"与传统权威意义的"政统"对立统一，"道统"在现实层面必须以"政统"为依凭才能实现，"道统"有着超越"政统"的地方，始终保持对"政统"的批判和引领。"礼崩乐坏"后各诸侯国都面临社会秩序重建的任务，急需士在意识形态方面的帮助，以保证政治权力建立在合法的基础之上。对知识分子来说，他们不离政治，又超越政治，以通过"道

---

① 余英时.士与中国文化［M］.上海：上海人民出版社，1987：80.
② 《论语·泰伯》。
③ 余英时.士与中国文化［M］.上海：上海人民出版社，1987：88.

统"实现"政统"为理想追求。

以上分析意在表明诸子教育经济思想的产生有着复杂的政治原因。首先，诸子都属于士这一特殊的知识群体。诸子齐备了士的各种身份来源：孔子是宋国贵族之后，接受过正规的贵族教育，熟悉典章礼仪，精通六艺，是由没落贵族下降而来的士的典型；老子担任过周朝的"守藏史"，是天子失官后，王室职官流落民间而形成的士的典型；墨子匠作出身，先学儒家，后游说齐、楚、卫，在宋国出仕，渐入士群体，是农工商"庶民"上升为士的典型；另有一种途径，即士人次相传授，教育培养的士，如孔、墨后学，包括孟子、荀子、商鞅、韩非及其后学皆是其类。政治转型为士阶层出现准备了条件，也为诸子教育经济思想产生准备了条件。其次，除了因战功仕进外，大多数士都是走的"学而仕进"之路，共同特征是"因学而成士""因学而致仕"。当越来越多的士从贵族末席转变成平民首座，农工商中的"秀才之能"者也因贤成士，变成"士民"时，社会上并不总是有很多职位在等着他们，而必须努力争取，需要走一条相对漫长的"求仕"之路。求而不得的现象时有发生，一些人不免沦为私室的家奴，比如孟尝君养士极多，鸡鸣狗盗之徒大有人在。出于现实的生计考虑，士人们不得不做为学求仕的"成本"和"收益"比较，或有放弃者[①]，或有坚守者，在此过程中，知识的经济价值被放大，教育发展了它功利性的一面。士人的这种现实的教育经济实践经历不能不在其"代言人"诸子的言论中有所体现。再次，由于知识分子同时具有以"道统"自任的超越物质经济的一面，他们在规划理想世界的蓝图时，一面积极面对统治者最为关切的"富"（经济）、"强"（人口）问题，为其出谋划策；一面站在更长远的角度，从社会统一的长治久安出发，在教育与经济之间建立起必然的联系，甚至把教育推到事关国家社会发展全局和存亡的高度予以重视。在极大凸显教育的社会功能时，教育经济思想也自然而然地日益丰富起来。最后，由于诸子本然的具有"上说下教"的职业特征，积极促使教育设想变成现实，思想体系中不乏教育经济思想也就是理所当然的事情。

① 这些"放弃者"正是先秦诸子们所贬抑的所谓"游民"，他们轻土离乡，既不具备出仕的条件，又不愿意费力气在土地上劳作，"游民"伤害经济发展，不利于社会稳定，是各国施政者在作政策设计时列出的待解决的难题之一。

三、文化激发：私学产生带来的思想空前繁荣

春秋战国时期也是一个文化大调整、大变革的时期。文化领域最大的变化是私学的勃兴。以此为标志，先秦完成了一次全面的思想解放运动和文化转型，诸子蜂起，百家争鸣。植根于文化土壤、作为诸子学术思想整体中一个构成部分的教育经济思想，也在这一时期达到空前繁荣的盛况。

1. 学术下移与私学产生

学术界对私学的起源争论不休，有"孔子说""邓析说""众创说"等。[①] 笔者以为，如将"由谁首创"的问题搁置起来存而不论，集众所言，至少可以达成如下共识：私学从春秋战国开始走向兴盛；私学与官学相对应，以私人聚众授徒为主要形式；孔子对私学教育贡献最大。除此之外，关于私学的产生与兴盛，还有以下几点需要明确：

私学是经济私有化的产物。春秋以前的夏商周三代，由于生产资料国有，"意识的生产只有在氏族贵族的范围内发展，不会走到民间"。土地国有、宗法制与学在官府"是西周社会的三位一体的系统"[②]。生产力的发展促使诸侯内部新经济力量迅速成长，私有制开始确立，剩余产品增加，经济实力增强。诸侯渐次坐大，天子的实力、威信慢慢丧失，周王室不仅在政治上逐渐失去共主的地位，文化教育方面也逐渐丧失控制权。经济强大、霸权建立的诸侯在意识形态方面不甘示弱，在事关人才培养的文化教育方面展开激烈角逐，加大建设的力度。因此，私学教育是土地等生产资料私有化的必然产物。

私学是学术下移的结果。与学术文化下移对应的是学术官守，官府垄断文化学术是周王室共主对诸侯实施意识形态管理的常态。齐桓公并国三十五[③]、晋献公并国十七，服国三十八[④]，随着王室与诸侯矛盾激化和王室衰微萎缩，礼乐维系的社会秩序崩溃，周王室掌管文化的官吏和百工携典籍、

---

① 比如冯友兰等人认为私学最早由儒家的孔子开创；王越等人认为，在孔子之前，法家先驱邓析就已经开始主持私人讲学活动，与孔子同时的少正卯也聚众授徒；另有一些学者如孙叔平等人认为，很难也没必要弄清谁是首创者，因为任何开风气之先者都是群体的行为，私学也概莫能外。

② 侯外庐. 中国思想通史（第五卷）[M]. 北京：人民出版社，1956：25-26.

③ 《荀子·仲尼》。

④ 《韩非子·难二》。

礼器四散逃离。《论语·微子》载，"太师挚适齐，亚饭干适楚，三饭缭适蔡，四饭缺适秦，鼓方叔入于河，播鼗武入于汉，少师阳、击磬襄入于海"，战乱导致原来掌管文化教育的官吏失去职官，流落民间。学在官府、官师一体的局面被打破，私学开始走向兴盛。

私学兴盛与士阶层的崛起是同一过程，不仅私学皆由士阶层创办，如邓析的私学、孔子的私学、墨子的私学，而且私学培养的目标就是"士"，儒士、兼士、术士皆是其类，文士成为士的主体，知识是士的立身之本，求学仕进是知识分子的谋生之道。可以说，私学是培养士的私学，士是有志于学的士，私学的产生与士的形成几乎是同一过程。

2.教育经济思想的私学基础

与西周官学相比，私学具有如下特征。首先，官学以土地国有为基础，为贵族服务，私学则建立在土地私有制的基础上，主要为新兴阶级包括士、农、工、商服务。[①] 私学的这一特征决定了私学要为新的经济力量服务，私学要向各种职业的人们传授相应的职业技能。其次，在学术官守、官师合一、政教合一的文化制度下，教育没有从政治中独立出来，完全沦为政治的附庸。教育是政治组织的一个部分，并未出现单独的教师群体，教师由官吏兼任。私学虽然不离政治，但已经从政治中独立出来，与政治保持一定的距离，具有了独立的组织形式，教师不再由官吏兼任，而是贤者为师，走向职业化。私学的这一特征决定了私学必须解决独立办学过程中面临的问题，比如办学经费问题、办学效益问题等。同时，私学还要面对西周官学培养体制下并不存在的人才"就业"问题。再次，官学以"六艺"为主，内容主要包括历史知识、政治思想和道德伦理。私学教学内容丰富多样，新道德、新思想、新技术，甚至是新的生产知识和科学文化，无所不包。私学的教育内容与实际生活联系更紧密。最后，官学是少数贵族的特权教育，私学则打破垄断，扩大教育对象的范围，许多平民子弟得以接受教育，教育开始向民间延伸。私学的这一特征决定私学与普通民众建立起更为紧密的联系，自觉担负起通过教育改变他们命运的历史使命。无论是从其产生的原因和建立的社会基础看，还是从教育对象、内容、形式看，相比西周官学，私学都是一种全新的教育。

---

① 李国钧，王炳照.中国教育制度通史［M］.济南：山东教育出版社，2000：112.

这种全新的教育形式活泼，内容丰富，它为新的经济力量服务、实用倾向更为明显。这种教育不仅具有政治功能，替代官学承担起培养政治人才的任务，而且扩展了经济功能和文化功能，教育不再只是消耗资源的纯精神消费活动，已开始变成"生利"的经济活动的一部分。

上述私学的特点只是概括而言。以下试选取办学经费的角度对私学与官学的差别作进一步探讨，以此管窥诸子教育经济思想的私学基础。

以孔子的私学为例，孔子办学的规模较大。如果《史记·孔子世家》中"弟子盖三千焉，身通六艺者七十有二人"正确无误，那么维持如此庞大的学生群体的办学经费必然是巨大的，而且必然存在一个稳定的办学经费来源渠道。虽未见专门文献记载，但从一些零星文献的蛛丝马迹中，我们还是可以还原孔子办学财物及来源的状况。办学必须要有场所，如果是远道而来的学生，还要为他们提供住宿，据"古之教者家有塾"①和"由也升堂矣，未入于室也"②，孔子办学的场所主要有塾、堂、室。《史记·孔子世家》记载，"故所居堂、弟子内，后世因庙藏孔子衣冠琴车书"，堂是办学场所，"弟子内"应是学生宿舍。教学要顺利开展，教学用品不可或缺。除了很可能被孔子选用作教材的《诗》《书》《礼》《乐》《易》《春秋》等竹简书籍外，书写工具如笔、刀、简、帛，音乐教具如鼓、瑟、琴、钟，礼器如俎、豆，游学或出行交通工具如车、马等都是必不可少的。

贵族的官学由于其子弟是王公贵胄，生源稳定，办学有强大的官方后盾，经费完全由政府承担，有稳定的保障。私学办学经费主要自行筹集。学生吃、穿、住、行、学、用的花费必然是巨大的。原思给孔子作宰，帮孔子管理经费收支，孔子"与之粟九百"。这表明大多数时候孔子的粮食财帛比较充足，经费可能的来源渠道主要有以下几个：一是接受诸侯士大夫的馈赠。《论语》《孔子家语》中有孔子接受赐药与鲤鱼的记载，而成为孔子办学经费主要来源的则应是接受统治者馈赠的田地和粮食。如《孔子世家》记载，齐国、楚国国君想用田地赐封的方式留住孔子为诸侯国效力，孔子并未接受，但这并不能排除孔子没有接受其他国君或其他形式的馈赠：如在鲁、卫，孔子就接受

---

① 《史记·学记》。
② 《论语·先进》。

赠粟六万斛。在鲁国，孔子接受季孙氏赐粟千钟。在陈国，孔子虽然担任的是有名无实的官职，但也有俸禄在身。二是弟子的资助。子贡善于经商，在孔子弟子中最富有，按公良儒"以私车五乘从孔子"推测，子贡不可能不给予孔子办学资助。三是学费收入。《论语》"自行束脩以上"和《史记》子路儒服委质见孔子中的"束脩"和"委质"均是见面礼或冲抵学费的物质，按弟子三千计，总学费收入是可观的。四是朋友的馈赠[①]，"朋友之馈，虽车马，非祭肉，不拜"[②]。经费问题不解决，办学就无以为继，墨子除接受诸侯赠赐外，最主要的经费来源是自力更生，率弟子直接从事生产劳动。可见办学经费问题是兴办私学必须首先解决的问题。基于私学经费自筹的特点，孔、墨在办学实践中理所当然地会考虑经济与教育的关系问题和办学的效益问题。

3. 学术开放与教育经济思想的繁荣

"春秋二百四十年，诸侯学校之制见于经传者，亦只鲁僖公之立泮宫，郑子产之不毁乡校二事"[③]，各诸侯国没有大力兴办官学并非对学校教育没有需求。如前所述，新兴地主阶级走上历史舞台，固化的阶层结构日益松动，社会流动性增强，社会转型急需文化教育在意识形态方面给予支持。官学沉寂主要由于诸侯忙于兼并战争，无暇他顾，无力建立集权的文化教育体制，反为私学大兴营造了宽松的环境，私学取代官学，承担起人才培养的责任。在私学的作用下，春秋战国不仅未出现因官学缺位带来人才短缺和质量下降，反而迎来一个高质量、多样化人才喷薄而出的教育黄金期。

与私学勃兴相伴随的是文化由一个中心变成多个中心，不同的观点交流碰撞。春秋末年，邓析在郑国聚徒讲学，开法家之先河。孔子在鲁国创立儒学。墨子出于儒而非儒，创立墨家学派，与儒学相抵抗，形成并立对峙的"显学"，首开学术争鸣的风气之先。到了战国时期，士阶层获得新的发展，行动上更自由，成为诸侯国竞相争取的对象，各诸侯普遍实施招贤纳士的人才政策。"彼以其富，我以吾仁。彼以其爵，我以吾义，吾何慊乎哉"[④]，知识分子的自信实赖于当时士阶层地位的上升和思想行动上的相对自由。在自由

① 王毓珣.孔子的办学财物及来源［J］.教育研究，2013（5）：144-147.
② 《论语·乡党》。
③ 黄绍箕.中国教育史（第四卷）［M］.1902：35-42.
④ 《孟子·公孙丑下》。

的学术空气中，知识分子空前活跃，私学林立，学派蜂起，渐呈争鸣之势，稷下学宫的出现则标志着百家争鸣的形成。

稷下学宫是"世界教育史上最早的大学"[①]，是一所兼有官、私两种性质的官办私营大学。之所以具私营性，是因为学宫内部均由私学组成。比如淳于髡、孟子、田骈、宋钘、尹文，这些各学派名士均办有私学，他们带着自己的弟子来到稷下学宫，多则数千人，少则数十数百人。之所以官办，是因为在稷下学宫存续的 150 年之间，学子士人均可享受齐国国君提供的物质生活保障。比如齐王立淳于髡为上卿，赐之千金，革车百乘。为挽留孟子，齐王提出"我欲中国而授孟子室，养弟子以万钟"[②]。稷下先生们无生计之忧，可专心向学，"不治而议论"。他们不担任具体的职官，但却享受职官的待遇，专门针对国家政事提出意见建议，自由发表治世主张。稷下容纳百家，学宫先生之间地位平等，各擅所长，自由辩论，相互问难。国君视学者们为"师友"，以"不臣之位"待之。在具体的施政策略上，齐王虽然会根据需要，从学者们提供的多种治国备选方案中做出取舍，但并不会以好恶定优劣，偏袒一家而打压他学。

正是在自由清新的学术空气中，诸子的教育经济思想得到了多向度的展开。学者们围绕诸多议题展开了设教之辩、人性之辩、义利之辩、育士之辩。学术辩论交锋促进了各学派思想分化、嬗变、融合，产生了像荀子这样兼容儒、法的大师和管子这样将儒、墨、道、法化归一炉的作品。儒、墨当时已是"显学"，法家思想也在各国改革实践中绽放异彩，稷下先生如果也想在学术中占据一席之地的话，只能独辟蹊径，可行的办法是以道家老子思想为本，一扫各家偏蔽，兼综诸家所长，立足齐国国情，创辟新说，以资治国者取用，与各派抗衡。所以说，以管子为代表的稷下思想呈现出的融合特征，反映了学术发展的必然趋势。在开放的学术背景下，诸子的教育既从政治的桎梏中挣脱出来，获得超越"政统"的独立和自由，又没有停滞在思想纵横驰骋的纯粹"精神乐园"中，而是把"道统"的根基牢筑在现实的土壤中，教育从另一个高度重回社会的怀抱。独立的身份给予教育更多理性的滋养，赋予教

---

① 方克.中国的世界纪录：文教卷［M］.长沙：湖南教育出版社，1988：204.
② 《孟子·公孙丑下》。

育更多批判的力量，教育与经济、社会的联系不是疏远了，而是愈发紧密了。总之，春秋战国时期是教育经济思想发展的黄金时期。在这一时期，教育走出狭小的空间，走向更广阔的天地，教育的作用得到放大，教育的功能得到扩展，教育的价值获得认定，教育甚至被提升到国家战略的高度。黄金时期的形成离不开经济的推动和政治的促发，更离不开直接滋养教育经济思想生长繁荣的自由空气和文化土壤。

四、个体创发：诸子的转识成智与教育经济思想的最终成型

先秦诸子既然是一个学术群体，那么考察诸子教育经济思想形成的经济、政治和文化条件就是十分必要的。学术群体同时是由一个个鲜活的个体生命构成的，因此，在剖析教育经济思想产生的原因或条件时，诸子个体的因素也不能忽视。毕竟，经济、政治、文化只是影响教育经济思想产生的外部、客观因素，个体经历、思维能力、智识水平才是影响教育经济思想产生的内部、主观因素。

以个体实践为例，诸子的个人经历不同，教育经济思想也会不同。比如，儒家的孔子、墨家的墨子、法家的邓析都有办私学的经历，他们对知识经济价值的认识就与无私学办学经历的老、庄不同。墨子躬耕，所以主张生利的教育。孔子是贵族后裔，曾删、定、修、序"六经"，尊崇周礼，还亲到鲁桓公庙观礼，寻访礼器、礼制，所以教育经济思想中较多道德理性的成分。墨子匠作出身，是工艺大师，一生勤勉劳作，教育经济思想中较多工具理性的成分。老子曾作周朝史官，对朝代的兴亡更替有深刻体察，教育经济思想中较多史官理性的成分。法家积极投身各国改革实践，教育经济思想中更多实践理性的成分。

先秦时期诸子的教育经济思想是极其丰富的。它们各异其趣，五彩斑斓。意识形态领域的差异我们当然可以从物质领域的变化中去寻根溯源。比如，春秋时期诸子的教育经济思想与战国后期稷下学的教育经济思想就有着明显的不同。这种不同从根本上说是由生产力进步导致的经济发展水平的差异引发的。与春秋初期相比，战国晚期生产工具的革新和生产关系的调整对劳动者的素质提出更高要求，这必然影响到意识形态领域，教育也就相应地要更

多地承担起培养新型劳动者的重任。因此，相比孔子对庶、富、教三者关系的初步认识，稷下先生们以教育树人为百年大计的教育经济思想更为耀眼夺目。当然，这并非意味着意识形态领域总是和物质生产领域机械对应，诸子的教育经济思想总是跟着生产力发展的脚步亦步亦趋。相反，在某些时候，思想对实践往往表现出一定的独立性，甚至呈现出超越实践的特性。中国的教育经济思想在先秦时期就达到第一座高峰，以至其后整个封建时期也难以逾越，这本身就是思想超越时代的明证。因此，分辨先秦时期诸子教育经济思想形成的原因，除了从唯物史观的角度入手，去考察经济基础对意识形态产生的影响这条途径以外，还可以从思想本身切入，直接从构成教育经济思想资源的哲学思想、教育思想和经济思想中寻找造成差异的因素。

1. 哲学思想

黑格尔认为一个民族的精神文明必须达到某种阶段一般地才会有哲学[1]，因此"任何真正的哲学都是自己时代精神的精华"[2]，"哲学史简略地说，就是整个认识的历史"[3]。作为反映经济基础和上层建筑意识形态的最高形式，哲学对教育经济思想的影响自不待言，不是具体的某个思想片段，而是总体映射和整体统摄，即从世界观、方法论、人生观等较为宏观的层面对教育经济思想产生影响。

就教育经济思想本身来看，因为主要是考察教育与经济的相互关系，以及由此衍生的教育对经济的影响和经济在教育中的表现，而无论教育还是经济，每个方面都是极为复杂的社会现象，既无单一纯粹的教育问题，也无单一纯粹的经济问题，两者都关涉到社会生活的方方面面。也就是说，对教育与经济关系问题的考察必须置身更广阔的社会背景中，建立宏大的视野，这迫切需要哲学认识论的参与。从思想史的实际看，先秦时期的思想家们以哲学为先导，具有文明早期百科全书式的"巨人"文化特征。从思想演进的过程考察，教育经济思想是哲学认识的深化。从存在形态看，作为意识形态的教育和作为物质基础的经济之间的联系，本身就是一种哲学关系，是意识与物质、精神文明与物质文明、上层建筑与经济基础的辩证统一。教育经济思

① 黑格尔.哲学史讲演录（第1卷）[M].北京：商务印书馆，1995：53.
② 马克思，恩格斯.马克思恩格斯全集（第1卷）[M].北京：人民出版社，1956：121.
③ 列宁.列宁全集（第38卷）[M].北京：人民出版社，1955：399.

想需要哲学奠定认识论的基础，而哲学也实实在在地影响了教育经济思想，渗透进教育经济思想形成的全过程。因此，有必要对先秦诸子哲学思想的异同略作辨析。

首先是世界观的影响。"群公先王，则不我助，父母先祖，胡宁忍予"① 中对上天和祖先鬼神的质疑可作为先秦天道自然观的分水岭。在此之前，占统治地位的思想是君权神授和天命主宰，从周公的"以德配天"到《易经》《尚书》中早期的阴阳五行观念，都没有彻底摆脱宗教神学之束缚。此后以管仲、子产为代表的具有无神论倾向的哲学家们开始尝试对自然现象做出朴素唯物主义的解释，对诸子的自然观产生影响。如孔子"敬鬼神而远之"，表明他对鬼神持怀疑态度。墨子"非命"，但将自己的主张冠以天之意志，"天志""明鬼"实际上已经褪下神学的外衣，而具有自然主宰的意义。老子更是否认天命主宰，以道为世界的本原。孟子、庄子继承儒、道思想，《易传》以太极为本原展开"形而上"之"道"和"形而下"之"器"的讨论。管子则以精气为万物本原。直到荀况"天命有常""制天命而用之"观点的提出和商（鞅）韩（非）"治世不一道，便国不法古"思想的出现，先秦诸子从世界观上才彻底摆脱了宗教神学的束缚，将唯物主义思想推向前进。

其次是方法论的影响。从孔子名实相符、墨子非名责实，到老子道常无名、庄子以实定名，再到荀子名实相称，诸子围绕名实关系从逻辑上展开论辩。与名家始终坚持概念优先不同，其他诸子尽管也作名实分析，但落脚点都以"以实胜名"作终结，即名实分判的归宿是用名来正实，为人主所执之术即政治主张和经济措施辩护，所谓"因任而授官，循名而责实"②。实用理性主导而不是逻辑理性主导成为先秦哲学与古代西方哲学最显著的区别。

再次是认识论的影响。孔子的知行观充满矛盾。一方面，他承认"生而知之"，另一方面，他更看重"学而知之"，注重学而思。墨子则提出认识客观事物并检验其正确与否的"三表法"：

有本之者，有原之者，有用之者。于何本之？上本之于古者圣王之事。于何原之？下原察百姓耳目之实。于何用之？发以为刑政，观其中国家百姓

---

① 《诗经·云汉》。
② 《韩非子·定法》。

人民之利。^①

墨子认为判定是非除了看古圣王之历史间接经验、广大百姓日常生活之直接经验，还要看知识施用后产生的实际效果，使"事""实""利"三者交相参验。孟子区分耳目所见与心之所思，突出"心官"对"耳目之官"的统摄，"心之官则思"的理性认识是对"耳目之官"感性认识的深化与超越，他也成为中国古代首个提出人有思维器官的哲学家。^②老子则主张"绝学无忧"，否认诗、书、礼、乐和生产技能的学习，强调涤除玄览，凭直觉思维超越现实，获得神秘而玄妙的关于世界本原性的知识，具体方法就是图难于易，抱一为式，以观"道"之玄妙。这种"自知者明"的内化自悟方法与孔子重学思、墨子重效验以及孟子重理性思维大为不同。荀子作性、伪之分，认为"人有知""能征知"，人性之本始材朴给"可学而能"创造了条件，为教育培养人提供了可能性。他认为从认知的天赋条件来说，尧舜圣人与普通人并无二致，对人的认知能力起关键作用的还在于后天的教育对人"化性起伪"的培养与环境"积靡使然"的熏染。从思维方式上看，先秦哲学经历了早期《易》观物取像的直观感悟到老子道器相对的抽象思维，再到庄子的道物一统、同异兼容的辩证思维的发展历程。

同为显学的儒墨，哲学思想就有很大不同：孔子从周，墨子背周；孔子仁爱，墨子兼爱；孔孟对"命"犹疑不定，墨子则坚决"非命"；孔子鄙弃技艺，墨子推崇技艺；孔子以爱有差等、推己及人来表现"仁"，"仁"更多内在尺度，"我欲仁，斯仁至矣"，墨子则以爱无差等、兼爱不偏来表现"仁"，"仁"更多外在尺度，以功利为标准。对于礼也是如此。儒家将"宗教的因素转变成诗"^③，突出礼的情感作用和兴、观、群、怨的功能；墨家则从固本节用出发，反对礼的铺张浪费。

即使是同一学派，哲学思想也还是有不小的差异。以儒家为例，孔孟认识论差别的根本点在于：孔子主张人要畏天敬时、谨慎谦虚地向外界求取知识，偏近于客观唯心主义认识论；孟子主张养气立志，诚心反思，向自身内

---

① 《墨子·非命上》。
② 王炳照，阎国华，徐仲林等.中国教育思想通史［M］.长沙：湖南教育出版社，1994：239.
③ 冯友兰.中国哲学简史［M］.北京：新世界出版社，2004.

心求取知识，偏近于主观唯心主义认识论。[①]人性论方面，孔子说"性相近，习相远"，肯定人性本同，只不过由于学习教育的不同，使人的道德品质走向不同的道路，至于人的本性如何，孔子未作评说；孟子则比较系统地提出"性善"论，并以此为基础建立他的仁政学说；荀子反对孟子的"性善"说，提出"性恶"论，与孟子通过教育扩展人的善端不同，荀子认为人性是恶的，善是人为的结果，教育的作用就是实现对人的改造。在历史观上，孔孟祖述尧舜，推崇过往的辉煌，虽然不一定是复古倒退，但怀旧情绪比较浓厚；荀子则更多着眼当前，反对言必称三代和"法先王"，提出"法后王"。注重现实，从现实出发去考察历史的历史观相比孔孟的英雄史观更为进步，更具有历史唯物主义色彩。

2. 教育思想

教育思想是人类对社会和教育认识、概括、论证和思考的结晶，是社会和教育发展到一定阶段的产物，是人类社会进入文明时代、教育上升到自觉状态的标志。[②]教育思想为教育经济思想提供直接的思想资源，没有教育思想就不会有教育经济思想。先秦诸子教育思想中首要的问题是教育的目的，即教育培养什么人？是"仁义"之人、"兼爱"之人、"耕战"之人还是"无为"之人，对此的不同回答形成了不同的教育经济思想。以什么来教学生、教百姓，即教育的内容是什么？是"诗书礼乐射御""德行言谈道术""不言虚静无欲"还是"耕战智术法律"，对此的不同回答形成了不同的教育经济思想。确立怎样的教育理想，即教育的终极目标是什么？是以贵族阶级的"仁政"为目标，或是以实现小生产者的丰衣足食为目标，还是以"小国寡民"为目标，甚或是以国之富、强为目标，对此的不同回答产生了不同的教育经济思想。可见，教育思想不同，教育经济思想也会有所不同。

孔子提倡将学生培养成智、仁、勇兼备的具有完善人格的人。孔子的教育是面向人生的，以社会为本位，希望培养的弟子能"泛爱众，而亲仁"[③]。教育的根本任务是要将自然状态的人经由教育改造为社会的人，因此，他的教育是积极入世的，突出政治人才的培养，德教而德政，礼教而礼治，教育

① 刘奉光. 孔孟哲学思想比较［J］. 青海师范大学学报（哲学社会科学版），1986（4）：16-20.
② 王炳照，阎国华，徐仲林等. 中国教育思想通史［M］. 长沙：湖南教育出版社，1994：5.
③《论语·学而》。

向政治迈进也就极大凸显了教育服务社会人生的理性精神。孔子以道德教育为核心，以"仁"为教学目的，教学内容强调"志于道，据于德，依于仁，游于艺"①。在教学原则上，孔子提出诱导启发、学思并重、因材施教，等等。孟子率先提出明人兽之别的命题，创立"明人伦"的人格教育。人之具有的"善端"为人格教育提供了可能性，教育就是扩展善端，将教育对象培养成为封建经济政治所需的"富贵不能淫，贫贱不能移，威武不能屈"②的"大丈夫"。荀子肯定人"最为天下贵"，人性是恶的，"生而好利"，无论君子小人，最初的"材性智能"都是一样的。本始材朴之"性"是可化的，教育存在的价值和意义正在于此，通过教育熏陶渐染，凡人也可变成圣人。

墨家把兴利除弊作为教育目的，强调教育适应不同国家的经济状况"择务而从事"③，甚至相信"上说下教"的教育能改变国家不良的经济社会状况。他从物质文明建设出发进行利民生财教育，肯定教育对发展生产力和创造社会财富的巨大效应。老庄之教与儒、墨有很大的区别：儒尚理性，道论直觉；儒重致用，道讲思辨；儒崇现实人生，道贵回归自然。老子以"道"为教育的根本宗旨，"道"是万物的本源。物质世界的本质、人世社会的规律、君主治世的法则尽归于"道"。"道常无为"，所以要行"不言之教"。当然，"不言之教"不是不教，而是按教育规律办教育，通过"不言""希言"达到"有言""善言"，以至"无为"而"无不为"，收到"不言之教，无为之益，天下希及之"④的积极效果。老子并不毁弃教育，反而贵师重教，对人才培养提出无为贵柔、知足不争、不敢为天下先的要求。抱一为式、见素抱朴、唯啬早服、虚极静笃、为学日益、为道日损是达至"道德"理想的修养方法。法家与儒家相对，主张适应历史发展，培养遵纪守法的社会合格公民，"以法为教""以吏为师"成别无仅有的一家之言。

3. 经济思想

16 世纪以前的中国古代经济思想长期走在世界前列，有着"欧洲的孔子"之称的 18 世纪法国重农学派经济思想家魁奈，不仅对中国先秦以天道代替人

---

① 《论语·述而》。
② 《孟子·滕文公下》。
③ 《墨子·鲁问》。
④ 《道德经》第四十三章。

格神的理性精神表达"惊奇与羡慕"，而且其"自然秩序"经济理论中随处可见先秦经济思想的影子。先秦的经济思想并不像某些论者所说的"无一顾之价值"①，或仅在于使国人"自知不足"②，而是琳琅满目，很有研究的必要。儒墨道法均提出了各学派的经济主张。相比哲学思想和教育思想对教育经济思想的影响，诸子经济思想的影响作用更为直接。

　　肯定人具有追求物质财富的欲望是孔子全部经济思想的出发点。对于贫富差距，他并未提出反对意见，但认为"贫而无怨难"，差别过大会成为社会动乱的根源。解决贫富矛盾，促进社会和谐稳定是孔子考虑经济问题的着力点。贫富关系怎样调节？孔子的方案是：主观上以"见利思义"的道德原则调节人我之间的物质利益关系，客观上通过惠民、富民的政策调节人们之间的物质利益关系。他的富民政策主要是增收节支。"因民之所利而利之"是增加收入，以"礼"为标准的节用是减少开支。孟子"仁政"之首是薄赋敛，主张只征农业税而对其他行业宽减甚至不征税。他对生产致富是乐观的，重视农林牧渔协调发展，重视生产技术传授，重视生态经济，尤重恒产与井田。前者在于解决百姓生存问题，后者在于解决国家财政收入和社会基层组织问题。孟子肯定体力劳动与脑力劳动的社会分工，对价格与价值问题有深入思考。荀子提出强本、节用、裕民的富国主张。强本就是重农，关键是保护农业资源，维护生态平衡，促进农业可持续发展。在发展工商方面不是一味"抑末"，指出工商业者数量上要与农业生产者保持合理比例："省工贾，众农夫"③。荀子极重"裕民"，认为"裕民故多余"④，也就是扣除"衣食百用出入相掩"⑤之后还有"藏余"才能变为生产投入，"多粪肥田"产量才能增加。民贫，无力投入，再生产就不能维持。"裕民"具有扩大再生产的意义，可以增加财政收入。"下富则上富""上下俱富"⑥。"裕民"的办法有两条：一是开源，"以政裕民"，即"轻田野之税，平关市之征，省商贾之数，罕兴力役，无夺

① 赵兰坪.近代欧洲经济学说［M］.北京：商务印书馆，1933.
② 甘乃光.先秦经济思想史［M］.上海：商务印书馆，1926：16.
③ 《荀子·君道》。
④ 《荀子·富国》。
⑤ 《荀子·富国》。
⑥ 《荀子·富国》。

农时"①；二是节流，长虑顾后，达到"欲"和"物"相持而长的效果，即生产与消费、供给与需求保持动态的平衡。

墨子高举"利"的旗帜，重"力"与"强"，肯定劳动是财富的源泉。墨子对当时劳动生产领域的基本判断是土地有余人口不足，解决土地与人力矛盾要么延长劳动时间，要么增加劳动力投入。"蚤出暮入""强力从事"能延长有效劳动时间，增加产出。人力增加复杂得多。一方面，墨子主张男子二十、女子十五必须结婚，认为早结婚可多生孩子，这是从利于人口增加的方面说的；另一方面，他深入分析赋役、战争、厚葬、杀殉、蓄私、音乐都是使劳动力减少的原因，主张消除这些不利因素的影响，使更多的劳动力投入生产。墨子尤其强调节用，生产上降低成本，消费上设定满足基本生活需求的标准，把节俭提高到与生产同等的地位。

法家先驱李悝强调充分发挥土地地力，治田勤谨，提高单位亩产面积。采用平籴法调节粮食供求，突出农本地位，保障农民的利益，调动生产者的积极性。商鞅把"富强"作为治国的目的，对"富"的概念予以明确："所谓富者，入多而出寡"②。生产消费的差额越大，剩余产品越多越富有。商君学派主张发展小家庭式个体农户经营，实行"武爵武任""粟爵粟任"有利农战的奖励措施、赋役政策。韩非继承商鞅思想，主张耕战使国家富强。他认为发展经济、增加财富与外在客观因素有关，但主要的办法还是靠人为。外在因素如"阴阳之和""四时之适"也要靠人来把握。"入多，皆人为也。"③这就充分肯定了人在经济发展中的决定作用。他还肯定掌握物候、地理、农业、畜牧业、先进的生产、运输工具知识的人"用力少"，"致功大"，收入多。在厉行法治，赏功罚过，"显耕战之士"的同时，反对无益耕战的"五蠹"之民（学者、言谈者、带剑者、患御者、商工之民），反对"重人"的"私封"和"私门"。

老子"道法自然"在现实人生的运用就是"无为"。"无为"与"有为"相对，老子认为"有为"正是坏事的根源。百姓饥饿贫穷是因为统治者赋税多、法令多。越是强调仁、义、礼，世上不仁、不义、无礼的事越多。既然

---

① 《荀子·富国》。
② 《商君书·画策》。
③ 《韩非子·难二》。

有为是在办坏事，不如无为无欲无事无扰，则百姓自化自朴自富自正。这就是无为无不为。无为非无所作为，而是顺其自然，不强作妄为，"为而不争""为而不恃"①。以此为认识基础，老子提出"小国寡民"的理想社会：人们定居在一定区域内，生产力低下，没有交换，没有战争，文化蒙昧。这像是原始氏族公社。有人认为这是没落贵族知识分子无力面对社会经济发展而设计的消极的避难所②，有人则认为这是下层民众为摆脱财富异己力量给人造成苦难、迷惘而提出的原始乐园式的方案③。不管怎样，老子经济思想展现消极保守一面的同时，也具有对异化的文明做积极反思的一面，需辩证而观。

　　总之，先秦诸子在哲学、教育、经济方面展现出了天才见解，并且由博返约、转识成智地传导、渗透进他们的教育经济思想中。抑或说，先秦诸子的哲学思想、教育思想、经济思想是其教育经济思想的直接思想来源，直接构成其教育经济思想的理论基础。

---

① 《道德经》第二十八章。
② 胡寄窗.中国经济思想史［M］.上海：上海财经大学出版社，1998.
③ 巫宝三.先秦经济思想史［M］.北京：中国社会科学出版社，1996：241.

第六章

先秦诸子教育经济思想的流变与影响

回眸反顾不难发现，先秦诸子的教育经济思想作为一笔丰厚的精神文化遗产，在两千年的中国学术史上乃至文化史上发挥过独特的作用，产生过深远的影响，占据着十分重要的地位。

一、内圣与外王：中国古代教育经济思想发展的基本路向

1.内圣：教育与经济渐行渐远

概括而言，先秦诸子开创性的贡献是为教育确立了两条发展方向：一条是内圣方向，一条是外王方向。沿着前一条道路，教育指向人的内在修养，突出德性的涵育，渐渐靠近人的心灵，教育更多地与人的精神相关，重在人格完善，逐渐远离了物质经济。教育的精神陶冶和心灵渐化功能得到强化，社会功能日渐萎缩，教育与经济实际上渐行渐远了。沿着后一条道路，教育指向外在事功和物质世界，发展人的智能、技能，提高人的生产能力，突出教育生产性的一面，社会功能日渐凸显，教育与经济相伴而行。

在孔子这里，"仁学结构"虽然内在地同时含有"修齐"和"治平"两个方面，但是它是具有多开端性的，教育的两条发展方向还是统一、贯通的。孔子的教育经济思想源于原始氏族社会，深受氏族道德规范遗风的影响。氏族首领靠具有示范性的道德言行而不是武力威吓或某种成文法来树立统治权威，团结氏族成员。在"治人"与"治法"的选项中，儒家"有治人无治法"。氏族的首领和贵族"其身正，不令而行"的"内圣"与氏族生存的"外王"是融为一体的。所以，在秉持氏族遗风的孔子的教育思想中，内圣与外

王也是统一的。这从孔子对管仲的评价可以得到印证。孔子重"仁"，但相比"圣"，又认为"圣"高于"仁"。"何事于仁，必也圣乎。"①"圣"是在客观事功方面取得的巨大成就，"仁"则是主体道德上的高度自觉。"仁"的外在表现是"礼"，如果按照尊礼守礼的情况进行考评，管仲无疑是"不仁"的。从外在行为看，管仲以大臣的身份使用诸侯的仪制是僭越礼制的行为。管仲辅佐公子纠，齐桓公杀死公子纠，管仲不仅未"死君难"，反而成为齐桓公的"相"，这也是有违礼制的。孔子对此尽管颇有微词，一再指责管仲"不知礼"，但他同时高度评价管仲相齐在外在事功上取得的巨大成就——"管仲相桓公，霸诸侯，一匡天下，民到于今受其赐。微管仲，吾其被发左衽矣。"②并且在回答学生的问难时，孔子正面肯定了管仲之"仁"——"与其仁，与其仁。"也就是说，在孔子这里，教育内圣、外王的两条路向并没有分道扬镳，内圣的实际表现就是外王，外王的内在根据即是内圣，由内而外和由外而内都是很自然流畅的，浑然一体。

变化从孟子开始。同是管仲，孟子觉得管仲辅佐齐桓公行"霸道""霸政"是不足取的，"功烈如彼其卑也"③，应该把重心转向"内圣"上来，从修养个体的内在道德品质出发，由"不忍人之心"进到"不忍人之政"，行"王道""仁政"。从孔子到孟子，教育"内圣"一面的优势地位更加凸显，与"外王"产生了距离。汉代的董仲舒以儒学教育思想为主体，吸收了道、法、阴阳各家学说，把"德教""德治"放大到"天人合一"的宇宙论的高度，提倡"三纲五常"的教育，将孟子的"内圣"之学作了进一步发挥。而到了宋、明时期，理学、心学教育思想家们片面发展孟子倾向人性、品德的一面，更是将"内圣"之学演绎到了极致。

董仲舒鼓吹君权神授，创立天人感应学说，构筑"三纲五常"的道德规范，建立了一套具有神学特征的新儒学体系。在接受汉武帝的三次策问中，董仲舒为统治者提出罢黜百家、独尊儒术，兴教化、正万民，兴建太学，改革选士制度三大文教政策，并都为汉武帝采纳，产生巨大影响。董仲舒肯定教育具有"正万民"的社会功能，但主要是从内在的道德、心性入手。他认

① 《论语·雍也》。
② 《论语·宪问》。
③ 《孟子·公孙丑上》。

为"万民之性"必须"待外教然后能善",百姓如同泥土,教育就像模子,施教者就像陶匠,放在什么样的模子里,就会产生怎样的陶器。[①]教育的作用就是为封建统治培养道德"贤良",让占人口大多数的具有"中民之性"的百姓都谨遵"三纲五常"的道德要求,将其变成易于治理的统治对象。

张载提出"教之必能养之然后信"的观点,他指出:"共买田一方,画为数井。上不失公家之赋役,退以其私正经界,分宅里,立敛法,广储蓄,兴学校,成礼俗,救灾恤患,敦本抑末,足以推先王之遗法,明当今之可行。"[②]这明显是继承孔子"先富后教"、孟子的井田理想以及管子"仓廪实则知礼节,衣食足则知荣辱"等教育经济思想。然而,对教育社会作用的看法在张载的整个思想体系中只是昙花一现,张载教育思想中占主流的,则是建立在"气质之性"人性论基础上的"立人之性""求为圣人"的教育目的论。他认为,教育就是教学生做人、做贤人乃至圣人。

二程(程颢和程颐)认为"性出于天,才出于气。气清则才清,气浊则才浊"[③]。人性由此有"天理之性""气质之性"两重,"天理之性"是善的,即人性本善,人世间有善恶之别的缘由是"气质之性"有清、浊差异:"人之为不善,欲诱之也"[④]"灭私欲则天理明矣"[⑤]。二程提出人格完善的途径是"存天理灭人欲",具体的办法就是教育,认为教育具有"积学既久,能变得气质"[⑥]的作用。蒙蔽人性的恶浊之气通过教育的涤除而变得清澈,人固有的善性可通过教育下学上达而"约之使返,复入身来"[⑦]。在此心性论基础上,二程的教育目的就是"学必尽其心"[⑧],"人皆可以至圣人,而君子之学必至于圣人而后已。"[⑨]也就是说,教育的作用完全在于尽心知性以出凡入圣,臻于人格的完善。

朱熹明确"理"无所不在,"理"是形而上之道,"气"是形而下之

---

① 《举贤良对策》。
② 《横渠先生行状》。
③ 《二程全书·遗书》十九。
④ 《二程全书·遗书》二十五。
⑤ 《二程全书·遗书》二十四。
⑥ 《二程全书·遗书》十八。
⑦ 《宋元学案·明道学案》。
⑧ 《伊川文集》八。
⑨ 《二程全书·遗书》二十五。

器，①"理"是本体，"气"是表现。"理""气"的关系是精神和物质的关系，"理"先"气"后，"理"决定"气"，"理"是第一性的。由此可见，朱熹在哲学观上属于客观唯心主义。他认为"道心"是从天理出发的至善的"天命之性"，人人具有却常常被形气遮蔽，表现在"人心"的"气质之性"方面就有善和不善之分。因此，教育的作用就是"教人明天理，灭人欲"②，"变化气质"；教育的目的就是要明"父子有亲，君臣有义，夫妇有别，长幼有序，朋友有信"，维护纲常伦理，造就"修己治人"的"圣人""醇儒"。

陆九渊"心学"将朱熹的"理学"教育朝"内圣"方向更推进了一步。陆九渊从"心即理"③的命题出发，提出"明理、立心、做人"的教育目的论。教育就是要引导人们"道不外索""非由外铄""毋需外求"，而是"切己自返""自我反省""回复本心"，"尊德性"而非"道问学"，如此成就道德"完人"。明代的王守仁则标榜陆九渊"心学"的旗帜，宣称"心外无学"④"求理于吾心"⑤，主张从人的内心"致良知"，教育的自我意识更为突出。王学主观上是为封建道德辩护，但因为充满了强烈的历史责任感和个性解放的色彩，客观上起到思想启蒙的作用，对近代思想乃至日本"明治维新"运动都产生过深远的影响。

举凡上论可以发现，从董仲舒到王守仁，教育的"内圣"之学以"理学"为过渡，最终走向"心学"的极端。到以理学为正宗的明清时期，"内圣"之学几成无益的空论。到了国家危亡的关键时候，理学家们要么束手无策，苟且偷生，要么"平时袖手谈心性，临危一死报君王"。理学远离实际事务、空疏无用的弊端暴露无遗。这种弊害甚至波及古代的官僚政治。在官员的选拔任用中，道德品质在个人的素质结构中始终占据着压倒性地位，甚至是唯道德品质论，实际事功往往被排斥在官员的考核、升迁标准之外。于是，真正道德高尚者得到拔擢，不少打着道德旗号的伪君子也充斥在官僚体系中。他们逞口舌之强，以钻营为能事，殊无治国理政之才能，致使官僚体制日渐腐

① 《朱文公文集》五十八。
② 《朱子语类》十三。
③ 《陆九渊集》十一。
④ 《紫阳书院集序》。
⑤ 《传习录》中。

朽、衰败。这在封建社会后期表现得十分明显。诚然，沿着"内圣"道路，外在事功渐被抛弃，教育与经济渐行渐远，教育的功能日益窄化为道德教育。但同时应该看到，尽管多了阻隔，教育对经济的影响还是存在的。教育仍然培育了一些既符合"内圣"标准，同时又具有外在事功的贤才俊士，他们或"舍生取义，杀身成仁"，或"自强不息"，"出淤泥而不染"，或"先天下之忧而忧"……这种伟大的人格力量既构成中华民族精神的脊梁，又以精神对物质的巨大反作用力或能动形式，焕发出强大的经济能量，教育对经济的作用虽"犹抱琵琶"，仍以一种迂回方式接近经济。

2.外王：教育与经济相伴相生

荀子着重发挥了孔子思想体系中"治平"的一面，与墨法等其他诸子思想一起构成了中国教育经济思想"外王"的源头。秦汉以来，墨家思想作为学派的显学地位不复存在，作为独立学派的法家也在秦覆灭后杳无踪迹，但是墨家、法家以及先秦诸子各家的思想却并没有因为儒学占据统治地位而消亡，反而为儒家思想所分解、消化、吸收，为儒学根基注入了新的养料。因此，这里所说的教育向"内圣"与"外王"两个方向的分化并不是学派的分化，当儒学成为整个封建社会的统治思想时，这种分化更确切地说只是一种教育经济思想倾向，具有"外王"思想的教育家也更多的是儒学的知识分子。

以下对秦汉以来封建时期沿着"外王"之路渐进的教育经济思想作一扼要介绍。

《史记》辟专章介绍货殖家的思想，其中不乏货殖家们的教育经济思想。《史记·货殖列传》说"仓廪实而知礼节，衣食足而知荣辱。礼生于有而废于无"，前一句引述管子的原话，后一句是司马迁的发挥，"有"明显指物质生活资料，还评价"巧者有余，拙者不足"，肯定知识的经济价值。东汉的王充指出"让生于有余，争起于不足……礼义之行，在谷足也"[1]，王符指出"贫则厄而忘善，富则乐而可教""学进于振而废于穷"[2]，都是继承先秦诸子"先富后教"的思想。崔寔著《四民月令》，反对不事生产，主张既耕且读，在农忙时生产，在农闲时学习，并从物质生产活动中学知识。

---

① 《论衡·治期篇》。
② 《潜夫论》。

晋葛洪认为教育的作用巨大，可改变天工之物性。他主张"养士""用士"结合，养在平时，用尽其长，使"世无弃才"。南北朝的贾思勰在《齐民要术》中认为，农人是否学习生产技术与产量相关，如果施以生产教育，农人掌握了新的生产技能，就会"用力少而得谷多"。比贾思勰稍后的颜之推认为，教育不仅能"修身""为己"，还能"行道""利世"。他阐述了二者之间的关系："修身""为己"做不好，"行道""利世"则无从谈起。也就是说，前者是前提，后者是目的。因此，在人才培养上，他反对"施之世务，殆无一可"的坐谈空论者，认为他们脱离实际，迂阔悖时，一旦实务临面，只能瞠目结舌。他重视农业生产知识等实学知识的价值，批评完全不知道农作物"几月当下，几月当收"[①]的文人知识分子，主张培养精通各种技艺、能处理实际事务的"德艺周厚"的士大夫。

唐代的杜佑指出"农足则教从"[②]，陆贽说"财之所生，必因人力。工而能勤则丰富，拙而兼惰则窭空"，认为财富源自生产劳动，勤惰指劳动态度，工拙衡量劳动生产率的高低，"工"不是天生的，而是后天学习和经验积累所致。

宋代胡瑗"明体达用之学"把"内圣"与"外王"较好地统一起来。他主持"分斋教学"，分"经义""治事"两斋，"治事则一人各治一事，又兼摄一事"[③]，学生修习一门主科的同时兼治一门副科，实科是与经济直接联系的民生、水利、算历等内容。王安石提出了一套人才措施："教"的方面广设官学（"自国至于乡党皆有学校"）、严选学官（"博置教导之官而严其选"）、革新课程（"苟不可以为天下国家之用则不教也"[④]），杜绝学非所用，提高人才质量；"养"的方面"饶之以财""约之以礼""裁之以法"，优厚俸禄以保证人才生活无忧，对贪鄙行为进行严格约束，辅以法律惩戒；"取"的方面在科举通道之外突出学校教育管道，使人才选拔"必于庠序"，考其言行，"任之以事"，严防滥竽充数；"任"的方面做到"宜"（各任其宜）、"久"（长久观之）、"专"（务有专长）。

明清之际的黄宗羲提倡教育经世致用，倡导以实学救国济民。为革除科

①　《颜氏家训·涉务》。
②　《通典·食货典·丁中》。
③　《宋元学案·安定学案》。
④　《王文公文集》卷一。

举的弊端，他提出"宽于取士，严于用世"的主张，广开门路，改革考试内容，实行分场筛选，网罗天下英才。他重视实学教育，将力算、兵法、天文、医学、农学、水利等自然科学称之为"绝学"，建议将修习此类学术者与科举仕进者同等对待，尤其是奖励在自然科学领域有所创造发明的"绝学者"，认为只有普及自然科学知识，才能实现"工商为本"的商品经济，改变落后的农业经济。[①]顾炎武不仅反对八股取士毁坏人才，反对空论心性的禅学和游谈无根的理学，极力倡导经世致用之学，还力主"废生员"。生员制产生于汉代兴太学之时，以后各朝因袭，至明代尤甚。时人通过考试获得出身，成为生员，从中央国子监到地方府州县学均有诸生。生员实质是预备官员，享有许多特权，廪膳生每月领米一石，饭食鱼肉甚至衣冠皆由官府供给，给国家财政造成了极大负担。顾炎武算了一笔账："合天下之生员，县以三百计，不下五十万，而所以教之者，仅场屋之文……可为天子用者，数千人不得一也。"[②]国家供养的生员有五十万人，但因为都是教授一些科举应试的"场屋之文"，对经世致用毫无用处，虽然教育投入甚巨，但教育收益甚微，以至出现人才匮乏，可堪任用者"数千人不得一"，因此坚决主张"废天下生员"。他反对的不是教育本身，而是反对教育的低效和国家财政资源的浪费。

二、沉寂与活跃：中国教育经济思想跳跃发展的三座高峰

1. 相对沉寂：秦汉以来的教育经济思想

秦汉以来，虽然时有司马迁、顾炎武等人的教育经济思想产生，而且还包括南宋事功学派以及颜李学派相对丰富的教育经济思想，但如果将整个封建时期的教育经济思想与先秦诸子的群星璀璨、风流竞胜相比不难发现，封建时期的教育经济思想要稍显沉寂。从上述粗略勾勒即可看出，学者们在阐述自己的教育经济思想时要么直接引述先秦诸子的言论，要么对诸子的言论进行阐释，要么在诸子观点的基础上稍作引申，均未超离、跳脱出诸子论述的范围。秦汉以来的学者们对一些新事物或新现象，比如太学、科举、生员、

① 惠圣，黄育云.教育经济学专题：教育经济思想与教育经济协调问题研究［M］.长春：吉林人民出版社，2006：20.
② 顾炎武.顾亭林诗文集［M］.北京：中华书局，1983.

书院等表达看法，并且也提出一些新名词或新概念，比如"分斋教学""实学""绝学""学田""庙产兴学"等，但在基本观点上突破不是太大。因此，如果说秦汉以来教育经济思想还是有所发展的话，那么发展的速度也是相对缓慢的。

教育经济思想发展缓慢倒并不意味着整个封建时期的经济和教育也发展缓慢。与之相反，秦汉以来，经济和教育两个方面都取得了长足发展。

从经济的角度看，随着铁农具的广泛普及，代田法、区田法相继诞生以及丝绸之路的开通，汉朝人口激增，手工业兴盛，城市化程度提高，国内贸易与国际贸易都空前繁荣。经过"文景之治"，到汉武帝时期，经济发展已经上升到新的高度。在经过魏晋南北朝的战乱、分裂之后，隋朝得到统一，经济走向复苏，唐朝出现"贞观之治"和"开元盛世"的景象，到宋代，封建经济更是走向极盛的巅峰。明清时期出现资本主义萌芽，封建经济开始慢慢走向衰落。

从教育的角度看，汉代开始重视官学，不仅中央兴办太学、宫邸学、鸿都门学，地方也开办有学、校、庠、序等地方官学，民间的士人以及一些在职官员也举办私学以进行启蒙教育、传授学派学说和教授各类技能。西晋开创国子学，与太学双轨并行，共同培养贵族子弟。北魏创办皇宗学、四门学，与国子学、太学一起形成官学教育体制的多元格局。魏晋南北朝时期先后出现史学、文学、律学、书学、医学、算学、玄学、道学等一些专科学校。[①]南朝还创办面向寒门庶族的带有私学性质的学馆。隋朝始创实科教育，并建立教授天文、历法、技艺等的职业教育制度。唐朝高度重视教育，采取租庸调、户税、资课、榷盐（茶、酒）、除陌法等多种手段确保教育经费充足，官学和私学均有较大发展，并出现科举选士制度和留学生制度。宋代兴起庆历、熙宁、崇宁三次兴学高潮，官学进一步振兴，并且建立学田制度，确保教育经费有稳定的来源渠道。此外，这一时期书院开始兴盛，私人讲学风行，《吕氏乡约》等社会教化也比较普遍，科举制度更是走向成熟。辽、金、西夏、元、明、清时期虽然在教育上并无多少创制，但也是各种教育制度进一步完善、成熟的时期。随着近代西方学术的渐入，封建末期教育的弊端也开始日益凸

① 俞启定，施克灿.中国教育制度通史（第二卷）[M].济南：山东教育出版社，2000：74.

显，在一批有识之士的呼吁、倡导下，封建时期的教育开始走上一条向现代学校制度艰难转型的道路。

不仅经济、教育取得如此辉煌的成就，秦汉以来，"学校教育和生产过程中的传艺训练，分流于两大阶级而同步进行。当时的教育和训练，曾经有力地促进了社会经济和科学技术的发展。"①古代官学在培养儒学人才的同时，也培养了一些从事科学技术活动的人才，并将数学、畜牧业、天文气象、医学知识同土地测量、水利工程、农业生产、家畜饲养、健康保健等与经济发展有关的实际问题结合起来。我国古代的天文学、数学以及在技术领域如造纸、指南针、印刷术、火药、冶炼、建筑等方面取得的成就举世瞩目。正如李约瑟所说："中国的这些发明和发现往往超过同时代的欧洲，特别是在十五世纪之前更是如此。"②在私学和一些家庭教育中，师授徒、父传子的艺徒制教育也促进了生产经验和生产技能的传授，并且得到官方的认可，如唐朝的少府监就是专管百工技巧的政府官员。封建教育不但培养了大量经济管理者，普及生产经营知识，而且积累、传授自然科学知识，促进物理学、化学、机械、农学、建筑等技术科学发展，这些科学反过来又促进了生产的发展。

既然秦汉以来经济、教育与先秦相比都是大大的进步了，教育对社会经济发展也切切实实地起到了促进作用，那为何教育经济思想却反而裹足不前、少有超越呢？可能的原因如下：首先，毕竟封建教育是贵族式的教育，教育主要是为封建社会造就管理人才，教育发挥经济功能总的来说是有限的；其次，虽然秦汉以来经济获得很大的发展，经济总量也远非先秦所能比，但以家庭为生产单位的小农经济生产方式在整个封建时期并没有发生革命性变化，按马克思社会存在对社会意识起决定作用的理论，教育经济思想领域也难有根本性的突破；再次，在教育发展的两条路向中，虽有"外王"事功线索的牵制，但以程朱陆王为代表的、朝向内在品格修养的"内圣"之学始终占据统治地位，教育经济思想发展的空间受限。此外，儒学一尊独大，其他各家思想都被儒学吸收，思想趋于统一，也导致封建时期难以出现先秦教育经济思想各家争鸣的盛况。

①　李少元.教育经济学纵横谈［M］.南京：江苏教育出版社，1987：110.
②　李约瑟.中国科学技术史（第3卷）［M］.北京：科学出版社，1978.

2.阶段活跃：封建时期的微光及近代的启蒙

纵观历史，中国的教育经济思想共出现过三座高峰。第一次座峰是本书关注的先秦时期诸子的教育经济思想，此不赘述。这里我们扼要介绍后两座高峰，即与西方"中世纪"相对应的南宋事功学派、清初颜李学派的教育经济思想和近代以来启蒙思想家们的教育经济思想。

第二座高峰出现在宋元明清时期。在对秦汉至明清的教育经济思想作全面考察时，我们应该注意，这个时期的教育经济思想并非完全死水一潭，乏善可陈，总体上的沉寂并不能掩盖某些阶段的思想光芒，南宋事功学派和清初颜李学派的教育经济思想中就不乏精彩的论见。南宋事功学派的代表人物是叶适和陈亮，这里扼要介绍一下叶适的教育经济思想。叶适以事功思想见长，教育经济思想正是事功精神的体现。叶适重视四民交能易作，反对重农抑商，认为工商与农相互促进、相互补充，他说：

其要欲使四民世为之，其理固当然，而四民古今未有不以事。至于丞进髦士，则古人盖曰无类，虽工商不敢绝也。①

"无类"是孔子的"有教无类"，即士农工商四民皆在教育培养之列，都要给予仕进的权利。叶适此论与同时代浙东学派吕祖谦互为呼应："天下事，何尝一件不是学，如百工技艺皆是学。"②叶适积极地为工商辩护，认为整个社会都与"富人"相关联，"富人"具有强大的社会功能，是"州县之本，上下之所赖也"③，既如此，教育就应该致功用。叶适认为"人才之用，必常与其国其民之命相关，治乱兴衰之所以出也"④，因此，国家要求贤若渴——"国家之用贤才，比如饥渴之于饮食"，为君之道就是"起天下绝类之才以教之"⑤。为了"图谋大事"，培养"无一时之利而为万世之计"的人才，⑥使之承担起"恢圣业而共治功"的重任，叶适打破成规，把很多经世实用的东西，比如国本、民事、财计、赋税等都纳入教学内容，倡导向学生授艺能而理百事。在经世

---

① 《习学记言序目》卷十二。
② 《东莱吕太史外集》卷五。
③ 《叶适集·财计上》。
④ 《习学记言序目》卷三十九。
⑤ 《上执政荐士书》。
⑥ 《水心文集》卷三。

致用的主张下，叶适对人才取用制度展开猛烈批判。他批评科举考试内容空洞，选拔的人无真才实学，造成学与用严重脱节；荐举制度被滥用，许多无才无德者献媚权贵，"卑身屈体以求之"①，"不学无能而多取天子之爵禄"②。结果，国家耗费了大量的钱财"养才"，人才不断产生，但因为取士之法不当，官学培养的人才不能得到任用，造成人才积压、浪费严重，本是育才之所的学校俨然变成"弃才之地"③。改革的办法一是建立规章制度，所谓"法度不立，而学为无用"④。二是整顿学校秩序，从太学直到州县之学，"宜使考察，上于监司"，严格督查，夯实州县之学的基石，提高人才培养质量。对义利关系的古老话题，叶适也表达自己的见解，提出"以利合义"的新命题。

叶适略启其端，真正称得上耀眼明珠的是清初的颜元，称颜元为"我国封建社会教育经济思想之集大成者"⑤毫不为过。首先，颜元提出"教以济养，养以行教"的观点。"教以济养"是说教育可以推动生产发展，肯定教育的经济功能；"养以行教"是说生产为教育提供物质基础，突出经济的前提作用。"教以济养"可"足民食"，"养以行教"可"保民情"，由此，颜元在教育与经济间建立起互相促进的密切联系。

其次，颜元主张教育培养"利济苍生"之才。他说："人才为政事之本，而学校尤为人才之本也。"⑥颜元所说的"政事"是"垦荒、均田、兴水利"七字以富天下，以"人皆兵、官皆将"六字强天下，以"举人才、正大经、兴礼乐"九字安天下，教育的功能就是培养人才，使天下富、强、安。"利济苍生"之才不是全能型的人才，而只要求学有专长，能"经世致用"就行：

学须一件做成便有用，便是圣贤一流。试观虞廷五臣，只各专一事，终身不改，便是圣；孔门诸贤，各专一事，不必多长，便是贤；汉室三杰，各专一事，未尝兼摄，亦便是豪杰。⑦

---

① 《水心文集》卷十三。
② 《水心文集》卷三。
③ 《水心别集》卷三。
④ 《水心别集》卷三。
⑤ 李少元.教育经济学纵横谈［M］.南京：江苏教育出版社，1987：117.
⑥ 《习斋年谱》卷下。
⑦ 《习斋言行录》卷下。

再次，颜元指斥宋儒是不务经济的腐儒，力倡"学经济实用"①。颜元援引宋儒推崇的孔门正宗，认为"孔门六艺，进可以获禄，退可以食力"②，并非"不谋食"，揭露理学的虚伪，指出为学者如同耕种的农人，岂有"耕种而不谋收获"的道理。③他反对宋儒"见理财便指为聚敛"的虚伪言论，公开宣扬正谊谋利、明道计功。

最后，颜元认为教育要重视"实物"、利于"实事"、强调"习行"。教育要从经济实用出发，"实文、实行、实体、实用，卒为天地造实绩而民以安，物以阜。"④他以兵农、钱谷、水火、工虞教育学生，已经与杜威的实用主义教育颇为接近了。他还批评理学读死书只能是"读书越多越惑，审事机愈无识，办经济愈无力"⑤，反之，教育应该是"学必以习"，"经济是为学的结果"。颜元晚年主持漳南书院时采用分斋教学，艺能斋涉及农业、工业、交通、商业、军事、水利多方面实学的内容，可以说是以实际行动贯彻了"习行"的主张。与封建时期其他一些教育家们零星的教育经济思想相比，颜元的教育经济思想相对完整、系统。正如有的论者所言，颜元"教以济养，养以行教"的教育经济价值观、"学以事功为首"的教育经济思想、注重"习行"，主张教育与社会经济生活相结合的教育模式，是"留给后人的一份宝贵遗产"⑥。

以叶适、颜元为代表，包括吕祖谦、陈亮、李塨、王安石、胡瑗、黄宗羲、顾炎武、王夫之等在内的一批思想家及其言论构成了我国教育经济思想的第二座高峰。他们的共同特点是崇尚事功，反对空谈性理，主张实行实用，强调教育为社会经济服务。需指出的是，所谓"高峰"只是相对而言，其他思想家暂且不论，即使教育经济思想丰富者如颜元，很多见解也并没有真正意义上的突破，仍随处可见先秦诸子教育经济思想的印记。比如"教以济养，养以行教"论，正是孟子教养两端论的深化；"各专一事"的思想与荀子"能不能兼技，人不能兼官"如出一辙；"学必以习"的倡导与亲身实践让我们又

① 《习斋言行录》卷下。

② 《习斋言行录》卷下。

③ 《四书正误》卷一。

④ 《存学编》。

⑤ 《朱子语类评》。

⑥ 孙文阁.试论颜元教育经济思想及其现代价值［J］.河北师范大学学报（教育科学版），2007,9（6）:
55–59.

仿佛看到墨子的身影；"人才为政事之本"的看法也并不比管子"一树百获者，人也"的论点高明多少……不过，我们在看到颜元深受先秦诸子思想影响的同时，也要辩证而观，毕竟时代条件发生了巨变，在继承、总结先秦诸子的教育经济思想时，颜元还是有所创发的，比如他的"学经济实用""经济是为学的结果"，这就不只是继承，而是对教育与经济的联系有了更深的理解，形成了全新的表达。从这个角度来看，颜元的教育经济思想并未停滞不前，而是已经向前迈进了。另外值得一提的是封建时期出现的学田制度。学田即以田赡学，学校通过国家赐田、官府拨田、学校自行购田的方式获得土地，将土地租佃给农民耕种，收取租税，以作办学经费。学田制萌芽于南唐，兴起于宋代，此后渐成筹集教育经费的主要形式。在学田作为正式制度由国家颁行之前，学田是以思想的形式存在的。虽然学田思想最早由谁提出目前无从考察，但是学田思想作为封建教育经济思想的一个重要创举，理应在中国教育经济思想史上占据一席之地。

第三座高峰由近代以降启蒙思想家们缔造。中国的近代史是一部在帝国主义列强侵略下，封建社会日益沦为半殖民地半封建社会的历史，也是一部中华民族奋起抵御外侮，艰难寻找救国救民道路的血泪史。近代以来，各社会阶级纷纷登上历史舞台，各种思想风云际会，一些启蒙思想家们既述且作，往往把教育作为救国治世的武器，其中包蕴着丰富的教育经济思想。

一是改革派的教育经济思想，代表人物是龚自珍和魏源。龚自珍指出清朝已入"衰世"，唯有"才士才民"方可拯救，疾呼"不拘一格降人才"[1]。他反对乾嘉学派专事考据之风和宋明理学空疏无用之弊，主张学习经世知识，培养"才相""才史""才将""才士""才民""才工""才商"，革除"人才之虚"的弊端。魏源主张"师夷长技以制夷"，学习西方资本主义国家先进科技和军事技术。魏源认为殖民者在战争中取胜是因为他们"船坚炮利"，背后是先进生产技术和强大的工商业支撑。因此，他认为要想富强不挨打，就应该重视教育，提倡科学，培养人才，开办工厂，制造器械。

二是洋务派的教育经济思想。清末洋务运动的推动者主要是奕诉、曾国藩、李鸿章、左宗棠、张之洞等，目的是学习西方，创办新式工业以富国强

---

[1] 龚自珍. 龚自珍全集 [M]. 上海：上海古籍出版社，1975：521.

兵，拯救清王朝。洋务派重视教育，创办了30多所新式学堂，包括外语学堂、军事学堂、工业技术学堂，开设外语、军事、算学、天文、物理、化学、生理学、医学、法律等多种学科，并派遣留学生到欧美发达国家学习。洋务派的代表人物张之洞十分重视教育，专著《劝学篇》，系统地提出"中学为体，西学为用"的主张。他认为"西国之强，强以学校"，"保民在养，养民在教，教农工商，利乃可兴也"，①"兴办实业学堂，有百益而无一弊。"

三是维新派的教育经济思想。严复认为"民智"是"富强之原"，对国家民族而言，"根本救济，端在教育"，"舍教育改良无他法矣。"②康有为认为"小民不学，则农、工、商、贾不才。"他在《上清帝第二书》中说："尝考泰西之所以富强不在炮械军器，而在穷理劝学。"国家要改变"愚、贫、弱"之现状，"惟急从教育上着手"，宣扬"教育救国论"。在《请开学校折》中，康有为建议大力筹集办学经费，除将书院嗣堂的公产充作办学公用经费外，还主张鼓励乡绅积极捐资助学。谭嗣同主张按照西方的教育制度办学，强调教育教学重实验实用，认为"地球之治，必视农学为进退"，比较农民学与不学的差距，指出"有学之农，获数十倍于无学之农"。状元实业家张謇则喊出"父教育而母实业"的口号，认为"人民则宜各任实业教育""求活之法，惟有实业、教育"。他一面兴办实业，创建南通纱厂等二十多个实业公司，一面着手实业教育，创办了大量的学校，开展农科、蚕科、工科、测绘科、土木科等多种实科专门教育，还设置农校、医校、纺织学校、工商补习学校、盲哑学校等多所学校，将实业教育与实体企业紧密结合，开创我国早期"校企合作"的先河。

四是资产阶级民主革命家的教育经济思想，代表人物是孙中山、黄炎培、蔡元培等人。孙中山认为洋务派引进国外物质文明的办法是荒唐的设想，不能救中国，指出"人类的知识越发多，文明的进步便愈发快"③，由于学校是文明进化的策源地，所以要"从学问着手，拿学问来救中国"④，只有"人无

① 《劝学篇·序》。
② 王栻.严复集［M］.北京：中华书局，1986：284.
③ 孙中山.孙中山全集·第六卷·在桂林学界欢迎会的演说［M］.北京：中华书局，1985：68.
④ 孙中山.孙中山全集·第八卷·学生要立大志而不是做大官［M］.北京：中华书局，1986：541.

贵贱皆奋于学"①，国家才能贫变富、弱变强。他批评封建教育"所习非所用，所用非所长"，主张借鉴欧美，使学生各尽所长，分科授以农、工、商技能，使学生具有谋生之才，为社会服务。孙中山还提出，所有年轻人均有受教育权，并且学杂费及学生的衣食都可由政府负担。黄炎培认为教育的作用"语小，个人生活系焉；语大，世界国家之文化系焉"，"中国至重要、至困难问题，厥惟生计。曰求根本上解决生计问题，厥惟教育"②，主张教育必须与职业相沟通，使"学校无不用之材，社会无不学之执业"③，"凡教育皆含职业之意味"，如此假以时日，方能赶超欧美之盛。黄炎培积极倡导的职业教育是"为个人谋生之预备""为个人服务社会之预备""为世界及国家增进生产能力之预备"，④通过大力发展职业教育，使"无业者有业，有业者乐业"。黄炎培提出"大职业教育"观，倡导各方力量共同参与办好职业教育，既以此促进资本主义工商业发展，又照顾到劳动人民的利益、需要、可能。⑤蔡元培主张军国民教育、实利主义教育、公民道德教育、世界观教育、美感教育"五育"，倡导劳动教育，主张"学是工的预备"，采取边工边学、工学并进的办法促进身心和谐发展和国家繁荣富强。

　　五是人民教育家陶行知的教育经济思想。陶行知发起成立了"中华平民教育促进会"，创办晓庄师范学校，提倡"科学下嫁"运动，建立"自然科学园"，反对教育脱离生活，提出"生活即教育""社会即学校""教学做合一"等影响深远的教育理论。他说："教育没有农业，便成为空洞的教育、分利的教育、消费的教育；农业没有教育，就失去了促进的媒介。"⑥他深知农业中选种、施肥、防虫等科学生产知识必须借助农村学校才得以推广，生产才能一日千里。他比较美国现代农业生产者的生产率30倍于中国人，比之前美国劳动者的生产能力也大了17倍，根本原因是发展教育和科学的结果。他主张"将工厂、学校、社会打成一片"，创建了许多乡村工学团，认为这样的工学

①　孙中山.孙中山全集·第一卷·致郑藻如书［M］.北京：中华书局，1981：2.
②　黄炎培.黄炎培教育文选·中华职业教育社宣言书［M］.上海：上海教育出版社，1985：53.
③　黄炎培.黄炎培教育文选·中华职业教育社宣言书［M］.上海：上海教育出版社，1985：52.
④　黄炎培.黄炎培教育文选·年会词［M］.上海：上海教育出版社，1985：68.
⑤　郭齐家.中国教育思想史［M］.北京：教育科学出版社，1987：451.
⑥　陈波.陶行知教育文选［M］.杭州：浙江大学出版社，2014：4.

团"包含着生产的意义","产生了一个改造乡村的富有生活力的新细胞。"① 陶行知肯定"工业是农人剩余人口最自然而最有效之出路","科学农业也是帮助农人的好朋友",教育就是"教人创造富的社会"。

六是马克思主义教育家杨贤江的教育经济思想。在《新教育大纲》中,杨贤江指出:"教育是与社会的生活过程、物质的生产关系有密切联系的,而且是以这种现实的社会经济生活为基础的,只要是现实的经济关系变了,它是必然地跟着变的。"② 他认为,随着生产与科学的进步,教育促进经济发展的职能有日益加强的趋势,资本主义的大工业生产与国际通商对教育提出了更高的要求,"在工业生产上,不学无术的人与多少会读写的人,他们的能力是迥乎不同的……读写的能力乃是工作本身的要求。"他进一步认识到,"资本主义国家要施行义务的强迫的教育的理由,决非是为了国民自身的幸福,而是为使国民的劳动力可以适应于它的经济组织,而且义务教育年限也只是表示他的最低程度。"杨贤江在美国波士顿《教育周报》上发表过一篇《教育值钱吗》的文章,该文引述西方研究成果,认为一个中学生受四年教育耗费 2000 美元,毕业工作后 7 年即可偿还这笔费用,一生约赚 7.8 万美元,比未受过中等教育的人多支付了 2000 美元学费,却多赚取了 3.3 万美元(根据平均岁入,未受过中等教育的人从 14 岁工作至 60 岁可赚得约 4.5 万美元),而获得大学教育的人,差别更大。③ 杨贤江据此认为,教育是"给与社会的劳动力以一种特殊的资格的"④,因而,学校的结构与分科是"对社会所需要的各种熟练劳动力之表现"。更可贵的是,他在注意到教育对经济具有巨大影响力的同时,还清醒地认识到教育"受制于经济的关系","并不因为教育具有经济意义而夸大教育的作用,从而坚持了马克思主义的唯物史观。"⑤

近代以来的教育经济思想颇为丰富,以上只是浮光掠影地概括而论,像左宗棠、盛宣怀、梁启超、容闳、李大钊、梁漱溟、晏阳初、陈鹤琴等人的

① 陶行知.陶行知教育名篇·平民教育概论[M].北京:教育科学出版社,2013.
② 杨贤江.新教育大纲[M].北京:人民教育出版社,1961:6.
③ 李少元.教育经济学纵横谈[M].南京:江苏教育出版社,1987:158.
④ 杨贤江.新教育大纲[M].北京:人民教育出版社,1961:7.
⑤ 李少元.教育经济学纵横谈[M].南京:江苏教育出版社,1987:159.

教育经济思想均未及论述。不过，从上述挂一漏万的扼要陈举中就可以看出，这一时期的教育经济思想相比封建时期已经有了很大突破。不过应清醒地看到，与中国近代教育经济思想相比，西方教育经济思想取得的成就更高，涌现出威廉·配第、魁奈、斯密、马克思、恩格斯、萨伊、穆勒、李斯特、马歇尔等著名的教育经济思想家。我们拥有发达的先秦的教育经济思想传统，但近代以来却比西方落后，主要原因并不在于中国的思想家们在智慧程度上不及西方学者，而是近代以来积贫积弱的社会现实和落后挨打的被动局面造成的。中国的启蒙思想家们从宋明理学的思想禁锢中挣脱出来，艰难地寻找救国救民的真理，在全面落后的状况下还有如此卓异的见识，已经是取得了了不起的成就。从杨贤江《新教育大纲》到古楳《中国教育之经济观》，再到邰爽秋《教育经费问题》和陈友松《中国教育财政改造①》，教育经济思想已经以系统的理论形态出现，我国的教育经济学也初具雏形了。

三、成就与不足：中国教育经济学的本土化追寻

1.先秦诸子的成就：与古代西方教育经济思想相比较

马克思、恩格斯曾说："在希腊哲学的多种多样的形式中，差不多可以找到以后各种观点的胚胎、萌芽。"②这样的论断在绝大多数情况下是可靠的，但也有例外，比如古希腊的教育经济思想就相对贫乏。尽管柏拉图已经注意到知识、教育的经济价值，并且也展开了相关论述，比如他在《智术大师》中把生产技术划分成两部分，其中一部分是耕作、畜牧和制作器具，认为这类生产技术的掌握离不开知识和教育，肯定了教育与生产之间具有客观联系，但是却鄙视生产劳动，极力反对教育为生产实用服务，这阻碍了其教育经济思想深入展开。如果把古希腊哲学家们对教育与经济关系的认识，与他们在哲学、物理学、数学等方面取得的令人瞩目的成就相比的话，教育经济思想可谓黯然失色，偶尔的"微光一闪"几乎可以忽略不计。之所以出现这样的情况，并非由于古希腊经济不发达，当时的古希腊土地私有化进程已经展开，

① 范先佐.教育经济学新编［M］.北京：人民教育出版社，2010：69.
② 马克思，恩格斯.马克思恩格斯全集（第3卷）［M］.北京：人民出版社，1956：468.

冶铁技术也得到了发展，商业比较繁荣，尤其是海外贸易极其发达。所不同的是，古希腊是沿海城邦制国家，经济支柱是手工业和商业，生产方式与中国内陆国家以小农经济为主有着较大区别，新耕作技术推广和新工具使用对生产的影响并不像以农业生产为主的内陆国家一样显著，所以，经济发展对教育普及生产技术的需求并不强烈。这是古希腊教育经济思想不发达可能的一个方面的原因。另外，在政治上，中国先秦时期的奴隶制度远不像古希腊那样完备，等级壁垒也不如古希腊那样森严。古希腊也没有出现像先秦那样诸侯并起、各自为政的局面。更重要的是，与先秦官学失守、文化下移、士阶层出现和私学蜂起不同，古希腊奴隶主阶级牢牢掌握着文化的控制权，在意识形态领域处于绝对的垄断地位。知识、科学、教育为统治阶级独占专有，生产则是奴隶的事情，截然划界，殊无交集，两者根本对立的鸿沟不可逾越。于是，在柏拉图的《理想国》中，我们看到了如此的安排：理想国的公民包括统治者、武士、生产者三个等级。其中，武士与统治者是不事生产的，接受教育则是统治者的特权。柏拉图明确指出，统治者学习天文、算术、几何等知识绝不是要"学成可用之于市侩买卖之事""求其能应用实施"或"如农人舟子所当知"，而是要使人"有思想而能见真理"。[①]可见，即使在柏拉图那里，教育经济思想好不容易萌生的一线亮光，也迅疾地被他的阶级偏见所淹没，教育经济思想刚一萌芽便被扼杀在摇篮中。在随后漫长的中世纪，学术思想始终处在封建神学阴云笼罩下，教育经济思想更是暗无天日。直至进入近代，随着资产阶级产业革命的兴起，教育与生产的联系前所未有地紧密起来，教育经济思想才走出"暗黑"，出现威廉·配第、魁奈、亚当·斯密、大卫·李嘉图等一批西方教育经济思想的先驱。

　　马克思、恩格斯关于古希腊居于西方学术源头地位的论见用来形容中国的先秦时期倒是至为贴切的。如众周知，中国的学术文化差不多都可以溯源到先秦诸子那里，从他们丰富的思想宝库中找到原型。先秦诸子的思想博大精深，他们不断探索，不断总结，形成了许多具有原创性的教育经济思想，奠定了中国教育经济思想坚实的基础。能力所限，笔者的研究还甚为粗浅，还有许多有待深入发掘的宝藏，比如：孔子之所以反对士学稼圃不能

① 李少元.教育经济学纵横谈［M］.南京：江苏教育出版社，1987：102.

不说是从有效组织劳动者从事生产方面思考教育的效益问题；诸子提出了"仁""义""礼""信""诚""法""道"等许多范畴，意图建立的无外乎是一种共享规范和规则体系，内在的道德约束也好，外在的法律强制也罢，目的是形成共同的社会心理、协调人际关系，本质上属于社会资本的范畴；尽管不可能提出"人力资本"概念，但诸子却已经具有了"人力资源"的意识，颇具识人、育人、用人、留人、激人等人力资源管理智慧；老、庄最早开始对教育功能进行反思，可谓当今"过度教育"最为古远的回响。此外，人口方面如孔子的人口足量论、管子的人口与经济适应论，科技思想方面如墨子、管子的科技教育，管理方面如儒家的道德管理与伦理约束、墨家的军事集团化管理、道家的无为自我管理、法家的规则标准管理、管子的综合绩效管理，生态资源方面如取之以时、用之以节的思想，等等，当其被诸子拿来论述教育所起的经济作用时，先秦诸子的教育经济思想无疑具有了超越时空的永恒魅力。

总之，先秦诸子的许多教育经济思想不仅具有开创性，而且极富生命力。直至今天，像"学也，禄在其中矣""劳心者治人，劳力者治于人""教人耕者其功多""仓廪实则知礼节，衣食足则知荣辱""一年之计，莫如树谷；十年之计，莫如树木；终身之计，莫如树人"等与教育经济思想相关的人们耳熟能详的名言，仍然发挥着巨大的影响力。正如余英时先生所说，我们"探讨的对象虽然是历史陈迹，它所投射的意义却是现代的"。

2.不足之处

在肯定诸子教育经济思想成就的同时，我们应该保持清醒的认识。先秦诸子的教育经济思想产生于人类文明的早期，即使诸子有着超越时代的惊人智慧，但是历史的局限难以避免。思想本身具有相对独立性，这是思想发展的客观规律；意识形态从根本上受制于经济基础，这也是客观规律。正像取得的成就甚为突出一样，先秦诸子教育经济思想的不足同样明显。

首先，诸子的教育经济思想比较模糊笼统。先秦诸子多从整体入手，所讨论的教育包括学校教育、社会教育、家庭教育，政教合一、官师合一。教育不仅具有经济作用，还具有政治作用、社会作用，这些作用彼此联系，互为条件，互相制约，不可分割，具有复杂性和关联性，这符合客观事实，因为现实中教育不可能单方面发挥作用，教育也不可能选择性地只发挥某种功能而抑制其他功能，必然是以整体的方式呈现。但诸子整体思维的缺陷也很明显。整体讨论是以牺牲精确性为代价的，无所不包的同时难免会失于模糊笼统。其次，诸子的教育经济思想稍显浅近直观，缺乏专论，围绕某一个方面作深入拓展不够。之所以存在这些不足有如下原因：一是诸子微言大义的言说方式妨碍了思想精义的申发。一些论说言简意赅，虽为后世留下更大的阐释空间，但也造成理解上的歧义迭出甚至是牵合比附，往往给人无论作何解释也难得堂奥之感。二是封闭保守的自给经济对教育的要求毕竟有限，不可能产生近代大工业发展后由资本主义催生并与之相适应的教育经济思想。三是先秦的教育刚刚起步，对经济发展的贡献难以与后世相比。最后，先秦诸子个体实践与认识的局限也是制约其思想达到理论化程度的因素之一。

3. 中国教育经济学的本土化追寻

先秦诸子的教育经济思想极为丰富，许多看法在当时可谓石破天惊，在今天看来也仍极富创见。因笔者能力所限，以上的论说只是浅尝辄止，还有待进一步深入发掘、整理。笔者以为，对诸子的教育经济思想作系统研究于当下教育经济学的发展至少具有以下几方面的启迪作用：

第一，有助于回答古代教育经济思想到底"有没有"的问题。在认识上有这样一种倾向：古代以农耕为主，生产力落后，教育发挥经济作用的空间有限，因此并没有教育经济思想。即使有，也零散而不系统。所以，在研究中，学者对其虽有关注，但往往以"萌芽"相称。我们认为，尽管古代不可能有教育经济概念，其教育经济思想距离当代"人力资本"理论也还有较大差距，然而，我们不能就此质疑其存在的合法性。我们在肯定经济基础决定作用的同时，要看到上层建筑的巨大反作用和能动性。虽然生产力总体水平不高，但先秦诸子的许多思想光照千秋，发出了超越时空的莫大声光，这是不争的事实。关于"萌芽"的看法，我们认为，早在春秋战国以前就出现了神农教人耕种、后稷教民稼穑、"饮之食之，教之诲之"等教育经济思想的萌芽。到春秋战国时期，中国实际上迎来了教育经济思想发展的第一座高峰。通过对荀子的教育经济思想进行梳理，我们可以得出一个基本结论：中国古代不仅有教育经济思想，而且很丰富；不仅很丰富，而且具有独特的论域，形成了鲜明的特征。

第二，有助于纠正当前研究中的某些弊失。教育学在对经济学的引鉴过程中出现了学科内涵窄化的问题，尚缺乏本体论对方法论层面的观照与提升。在教育学领域，教育的内涵正经历由工具理性到价值理性的转变，然而，教育经济学依然滞留于工具性思维。工具性手段僭越带来的过度功利主义造成"人是目的"的遮蔽。诸子教育经济思想的人本性特征启示我们，未来教育经济学研究在强调规模、效益、效率的同时必须导向"人的发展"这一终极目标，完成"教育发展→人的发展→经济发展"的思维逻辑向"人的发展→教育经济互动发展→人的发展"路向的根本转变。先秦诸子讨论的教育是整体的教育，论说教育的经济功能也是着眼整体，加以辩证，这不但不是缺陷，反而是其优长，很值得我们在研究中借鉴。固守学科藩篱，缺乏宏观视野和整体观照容易使研究因缺乏深度的"视域交融"而导致沿用简单的线性思维方式，丧失学科发展应有的开放性和创新活力。诸子的思想还启示我们：教育与经济在本质上是密不可分的，这种辩证关联的复杂性决定了方法论上单纯的规范分析与实证研究都不能以一己之力抵达本质真实。定性研究以缺乏验证、率凭己意、放纵经验和私见遭人诟病，而定量分析又因貌似高深、罗砌公式数据、随意采用变量、结论并不可靠且缺少理论深度而饱受质疑。总之，教育经济学在研究导向、领域、方法诸方面都需要具有超越性的"辩证哲学"引领，在广泛的"对话与理解"中形成"新的意义建构"，才能避免陷入交叉学科易于出现的简单概念移植、方法挪借的泥淖。

第三，有助于形成和确立教育经济研究的"中国气派"和"中国风格"。我国的教育经济学学科理论基础相对薄弱，原创性理论不多，因此，教育经济学学科历来被外界认为是西学东渐的舶来品，较少关乎中国学术，只是西方教育经济理论的本土化演绎。诚然，西方的人力资本理论奠定了教育经济学的学科基础，但中国的教育经济学并非只是一味拿来的"舶来品"，其源远流长的教育经济思想正是学科得以成立并蔚然发展的根基。诸子教育经济思想彰显出的理性自觉的意识、淹贯宏通的气派、朴谨本实的特质即是明证。[①]当前中国教育经济研究领域对西方亦步亦趋和机械演绎的现状警示我们：中

---

① 李祖民，战湛，张忠梅.实践理性：荀子的教育经济思想及特征［J］.教育与经济，2016（2）：90-96.

国特色的教育经济研究要想在世界教育经济学科阵营中形成独特视域，凸显独特价值，确立独特地位，必须处理好"古"与"今"、"体"与"用"两个关系，在沿波讨源、继承发展我国古代教育经济思想精华的同时，明优知劣，广泛吸纳西方有价值的理论，取长补短，建立自己的思想理论体系，拓展实践领域，确立教育经济研究的中国气派和中国风格，这对于增强学科发展的民族自信，形成学科发展的民族特色和为世界教育经济学发展做出独特贡献都是大有裨益的。

结束语

　　若说前人没有展开先秦诸子教育经济思想的研究有失武断，但是即使有所研究，也是语焉不详或讲之不深的。本书不避琐细，主要做了一些资料梳理的工作，很难说有较大突破。好在愚者千虑，终有一得，若说也有些许创新的话，主要在于：一是分学派系统揭示了诸子的教育经济思想；二是整体勾勒出中国古代教育经济思想发展的脉络；三是拓展了先秦诸子学的研究领域。

　　如本书导论部分提到的，先秦诸子的教育经济思想研究还是一块待开垦的"荒地"。由于少有供研究参考的资料，加之能力所限，笔者深知研究还存在诸多不足：

　　一是对诸子中某些个体的教育经济思想研究不够。本书研究对象为诸子，但诸子百家名显于世者就有"九流十家"，本书只是选取了对后世影响颇为深远的儒、墨、道、法四家予以重点阐析，以为管窥之用。其他各家虽也稍有论及，但多一笔带过，未作深入研讨。比如，对兵家、阴阳家、纵横家、货殖家等还算丰富的教育经济思想尚且论之不深，更遑论对教育经济思想只是偶有闪现的名家、农家进行详尽描述了，而其作为先秦诸子教育经济思想的有机组成部分，又是断不能被忽视的。之所以如此处理，除了资料难觅，导致研究难以展开等客观原因之外，诚如开篇所言，先秦诸子的教育经济思想研究实非一篇博士论文所能承载，限于篇幅，这里只能挂一漏万，对某些个体的某些教育经济思想搁置暂且不论。

　　二是对某些论题研讨不深。比如对受教育机会、教育经费未作专题探讨。在思想史的梳理中，对南宋事功学派、明清实学的教育经济思想展开不够，对有关学田制、庙产兴学的创举，还有进一步探讨的空间。

　　三是比较互证有待深入展开。本书力求展开纵横两方面的比较，横向比较以明确先秦诸子教育经济思想的特征，纵向比较以明确先秦诸子教育经济思想的独特地位、价值，以及对后世的影响。但本书比较研究还有待深入展开，尤其是与大约同时期的古希腊比较不够。

基于以上不足，以本书的讨论为起点，进一步的研究还有许多工作要做：

首先，不仅要对先秦诸子，而且要对整个古代的教育经济思想作一个分期梳理，建立相对完整的中国古代教育经济思想史体系。其次，研究中既要反对厚古薄今，肆意穿凿，对古代的教育经济思想无限推衍，削足适履以牵合、趋骛当前理论；又要反对以今律古，以已处于"学科"阶段的当代西方主流教育经济理论来"丈量"古代的教育经济思想，从而得出"萌芽"的结论，遗漏掉许多有价值的东西，黯淡了它应有的光彩。正确的态度是对其本有之貌作客观呈现和公正评判。此外，还应加强专题研究和比较研究，尝试运用量化史学的方法，使研究得出的结论更为可靠。

参考文献

【古籍及注疏类】

［1］〔宋〕朱熹．四书章句集注［M］．北京：中华书局，1983．

［2］杨伯峻．论语译注［M］．北京：中华书局，1980．

［3］〔清〕刘宝楠．论语正义［M］．上海：中华书局，1990．

［4］〔清〕阮元．十三经注疏［M］．北京：中华书局，1979．

［5］陈戍国点校．四书五经［M］．长沙：岳麓书社，2002．

［6］杨伯峻．春秋左传注［M］．北京：中华书局，1981．

［7］周瀚光．管子直解［M］．上海：复旦大学出版社，2000．

［8］〔唐〕房玄龄注．管子［M］．上海：上海古籍出版社，1989．

［9］赵守正．管子注译［M］．南宁：广西人民出版社，1982．

［10］盛广智．管子译注［M］．长春：吉林文史出版社，1998．

［11］徐洪兴．孟子直解［M］．上海：复旦大学出版社，2004．

［12］梁启雄．荀子简释［M］．北京：中华书局，1983．

［13］〔汉〕司马迁．史记［M］．北京：中华书局，1950．

［14］陈奇猷．韩非子集释［M］上海：上海人民出版社，1974．

［15］〔清〕孙诒让．墨子间诂［M］．北京：中华书局，2001．

［16］丁原植．郭店竹简（老子）释析与研究［M］．台北：万卷楼图书有限公司，1999．

［17］蒋锡昌．老子校诂［M］．成都：成都古籍书店，1988．

［18］王天海．荀子校译［M］．上海：古籍出版社，2005．

［19］〔清〕焦循．孟子正义［M］．北京：中华书局，1987．

［20］〔清〕王先慎.韩非子集解［M］.北京：中华书局，1998.

［21］程树德.论语集释［M］.北京：中华书局，1990.

［22］陈鼓应.庄子今注今译［M］.北京：中华书局，1983.

［23］蒋礼鸿.商君书锥指［M］.北京：中华书局，1986.

［24］施觉怀.韩非子评传［M］.南京：南京大学出版社，2002.

［25］〔清〕王先谦.荀子集解［M］.北京：中华书局，1988.

［26］杨伯峻.孔子译注［M］.北京：中华书局，1980.

［27］杨伯峻.孟子译注［M］.北京：中华书局，1980.

［28］李民.尚书译注［M］.上海：古籍出版社，2000.

［29］〔三国〕韦昭.国语解［M］.北京：中华书局，1990.

［30］杨柳桥.荀子诂译［M］.济南：齐鲁书社，1985.

［31］高明.帛书老子校注［M］.北京：中华书局，1996.

［32］颜昌.管子校释［M］.长沙：岳麓书社，1996.

［33］〔西汉〕刘向集录.战国策［M］.上海：古籍出版社，1998.

［34］〔清〕郭庆藩撰，王孝鱼点校.庄子集释［M］.北京：中华书局，1961.

［35］高亨.商君书注释［M］.北京：中华书局，1974.

［36］罗根泽.孟子评传［M］.上海：商务印书馆，1932.

［37］梁启超.墨经校释［M］.北京：中华书局，1936.

［38］杨俊光.墨子新论［M］.南京：江苏教育出版社，1992.

［39］邢兆良.墨子评传［M］.南京：南京大学出版社，1993.

［40］陈鼓应.老子注释及评介［M］.北京：中华书局，1984.

［41］〔晋〕袁弘.后汉纪［M］.上海：商务印书馆，1912.

［42］〔宋〕朱熹撰，黎靖德编，王星贤点校.朱子语类［M］.北京：中华书局，1986.

［43］王讚源.墨子［M］.台北：东大图书公司，1996.

［44］〔明〕李贽.四书评［M］.上海：上海人民出版社，1975.

［45］钱穆.先秦诸子系年［M］.北京：中华书局，1985.

［46］战化军.管仲评传［M］.济南：齐鲁书社，2001.

［47］高亨.老子注译［M］.北京：清华大学出版社，2010.

［48］金良年.孟子译注［M］.上海：上海古籍出版社，2004.

［49］〔清〕顾炎武.顾亭林诗文集［M］.北京：中华书局，1983.

［50］〔清〕郑珍.巢经巢文集［M］.北京：中央民族大学出版社，2013.

［51］张建业.李贽文集［M］.北京：社会科学文献出版社，2005.

［52］周梦江.叶适年谱［M］.杭州：浙江古籍出版社，1996.

［53］董平，刘宏章.陈亮评传［M］.南京：南京大学出版社，1996.

［54］张义德.叶适评传［M］.南京：南京大学出版社，1994.

［55］〔清〕黄宗羲.明夷待访录［M］.上海：上海古籍出版社，1955.

［56］〔清〕顾炎武著，周苏平，陈国庆点注.日知录［M］.兰州：甘肃民族出版社，1997.

［57］杨简辑注，〔明〕郑光弼，〔明〕俞汝楫订.先圣大训［M］.济南：山东友谊出版社，1990.

［58］〔清〕王夫之著，王孝鱼点校.诗广传［M］.北京：中华书局，1964.

［59］〔清〕王夫之.四书训义［M］.长沙：岳麓书社，2011.

［60］〔清〕李塨.拟太平策［M］.北京：中华书局，1985.

［61］〔清〕李塨.颜习斋先生年谱［M］.北京：中华书局，1985.

［62］王栻.严复集［M］.北京：中华书局，1986.

［63］〔清〕龚自珍.龚自珍全集［M］.上海：上海古籍出版社，1975.

［64］梁启超.饮冰室文集［C］.北京：中华书局，1989.

［65］〔西汉〕班固.白虎通德论［M］.上海：上海古籍出版社，1990.

【教育类】

［1］范先佐.教育经济学新编［M］.北京：人民教育出版社，2010.

［2］毛礼锐，沈灌群.中国教育通史［M］.济南：山东教育出版社，1985.

［3］王炳照，阎国华.中国教育思想通史［M］.长沙：湖南教育出版社，1994.

［4］瞿葆奎.教育学文集·教育与教育学［M］.北京：人民教育出版社，

1993.

［5］李国钧，王炳照．中国教育制度通史［M］．济南：山东教育出版社，2000.

［6］Oromaner M. The Politics of Educational Change［M］// The Politics of Educational Change. Manchester University Press，1978.

［7］方克．中国的世界纪录·文教卷［M］．长沙：湖南教育出版社，1988.

［8］杨荣春．先秦教育思想史［M］．广州：广东教育出版社，1991.

［9］黄济．教育哲学通论［M］．太原：山西教育出版社，2002.

［10］孟宪承．中国古代教育史资料［M］．北京：人民教育出版社，1985.

［11］杨少松．中国教育史稿［M］．北京：教育科学出版社，1989.

［12］孙培青．中国教育史［M］．上海：华东师范大学出版社，1991.

［13］董远骞．教学论［M］．杭州：浙江教育出版社，1984.

［14］李定仁．教学论［M］．西安：西北大学出版社，1990.

［15］邓瑞珍．学与教的心理学［M］．上海：华东师范大学出版社，1990.

［16］杜威．民主主义与教育［M］．王承绪译．北京：人民教育出版社，1990.

［17］滕大春．美国教育史［M］．北京：人民教育出版社，1994.

［18］全国教育经济学研究会《教育经济学概论》编写组．教育经济学概论［M］．西宁：青海人民出版社，1983.

［19］李少元．教育经济学纵横谈［M］．南京：江苏教育出版社，1987.

［20］惠圣．教育经济学专题：教育经济思想与教育经济协调问题研究［M］．长春：吉林人民出版社，2006.

［21］冯天瑜．孔丘教育思想批判［M］．北京：人民出版社，1975.

［22］黄绍箕，柳诒徵．中国教育史［M］．北京：中国和平出版社，2014.

［23］章柳泉．南宋事功学派及其教育思想［M］．北京：教育科学出版社，1984.

［24］邱椿．古代教育思想论丛［M］．北京：北京师范大学出版社，1985.

［25］李国钧．王船山教育思想初探［M］．北京：人民教育出版社，1984.

［26］李彦福．著名无产阶级教育家教育思想史［M］．南宁：广西人民出

版社，1990.

　　［27］路文生.教育经济学教程［M］.哈尔滨：黑龙江教育出版社，1989.

　　［28］教育百科辞典委员会主编.教育百科辞典［M］.台北：五南图书出版有限公司，1994.

　　［29］俞启定，施克灿.中国教育制度通史［M］.济南：山东教育出版社，2000.

　　［30］黄炎培.黄炎培教育文选［M］.上海：上海教育出版社，1985.

　　［31］郭齐家.中国教育思想史［M］.北京：教育科学出版社，1987.

　　［32］陈波.陶行知教育文选［M］.杭州：浙江大学出版社，2014.

　　［33］陶行知.陶行知教育名篇［M］.北京：教育科学出版社，2013.

　　［34］杨贤江.新教育大纲［M］.北京：人民教育出版社，1961.

【经济类】

　　［1］石世奇，郑学益.中国古代经济思想史教程［M］.北京：北京大学出版社，2008.

　　［2］巫宝三.先秦经济思想史［M］.北京：中国社会科学出版社，1996.

　　［3］《中国大百科全书》编辑委员会.中国大百科全书·经济卷［M］.北京：中国大百科全书出版社，1988.

　　［4］马克思，考茨基.剩余价值学说史［M］.北京：三联书店，1957.

　　［5］赵靖.中国经济思想史述要［M］.北京：北京大学出版社，1998.

　　［6］朱国宏.经济社会学［M］.上海：复旦大学出版社，1999.

　　［7］赵兰坪.近代欧洲经济学说［M］.上海：商务印书馆，1933.

　　［8］甘乃光.先秦经济思想史［M］.上海：商务印书馆，1926.

　　［9］胡寄窗.中国经济思想史［M］.上海：上海财经大学出版社，1998.

　　［10］黄纯艳.中国古代社会经济史［M］.兰州：甘肃人民出版社，2010.

　　［11］李则鸣.先秦·秦汉经济文化史略［M］.武汉：长江文艺出版社，2004.

　　［12］魏明孔.中国手工业经济通史·先秦秦汉卷［M］.福州：福建人民出版社，2005.

［13］Mark S.The Sociology of Economic Life［M］.Westview Press，1992.

［14］傅永聚，韩钟文.儒家经济思想研究［M］.北京：中华书局，2003.

［15］任继亮.《管子》经济思想研究·轻重轮史话［M］.北京：中国社会科学出版社，2005.

［16］齐涛.中国古代经济史［M］.济南：山东大学出版社，1999.

［17］彭雨新.中国封建社会经济史［M］.武汉：武汉大学出版社，1994.

【哲学类】

［1］马克思，恩格斯.马克思恩格斯全集［M］.北京：人民出版社，1956.

［2］马克思.资本论［M］.北京：人民出版社，1964.

［3］杨荣国.中国古代思想史［M］.北京：人民出版社，1973.

［4］范文澜.中国通史［M］.北京：人民出版社，1979.

［5］恩格斯.自然辩证法［M］.北京：人民出版社，1971.

［6］胡寄窗.中国经济思想史（上）［M］.上海：上海财经大学出版社，1998.

［7］冯友兰.中国哲学简史［M］.涂又光译.北京：北京大学出版社，1996.

［8］哲学研究编辑部.老子哲学讨论集［M］.北京：中华书局，1959.

［9］侯外庐等.中国思想通史［M］.北京：人民出版社，1957.

［10］李泽厚.新版中国古代思想史论［M］.天津：天津社会科学院出版社，2008.

［11］欧阳哲生.傅斯年全集［M］.长沙：湖南教育出版社，2003.

［12］李泽厚.中国古代思想史论［M］.北京：人民出版社，1985.

［13］陈来.古代思想文化的世界——春秋时代的宗教、伦理与社会思想［M］.北京：三联书店，2002.

［14］恩格斯.自然辩证法［M］.北京：人民出版社，1984.

［15］黑格尔.小逻辑［M］.北京：商务印书馆，1981.

［16］黑格尔.哲学史讲演录［M］.北京：商务印书馆，1983.

［17］柏拉图.柏拉图全集［M］.王晓朝译.北京：人民出版社，2003.

［18］苗力田.亚里士多德全集［M］.北京：中国人民大学出版社，1997.

［19］列宁.列宁全集［M］.北京：人民出版社，1955.

［20］雅斯贝斯.历史的起源与目标［M］.北京：华夏出版社，1989.

［21］余英时.士与中国文化［M］.上海：上海人民出版社，1987.

［22］董光璧.当代新道家［M］.北京：华夏出版社，1991.

［23］张舜徽.周秦道论发微［M］.北京：中华书局，1982.

［24］梁启超.论中国学术思想变迁之大势［M］.上海：古籍出版社，2001.

［25］冯沪祥.中国传统哲学与现代管理［M］.济南：山东大学出版社，2000.

［26］吕思勉.先秦学术概论［M］.北京：东方出版中心，1985.

［27］胡适.先秦名学史［M］.北京：中华书局，1989.

［28］翦伯赞.中国通史［M］.北京：中华书局，1962.

［29］刘泽华.中国古代史［M］.北京：人民出版社，1979.

［30］孙中山.孙中山全集［M］.北京：中华书局，1985.

［31］毛泽东.毛泽东选集［M］.北京：人民出版社，2009.

【其他】

［1］徐宗元.帝王世纪辑存、星辰及历代垦田户口数［M］.上海：中华书局，1964.

［2］方孝博.墨经中的数学和物理学［M］.北京：中国社会科学出版社，1983.

［3］汤因比，池田大作.展望二十一世纪［M］.北京：国际文化出版公司，1984.

［4］李约瑟.中国科学技术史［M］.北京：科学出版社，1978.

［5］中国社会科学院考古研究所.新中国的考古发现和研究［M］.北京：文物出版社，1984.

［6］魏国库.中国历代刑法浅谈［M］.南昌：江西人民出版社，1985.

［7］张国华，饶鑫贤.中国法律思想史纲［M］.兰州：甘肃人民出版社，1984.

［8］冯天瑜，周积明.中国古文化的奥秘［M］.武汉：湖北人民出版社，1986.

［9］王建辉.中国文化知识精华［M］.武汉：湖北人民出版社，1989.

［10］席宗泽.中国科学技术史［M］.北京：科学出版社，2001.

［11］刘纯，王扬宗.中国科学与科学革命［M］.沈阳：辽宁教育出版社，2002.

［12］李思孟，宋子良.科学技术史［M］.武汉：华中理工大学出版社，2000.

［13］黄摩崖.头颅中国［M］.石家庄：花山文艺出版社，2013.

［14］梁启超.中国历史研究法［M］.北京：中华书局，2009.

【论文及论文集】

［1］王毓珣.孔子的办学财物及来源［J］.教育研究，2013（5）：144-147.

［2］商国君.论孔子的经济思想［J］.陕西师范大学学报（哲学社会科学版），2001，30（4）：91-96.

［3］李衡眉."不患贫而患不均"说商兑——兼论孔子的经济思想［J］.中国经济史研究，1991（4）：146-149.

［4］杨树增，侯宪林.从《论语》看孔子的经济思想［J］.河北学刊，1986（1）：58-62.

［5］石世奇.孔子的经济管理思想［J］.烟台大学学报（哲学社会科学版），1991（1）：49-56.

［6］苏新鋈.经济思想在孔子思想中的地位［J］.孔子研究，1986（1）：78-89.

［7］朱森溥.关于《老子》经济思想初探［J］.中华文化论坛，1994（2）：79-82.

［8］王建军.《老子》"社会善治思想"辨析［J］.宗教学研究，2012（4）：

49-53.

[9]李亚光."尽地力之教"与"平籴"法——再论李悝农业改革的时代背景、政策实质及其影响[J].社会科学辑刊,2009(3):151-154.

[10]西北农学院农经系理论小组.论商鞅关于发展农业的进步思想[J].中国农业科学,1975,8(1):30-35.

[11]刘家贵.韩非经济思想三题[J].云南财经大学学报,1992(1):63-68.

[12]郭齐家,赵发中.略论《管子》的教育思想[J].教师教育研究,1990(4):68-72.

[13]邓云洲,张吉雄.《管子》教育经济思想初探[J].教育与经济,1987(2):40-43.

[14]刘冠生.《管子》农业经济管理思想概观[J].管子学刊,2005(2):5-10.

[15]陈新岗.《管子》宏观经济思想的合理内核及现代价值[J].管子学刊,2004(2):5-8.

[16]陈颖."实用理性"——对中国传统文化"实践理性"误解的辩驳[J].学理论,2008(22):48-49.

[17]王长华,杨克飞,易卫华.从《诗经》看先秦理性精神的发展和演变[J].河北师范大学学报(哲学社会科学版),2002,25(6):63-68.

[18]李文波.从墨家"兼相爱,交相利"看经济行为的新理性:互惠性与互恕性[J].南昌大学学报(人文社会科学版),2002,33(2):29-31.

[19]丁为祥,文光.墨家科学理性的形成及其中绝[J].自然辩证法研究,2005,21(11):98-103.

[20]汪天文.老子生存理性的现代诠释[J].求索,2008(7):91-93.

[21]许建良.法家"理"的实践透视[J].武陵学刊,2014(5):1-8.

[22]易三艳.先秦哲学与古希腊哲学中的理性主义精神之比较[J].船山学刊,2006(2):212-215.

[23]聂晓光.教育的政治性与非政治性——关于教育与政治关系的再思考[J].前沿,2009(11):142-145.

[24]惠吉星.论中国古代的政教合一及其冲突[J].长沙理工大学学报

（社会科学版），1996（4）：106-110.

［25］陈炎.阴阳辩证——试析中国古代的思维结构［J］.天津社会科学，1991（6）：55-60.

［26］姚休.《老子》整体思维方式初探［J］.宁波大学学报（教育科学版），1991（3）：85-88.

［27］于树贵.法家伦理思想的独特内涵［J］.哲学研究，2009（11）：36-42.

［28］刘奉光.孔孟哲学思想比较［J］.青海师范大学学报（哲学社会科学版），1986（4）：16-20.

［29］贾龙标.儒家的养生思想及其现代价值［J］.河南师范大学学报（哲学社会科学版），2005，32（6）：76-78.

［30］熊志伟.中国古代教育轴心南移现象及其经济动因［J］.教育与经济，1993（2）：56-61.

［31］谢广山，宋五好.中国古代职业技术教育之方法［J］.职业技术教育，2006，27（31）：74-77.

［32］孙文阁.试论颜元教育经济思想及其现代价值［J］.河北师范大学学报（教育科学版），2007，9（6）：55-59.

［33］顾明远.教育·经济·教育经济学［J］.教育经济评论，2016（1）：4.

［34］范先佐.20世纪中国教育经济学发展的回顾与前瞻［J］.华中师范大学学报（人文社会科学版），1999（1）：19-25.

［35］王善迈.创建中国特色的教育经济学科体系［J］.教育与经济，2012（1）：1-3.

［36］田汉族.从科学到人文：教育经济学研究范式转换［J］.教育与经济，2009（2）：1-6.

［37］李祖民，战湛，张忠梅.实践理性：荀子的教育经济思想及特征［J］.教育与经济，2016（2）：90-96.

［38］陈柳钦.我国教育经济学科发展动态分析［J］.社会科学管理与评论，2010，21（1）：67-76.

［39］贾云鹏，范先佐.教育经济学研究：回顾、反思及建议——文献分析的视角［J］.教育研究，2014（2）：66-75.

［40］李星云.中国古代教育经济思想探源［J］.教育与经济，2001（4）：51-54.

［41］王丽.古楳教育经济思想初探［J］.教育研究，1985（5）：70-73.

［42］肖洪寿.孙中山先生的教育经济思想［J］.现代教育论丛，1989（4）：2-4.

［43］王玉珣.孔子教育经济思想探微［J］.教育与经济，1991（2）：61-66.

［44］高建民.蔡元培教育经济思想探析［J］.教育与经济，1992（4）：55-58.

［45］洪正华，杨华山.张謇的职业教育经济思想［J］.教育与经济，1996（3）：63-65.

［46］唐凯麟，陈科华.孔子的经济伦理思想研究［J］.孔子研究，2004（6）：21-32.

［47］王杰.孟子仁政思想中的经济利益原则与道德教化原则［J］.中共中央党校学报，2005（2）：59-63.

［48］刘海鹏.墨子科学技术教育思想及启示［J］.管子学刊，2008（4）：74-76.

［49］秦真勇.墨子职业教育思想管窥［J］.职业教育研究，2009（4）：159-160.

［50］韩延明，李如密.孔子教育管理思想探微［J］.孔子研究，1988（4）：10-16.

［51］雷克啸.容闳对中国近代留学教育的贡献［J］.教育评论，1986（4）：46-48.

［52］陈景盘.中国原始社会和奴隶制社会的教育［J］.北京师范大学学报（社会科学版），1961（1）：101-111.

［53］朱春荣.先秦无官学说［J］.齐齐哈尔大学学报（哲学社会科学版），1986（3）：130-133.

［54］郑其龙.中国古代家庭教育的师资探源［J］.湖南师范大学社会科学学报，1987（2）：32-37.

［55］乔卫平.略论西周的选士制度［J］.人文杂志，1984（3）：68-74.

［56］程方平.唐末五代的经学教育和儒学经典的流传［J］.教育评论，1990（2）：64-66.

［57］王越.论先秦私人讲学之风，不始自孔子［J］.中山大学学报（社会科学版），1957（1）：183-194.

［58］刘泽华.战国时期的"士"［J］.历史研究，1987（4）：43-56.

［59］江铭.论汉代文教政策的形成［J］.华东师范大学学报（自然科学版），1983（1）：27-34.

［60］刘海峰.唐代乡村学校与教育的普及［J］.教育评论，1990（2）：61-63.

［61］毛礼锐.汉代太学考略［J］.北京师范大学学报（社会科学版），1962（4）：61-76.

［62］梁仁志.明代捐纳与官学教育的衰败［J］.华东师范大学学报（教育科学版），2005，23（4）：75-79.

［63］张力奎.宋代学校教育经费来源之考证［J］.平顶山学院学报，2010，25（4）：118-120.

［64］喻本伐.学田制：中国古代办学经费的恒定渠道［J］.教育与经济，2006（4）：96-96.

［65］刘钰晓.白鹿洞书院经费报表分析［J］.知识经济，2010（5）：157-158.

［66］李瑶."鞭子"驱使下的生产技术传授——中国古代科技教育初探之三［J］.西民族大学学报哲学（社会科学版），1979（3）：44-53.

［67］程方平.谈谈唐代的科技教育制度与教材教法［J］.广西民族大学学报（哲学社会科学版），1983（4）：132-136.

［68］谢广山.中国古代职业技术教育的兴盛及其特征［J］.职教论坛，2004（28）：63-64.

［69］葛力力.关于"中国古代职业技术教育的兴盛"——兼与谢广山先生商榷［J］.职教论坛，2009（21）：62-64.

［70］刘学良，路荣平.从产业经济发展的角度考证我国古代职业教育的发源［J］.管子学刊，2006（3）：61-64.

［71］孙立家.中国古代职业教育的主要教育形式——艺徒制［J］.职业

技术教育，2007，28（7）：72-75.

　　［72］谢广山.中国古代职业与技术教育范式［J］.教育与职业,2007(23)：36-38.

　　［73］徐东.我国古代职业技术教育的发展历程及其特点分析［J］.辽东学院学报（社会科学版），2007，9（2）：19-23.

　　［74］郭守佳，赵冬梅.试论中国古代职业教育的起源［J］.兰台世界月刊，2011（11）：71-72.

　　［75］宣兆琦.论中国古代职业技术教育思想的形成［J］.管子学刊，2006（3）：50-54.

　　［76］张颖夫.晏阳初"平民教育"理论与实践研究——基于当代中国社会转型期的视角［D］.重庆：西南大学，2009.

　　［77］崔慧姝.梁漱溟乡村建设运动及其争议研究［D］.天津：南开大学，2012.

　　［78］郭海燕.汉代平民教育研究［D］.济南：山东大学，2011.

后记

三年前我有幸考入华中师范大学教育学院，师从著名教育经济学专家范先佐教授攻读博士学位，对于我来说，这算得上是人生际遇中浓墨重彩的一笔！

读博对于天资不敏的我来说是一个巨大的挑战。虽届不惑之年，无论学习还是生活，都面临着诸多困惑。免不了生活中鸡毛蒜皮的烦扰，摆不脱为生计奔波的劳累苦辛，每每坐下来展卷凝思，窗外已是万家灯火。记不清多少个溽暑寒冬的夜晚，忘不了许多个虫吟鸡鸣的清晨，或灯下呵笔，或窗下冥思，或屋内徘徊，愁闷不解时，茫茫然若有所失；豁然贯通时，欣欣然如饮甘霖，个中冷暖，非亲历者难以体会。好在愚者千虑，终有一得，过程千难万难，而当论文草成时，却是回首向来萧瑟处，也无风雨也无晴！

博士学习期间若论对我帮助最大的莫过恩师范先佐先生。在同届博士中，我是跨专业攻博。人到中年，学习、工作、生活中难免烦恼困扰交织，每觉关山难越，常有失路之感。先生总是拿我诸多不足中的些微长处来鼓励我，给我信心。一段时间工作和学业进展不顺，先生在邮件中特别留言安慰我，话语温和慈爱，给我极大的抚慰。记得一次面谈论文选题后已是夜色阑珊，先生执意送我下楼，反复叮嘱我开车注意安全。透过车窗的反光镜，在校园路灯模糊的光影下，我恍惚看着先生的背影，第一次意识到他已是年逾花甲的老人，心头一阵酸涩。先生不仅学高为师，学问堪称楷模，待人之道更是高山仰止，令我辈后学难望其项背。许多细节难以殚述，比如约见我们总是早到，总是衣着俭朴……先生从不斥责我们，平时与我们交流也总是柔声细语，明确阶段任务后也没有每周一汇报、每月一小结，让我们相对自主地安排时间。可我每欲偷懒时就觉得先生如在身旁！唯恐论文质量粗劣，我只有三更灯火五更鸡地笨鸟先飞。我常想自己并无"不用扬鞭自奋蹄"的自觉自律，之所以不敢懈怠，也许更多的是先生巨大的人格魅力使然。依稀之间，私底下笑谈他"要抓紧时间"和"时间要抓紧"的口头禅还恍在昨日，然弹指挥间三年倏忽一瞬，而今已到别时，师恩悠悠竟不知何以为报！

感谢华中师范大学教育学院院长雷万鹏教授！雷老师不仅为我们亲授实证研究方法，还引荐相关学科专家指导我们进行田野观察，助我们形成跨学科研究视野，我读博期间发表的几篇实证研究的文章都是在课堂中获得灵感、借用雷老师的研究范式完成的。对我的博士论文，雷老师也专门指点并给予极大的肯定。

感谢武汉大学教育学院院长程斯辉教授对我工作、学习上的指导！感谢硕导曹海东教授对我的帮助！感谢华中师范大学教育学院的王坤庆教授、涂艳国教授、郭元详教授、陈佑清教授、杜时忠教授、陈彬教授、申国昌教授、余子侠教授、罗祖兵教授、欧阳光华教授、王俊教授、刘欣副教授、唐斌副教授等在不同场合对我提供的指导和帮助！感谢唐斌师兄专门为我的博士论文修改提供资料！感谢卢书记、雷红卫老师、马英老师对我的帮助。

感谢华中师范大学信息化与基础教育均衡发展协同创新中心副教授付卫东师兄！付师兄不仅是我的学长，而且是我学术上的引路人，生活中的好朋友。付师兄学识渊博且为人真挚，不只在生活上给我兄长般的关爱，在学术上也给予我悉心指导。

感谢"范家军"汪昌海、徐文、吴克明、王远伟、贾勇宏、贾云鹏、田恒平、白正府、叶庆娜、陈兰枝、张河森等诸位博士师兄师姐对我的启发引导！感谢同门文晓国博士、卢同庆博士、战湛博士的陪伴！感谢师弟冯卫国博士对我的帮助！感谢孙建明博士、裴圣军博士对我的鼓励！感谢姐夫胡长华社长给我的厚爱和诸多帮助！感谢李开华、覃辉、肖洪文、侯凯侠、陈新利、骆瑞东等兄友读博期间带给我的欢乐。

感谢我的妻子张忠梅女士为家庭的默默付出！为了我读博你放弃了自己读博的大好机会，没有你的悉心照料和为家庭的操劳，我无法完成博士学业！感谢女儿李子木在我情绪低落时带给我无尽的欢乐！

词不达意，书不尽言，厥惟感恩！

李祖民
武昌桂子山
2017 年 6 月 23 日